国家社科基金项目（项目编号：21BGL228）
"甬江引才工程"项目（项目编号：2022B-034-G） 资助

制度环境、董事会行为与终极股东掏空行为

刘际陆 著

ZHIDU HUANJING、DONGSHIHUI XINGWEI
YU ZHONGJI GUDONG TAOKONG XINGWEI

中国财经出版传媒集团
中国财政经济出版社

图书在版编目（CIP）数据

制度环境、董事会行为与终极股东掏空行为／刘际陆著．--北京：中国财政经济出版社，2023.3
ISBN 978-7-5223-1905-6

Ⅰ.①制⋯　Ⅱ.①刘⋯　Ⅲ.①上市公司－股东－企业管理－研究－中国　Ⅳ.①F279.246

中国国家版本馆 CIP 数据核字（2023）第 022565 号

责任编辑：高文欣　　　　　　　责任印制：史大鹏
责任校对：胡永立

中国财政经济出版社 出版

URL：http://www.cfeph.cn
E-mail：cfeph@cfeph.cn

（版权所有　翻印必究）

社址：北京市海淀区阜成路甲 28 号　邮政编码：100142
营销中心电话：010-88191522
天猫网店：中国财政经济出版社旗舰店
网址：https://zgczjjcbs.tmall.com
北京财经印刷厂印刷　各地新华书店经销
成品尺寸：170mm×240mm　16 开　13 印张　206 000 字
2023 年 3 月第 1 版　2023 年 3 月北京第 1 次印刷
定价：68.00 元
ISBN 978-7-5223-1905-6
（图书出现印装问题，本社负责调换，电话：010-88190548）
本社质量投诉电话：010-88190744
打击盗版举报热线：010-88191661　QQ：2242791300

前　言

　　从公司治理理论的发展过程来看，传统研究主要基于股权高度分散而导致的管理者与外部股东之间的代理问题。但近年来，许多学者的研究发现，大股东掌握集中的股权，有足够的权力来控制上市公司，并使得上市公司的各种决策为其自身谋取私利，将上市公司的资源从小股东手中转移到自己控制的企业中。现代公司治理研究重点也从经理层损害股东的代理问题转移到控股股东侵占小股东利益的代理问题上来了。根据产权经济学的观点，产权安排和制度环境在一定程度上会影响经济行为。因此，公司所有权安排作为公司最重要的治理机制，必然会对控股股东行为产生影响。在我国转型经济的制度背景下，上市公司处于终极股东超强控制状态，终极股东作为上市公司实际控制人，深刻地影响着有关控制权收益的财务行为。同时，我国上市公司终极股东为了自身利益通过自我交易从企业转移资源，如直接占用资金、债务担保和侵占公司投资机会等，甚至还可以稀释他人的股权来增加自身在企业的份额，如发行股票稀释其他股东权益。因此，基于制度环境和董事会行为的治理机制，研究终极股东对上市公司掏空行为影响的内在机理与特征，为有效抑制与降低终极股东的掏空行为，保护广大中小投资者的利益提供理论借鉴意义。

　　本书主要以产权性质为视角，采用分组分析的方法研究终极控制权、董事会行为和制度环境对上市公司终极股东掏空行为的影响。本书采用规范研究与实证研究的方法，从"问题提出→背景分析→模型分析→实证研究"四个层面逐步展开研究。第1章"导论"提出问题，界定了本书的研究对象、内容和贡献；第2章"文献回顾与述评"回顾了国内外掏空行为相关理论和文献，梳理了制度环境和董事会行为对掏空的影响机制，为后续研究打下经验基础；第3章"我国终极股东掏空行为的特征和机理分析"描述了我国终极股东掏空行为的实际情况，为本书的实证研究提供现实的制度与环境背景，使本书的研究能够从我国的实际情况出发，更加具有现实意义；第4章"终极股东掏空行为的理论分析与模型构建"分析了制度环境、董事会行为和所有权比例与掏空行为之间的关系，构建了基于终极股东控制权私有收益的掏空行为理论模型，形成系统的理论分析框架，为后续的研究提供理论依据；第 5 章"控制权、控制人变更对终极股东掏空行为影响的实证检验"是基于 2005～2010 年间我国沪深两市 A 股上市公司的样本数据，通过实证分析方法研究了我国上市公司终极股东控制权对掏空行为的影响；第 6 章"董事会行为对终极股东掏空行为影响的实证检验"在第 5 章基础上，再加入董事会行为因素，研究了终极股东控制权对董事会行为的影响，进而导致通过董事会行为影响掏空行为；第 7 章"制度环境对终极股东掏空行为影响的实证检验"在第 5 和 6 章的基础上，再加入制度环境因素，研究了制度环境对终极控制权和董事会行为的影响，进而导致对终极股东掏空行为的影响，进一步又结合主成分分析法研究了制度环境、董事会行为和终极控制权三个因子对掏空行为的影响程度大小，以期明确主次，对症下药；本书最后是第 8 章"主要结论与政策建议"，主要总结本书的研究结论，并针对研究结论提出治理我国上市公司掏空行为的政策建议，同时对本书研究中存在的局限和未来的研究方向进行了总结和展望。通过上述理论与实证研究主要得出以下结论：

（1）近年来，上市公司资金占用现象仍然存在，呈现出增长的趋势。一方面，在占用形式上从传统的关联购销业务向隐蔽的担保租赁业务转移；另一方面，生产经营性关联交易额逐年增长，预付账款和预收账款更容易形成资金占用现象，非经营性资金占用更加严重。

（2）理论模型研究表明，终极股东的持股比例与掏空行为成倒"U"形关系，意味着终极股东的行为具有掏空和监督经营两种导向。当股东持股比例低于某一极值时，随着其持股比例的增加，股东倾向于掏空上市公司；当持股比例高于某一极值时，则会产生利益趋同效应；在不考虑其他情况时，规范的法律制度和完善的公司治理将有助于抑制控股股东掏空行为。

（3）在不同产权性质的上市公司中，董事会行为的差异性，影响了终极股东的掏空行为。与非政府控制公司相比，在政府控制公司中，董事会的独立性更差，羊群行为更显著，勤勉程度更低；进一步地，市级及以下政府控制公司董事会的独立性和勤勉度更低，羊群行为更严重，导致终极股东掏空行为最严重，省级政府控制公司次之，中央政府控制公司掏空比例最低；在非政府控制公司中，资本家控制公司董事会的独立性和勤勉度最低，羊群行为最严重，掏空行为也最严重；企业家控制公司掏空行为受到的影响最小；外资控制公司指标系数的显著性都不强。

（4）终极股东的控制权特征直接影响了其掏空行为。控股股东的控制权、现金流权和超额控制更多地体现出壕沟效应，而现金流权的协同效应不显著；在政府控制公司中，政府控制级别越低，控制权特征的壕沟效应越强；与资本家控制的上市公司相比，企业家控制公司的控制权特征的壕沟效应较低；外资控制公司的控制权特征则表现为协同效应。

（5）董事会独立性受产权性质和控制权的影响，进而影响终极股东的掏空行为。董事会的独立性随着终极股东控制权比例的增加而降低；政府控制属性对董事会独立性产生了显著性影响，即在政府控制公司中，董事会的独立性较低；同时，在政府控制公司中，控制权的效应随着政府控制级别增加而作用降低；控制权在企业家控制公司作用最显著，其次为政府控制公司。

（6）董事会羊群行为也受产权性质和控制权的影响，进而也影响终极股东的掏空行为。终极股东的控制权与董事会羊群行为之间成正相关关系；政府控制属性对董事会羊群行为产生了显著性影响，即在政府控制公司中，董事会更容易产生羊群行为；但是，控制权对羊群行为的影响显著性不强，尤其是外资控制公司都没有通过显著性检验。

（7）董事会勤勉也与产权性质和控制权相关，并影响着终极股东的掏空行为。董事会勤勉程度与终极股东控制权之间显著性负相关；政府控制属性对董事会成员的勤勉程度产生了显著性影响，在政府控制公司中，董事会成员勤勉程度明显低于非政府控制公司，控制权的效应随着政府控制级别增加而效果更显著；而在非政府控制公司中，企业家控制和外资控制公司的控制权作用都较低，这也说明企业家和外资控制公司中董事会成员勤勉程度更高。

（8）制度环境对终极股东掏空行为有显著性影响。市场化程度越高、政府干预程度越小、法治水平越高，终极股东掏空行为的概率就越低；其中，市场化指数的抑制作用最强，法治水平指数抑制作用最小；由于政府的政治权优势，政府控制公司受制度环境的影响小于非政府控制公司；在政府控制公司中，省级政府控制公司的掏空行为受制度环境的影响最大；在非政府控制公司中，制度环境对资本家控制公司掏空行为有显著性抑制作用，市场化进程和政府干预程度对企业家控制公司有抑制作用。

（9）在不同制度环境下，终极股东的控制权也具有差异性。在市场化程度较高的地区，造成较多资本进入上市公司，在一定程度上稀释终极股东控制权，也致使终极控股股东的行为更多地暴露在阳光下，从而约束掏空行为；在政府干预程度较高的地区，政府进入上市公司股权的可能性增大，导致上市公司控制权相对较集中，进而加剧掏空行为；法治水平高地区的上市公司股权和控制权也相对较高，但是，上市公司非经营性资金占用率较低，即掏空程度较小。

(10) 在不同制度环境下，董事会行为具有显著性差异。市场化程度较高的地区，政府干预程度低，经理人市场相对发达，法治水平较高，董事会独立性相对较强，羊群行为较低，董事会更加努力工作，因此，终极股东掏空行为概率越低。

(11) 制度环境、董事会行为和终极控制权对掏空行为的影响具有差别。制度环境、董事会独立性和董事会勤勉三个因子对掏空行为都具有制约作用，并且从抑制作用来看，制度环境是最有效的，其次为董事会勤勉程度，而董事会的独立性效果最差；终极控制权则加剧了掏空行为。

本书的创新之处主要体现在以下四方面：(1) 目前对我国上市公司掏空行为的研究文献，主要集中于股权分置改革之前，而对后股权分置时期的经验研究却很少，本书的研究正好弥补了这一空白；(2) 本书将上市公司更加完美地分成中央政府控制、省级政府控制、市级及以下政府控制、企业家控制、资本家控制和外资控制六类，比起以往研究，更具有全面性和综合性，减少了可能的内生性问题，具有一定进步；(3) 采用间接法来计算非经营性资金占用，区别于以往学者的直接法计算资金占用，更加关注了隐蔽的关联交易行为；(4) 区别于传统的董事会特征等结构性因素的经验研究，从董事会独立性、羊群行为和勤勉等角度来刻画董事会行为，具有一定新颖性和现实意义。

由于能力和客观条件的限制，本书尚存在一定的局限：(1) 没有深入研究控制权、董事会行为和市场化进程之间的交互作用，更好地揭示掏空行为的影响因素；(2) 随着资本市场和控制权市场的发展，关联担保已经上升为最重大的关联交易，增加了关联企业之间的财务风险，没有对关联担保进行相关研究；(3) 对董事会羊群行为的指标的选择，由于董事会决议公告的限制，没有能找到更加合适的衡量指标，对研究结果具有一定的影响；(4) 研究对象有待进一步拓展，如加入高管政治关系、董事会网络格局等；以上局限将在今后研究中继续深入探讨。

目　录

1 导论 ………………………………………………………………… 1
  1.1 研究背景与意义 …………………………………………… 1
  1.2 相关概念的界定 …………………………………………… 4
  1.3 研究内容与研究方法 ……………………………………… 8
  1.4 研究的主要贡献 …………………………………………… 12

2 文献回顾与述评 ………………………………………………… 14
  2.1 终极股东的掏空行为 ……………………………………… 15
  2.2 董事会行为对终极股东掏空行为的影响 ………………… 22
  2.3 制度环境对掏空行为的影响 ……………………………… 27
  2.4 文献述评 …………………………………………………… 32

3 我国终极股东掏空行为的特征和机理分析 …………………… 34
  3.1 我国终极股东掏空行为的特征分析 ……………………… 34
  3.2 掏空行为的微观机理与经济实质 ………………………… 46
  3.3 我国终极股东掏空行为的制度背景分析 ………………… 49
  3.4 掏空行为的抑制机制 ……………………………………… 54

4 终极股东掏空行为的理论分析与模型构建 …………………… 59
  4.1 理论分析 …………………………………………………… 59
  4.2 模型假设 …………………………………………………… 61
  4.3 模型构建与分析 …………………………………………… 65
  4.4 本章小结 …………………………………………………… 70

5 控制权、控制人变更对终极股东掏空行为影响的实证检验 …… 72
5.1 理论分析与研究假设 …… 73
5.2 研究设计与模型构建 …… 79
5.3 实证检验结果及分析 …… 84
5.4 稳健性检验 …… 92
5.5 本章小结 …… 94

6 董事会行为对终极股东掏空行为影响的实证检验 …… 95
6.1 理论分析与研究假设 …… 95
6.2 实证研究设计 …… 100
6.3 实证研究及分析 …… 105
6.4 本章小结 …… 139

7 制度环境对终极股东掏空行为影响的实证检验 …… 143
7.1 理论分析与研究假设 …… 143
7.2 实证研究设计 …… 147
7.3 实证研究及分析 …… 153
7.4 进一步分析 …… 163
7.5 本章小结 …… 171

8 主要结论与政策建议 …… 174
8.1 主要研究结论 …… 174
8.2 相关对策建议 …… 178
8.3 研究局限与未来研究方向 …… 180

参考文献 …… 182
后记 …… 196

1 导 论

自从约翰逊等（Johnson et al.，2000）首次提出掏空行为（Tunneling）概念以来，国内外学者对此都展开了广泛的研究。国内外学者们分别从股权（Demsetz，2001；LLSV，2002；李增泉等，2004；唐清泉等，2005；贺建刚等，2007）、控制权（Claessens，2002；杨淑娥等，2009）、董事会（叶康涛等，2007）、财务状况（Jonhson et al.，2000）、法律体系（Jonhson et al.，2000；Dyck et al.，2004）、经济环境（Friedman et al.，2003）等方面研究终极股东通过掏空行为掠夺上市公司资源的问题。因此，现代公司治理研究的重点也从经理层与股东的代理问题转移到控股股东侵占小股东利益的代理问题（Shleifer & Vishny，1997）。

1.1 研究背景与意义

1.1.1 研究背景

约翰逊等（2000）通过研究指出1998年亚洲金融危机暴发的原因之一是控股股东对上市公司的大肆掏空和掠夺资源。之后，被曝光的中国上市公司大股东侵占小股东利益的案例屡见不鲜，顾某军、唐氏兄弟和鄢某宏等都因诈骗、挪用和侵占上市公司资金等罪名入狱。

格林柯尔系的顾某军借"国退民进"的机会，廉价获取了科龙电器的控制权，并通过大量挪用、套现、诈骗等方式违法侵占科龙电器财产累计发生额为34.85亿元。2002年，顾某军从科龙电器划拨1.87亿元资金到天津格林柯尔账户上，又通过与顺德格林柯尔发生数额为1.8亿元、1.7亿元、1.6亿元、1.5亿元的四笔资金对倒，将资金合计放大为6.6亿元。顾某军还利用关联交易通过中间商销售货物诈骗科龙电器财产累计2.278亿元。唐氏兄弟控制的德隆系也长期占用其下属子公司的巨额资金，其中，通过关联交易占用湘火炬 A 大约 3 亿元资金；占用天山股份 3 亿多元表外银行贷款和 2.5 亿元对外担保；挪用合金投资公司 2 亿多的国债和未披露的担保资金 4.8 亿元；侵占新疆屯河各项资金超 20 亿元。因此，当兴盛一时的德隆系陷入财务困境时，其控制的所有上市公司在半年内市值缩水竟高达 160.65 亿元，而与德隆系相关联的其余 19 家上市公司市值也损失近 200 亿元，给国家和股东带来了极其重大的损失。鸿仪系旗下上市公司通过相互担保、股权质押等形式套取巨额银行贷款，并将其直接转移出上市公司挪作他用。鸿仪系内上市公司和非上市公司之间由于关联占款和关联担保而拴在了一起，导致 2004 年鸿仪系出现了多米诺骨牌效应的资金黑洞，整个企业集团土崩瓦解。

正是由于类似格林柯尔系、德隆系、鸿仪系等庞大的企业集团的相继倒塌，其下属上市公司负债累累，广大中小股东深受其害，已经严重影响到了证券市场的正常和健康发展。因此，如何完善我国制度环境和公司内部治理，遏制大型企业集团中大股东对上市公司和中小股东的利益侵害，成为研究者所关心的问题。

为了有效抑制控股股东的侵占行为，中国证监会在 2003 年发布通知要求上市公司披露实际控制人及大致控股结构的信息，2004 年发布《公开发行证券的公司信息披露内容与格式准则》的通知，要求上市公司披露公司与实际控制人之间的产权和控制关系，为深入研究集团公司之间关联交易、资金占用、相互担保等问题提供了前提。同时，2005 年 8 月中国证监会又下达《关于进一步做好清理大股东占用上市公司资金工作的通知》，开始着手清理上市公司控股股东资金占用、欠款等问题。2006 年，证监会完成了"清理上市公司资金占用"工作，大量占用资金被追回，提高了上市公司质量，强化了法人财产权意识，遏制了大股东资金侵占现象，保护了投资者的合法权益，从而起到了标本兼治、正本清源的作用。

大量的大股东资金侵占和掏空现象与我国股权分置造成的独特的"二元股权结构"也密不可分。由于股权分置形成的国有股、法人股等非流通股东和个人股、外资股等流通股东之间"同股不同价、同股不同权和同股不同利"现象，造成了二者股东之间不同的利益基础。由于非流通股股东持股比例很高，并且通常处于控股地位，而非流通股却无法在二级市场上流通，非流通股股东不能分享股价上涨的收益，因此，这就诱发了大股东通过高分红政策、高溢价再融资和侵占公司资产等行为来获取控制权私人收益。为了解决我国证券市场的"双轨制"问题，2005年5月证监会发布了《关于上市公司股权分置改革试点有关问题的通知》，拉开我国股权分置改革的帷幕。2005~2007年，我国完成了股权分置改革，统一股权、统一市场、统一价格，实现上市公司股票"同股、同价、同利"的本来属性，巩固了全体股东的共同利益基础，促使大股东获利机制发生改变，有助于大股东加强自我约束，减少对上市公司和中小股东的利益侵害。

2007年，我国证监会又发布《开展加强上市公司治理专项活动有关事项的通知》，开展了上市公司治理专项活动。2007~2009年，证监会通过三年的上市公司治理专项活动，推动了上市公司治理纵深发展，全面排查了上市公司在治理方面存在的问题，并对大部分问题进行了整改，有力推进了"公司自治、股东自治"建设，进一步提高了上市公司治理水平，促进了利益相关者的利益保护。

后股权分置时期，传统的利益侵占手段将承担更大的风险，控股股东掏空行为得到有效遏制，仍未能完全杜绝。控股股东将通过更加隐蔽、简洁的方式来逃避监管，转移上市公司利益。如2012年振东集团通过隐蔽的关联交易侵占上市公司资金达3647万元，之后被深交所公开谴责。自2011年以来，振东集团以所持振东制药股权频频质押，从多家银行套取资金，其合计质押股权数量已高达3191万股，以最低股价这算融资金额超2亿元。同时，振东制药通过违规超额支付工程款，向振东集团及其下属子公司转移大量资金，形成大额资金占用。

作为新兴的市场经济国家，我国对投资者保护的法律体系不够完善，市场化程度不高，上市公司中股权相对集中，大股东控制现象较为普遍，公司内部治理水平整体偏低，导致大股东损害小股东利益和大股东的掏空行为盛行。2005~2007年，我国完成了股权分置改革，实现了A股市场的"全流通"，恢复了上市公司股票同股、同权、同利的本来属性，奠定了上市公司治理的共同利益基础，稳固了资本市场发展的基石。股权分置改革后，大股东积极推动资产注入、整体上市等支持行为的内在激励如何？大股东是否仍然会利用控制权侵害上市公司和中小股东利益？大股东会不会因为与中小股东利益趋同出现减少掏空行为的现象？其他控股股东会不会形成更多的制约？针对利益冲突的股改会不会带来公司治理的改善？公司治理的改善和制度环境的完善是否有助于遏制大股东的掏空行为？这些问题都值得关注和考虑，也希望随着本书的研究而逐步揭晓。

1.1.2 研究意义

（1）理论意义。本书通过产权性质分组，根据控制链追溯上市公司实际控制人，揭示金字塔股权结构及终极股东控制特征，丰富了公司治理理论和终极产权理论的研究；通过分析总结后股权分置时期我国上市公司大股东行为特征，探求资金占用行为的过程和后果，克服了国内学者只选择股权分置之前研究期间的局限性，便于从整体上把握大股东的掏空行为特征，丰富了该领域的理论研究成果；依据公司治理理论，从公司治理的制度环境和内部治理两方面着手，创新性地构建了基于公司内外部治理机制的终极股东掏空模型，理论上刻画了制度环境、内部治理和控制权对掏空行为的影响；在理论模型的基础上，以后股权分置时期上市公司数据为基础，采用实证分析方法研究了制度环境、内部治理对终极股东掏空行为的影响机制，为有效抑制与降低终极股东的掏空行为，保护广大中小投资者的利益提供理论借鉴意义。

（2）现实意义。在后股权分置时期和大股东资金占用清理背景下，本书结合我国制度环境，探讨规范和改进我国上市公司内部治理，抑制大股东利益侵占行为，有助于促进上市公司价值提升，营造资本市场健康持续发展的微观主体，也为宏观经济政策的制定者、证券市场监管部门以及国有资产监督管理机构等进行所有权改革、资本市场制度建设等提供参考，有利于改善投资体制和采取更加有针对性的措施，以提高对上市公司的监管效果。

1.2 相关概念的界定

1.2.1 制度环境

由于上市公司处于一个渐进改革的制度环境中，其外部的制度环境对上市公司的影响是存在的。例如政府干预、市场竞争、法律体系都会影响上市公司行为。拉波尔塔等（La Porta et al., LLSV；2002）的研究证明了制度环境对于资本市场、治理结构、公司价值、权益结构和股利政策的显著影响，从而开创性地在公司金融研究中引入制度环境这一解释变量。之后，国内外学者对此进行拓展，更广泛地关注政府干预、文化、法律、信用等环境因素对公司治理的影响。

一般而言，制度环境是指公司所面临的外部环境，通常包括政治、经济、文化和法治环境，如市场竞争、政府治理、制度改革、法治水平等方面（夏立军等，2005）。本书中将研究政府干预程度、市场竞争程度、中介组织发育和法律等制度环境对上市公司掏空行为的影响。因此，本书所指制度环境主要是指政府干预环境、市场竞争环境和法律法规环境。参考有关文献研究，我们利用樊纲和王小鲁（2011）编制的《市场化指数》一书中我国各地区政府干预得分、市场化进程得分、中介组织发育和法律得分来度量制度环境。

1.2.2 董事会行为

董事会行为[①]是指董事会在日常运作中的表现，即如何行动、如何行使其职责。随着委托代理理论的发展，学者们开始关注董事会行为方面的研究。董事会行为主要是指企业经营过程中董事会决策活动以及董事会决策风格，具体包含董事会会议次数、董事会会议持续时间、董事长与经理两职兼任情况、董事会会议过程中意见一致程度、董事会程序的规范性、董事出席会议比例以及参与讨论的程度等，这些方面都对董事会功能的发挥产生重要影响。

纵观国内研究文献，目前关于董事会方面的研究较为零散，主要分为两个方面：一是关于独立性特征的研究。这方面研究较多，主要着手于独立董事制度的研究，但没有形成统一的结论（唐清泉等，2006；叶康涛等，2007；唐跃军等，2007）。二是对董事会结构的研究。这方面的研究也较多，但研究内容较为零散，主要着手于董事会规模（孙永祥，2001）、两职分离（吴淑琨等，1998）、董事薪酬（李增泉，2000；孙永祥，2001）、董事持股比例（李增泉，2000）等方面。相对于大量的独立董事和董事会结构特征方面的研究，对董事会行为的研究成果非常少见（谷祺等，2001；牛建波等，2007；申尊焕，2008；吕国生，2008；蒋神州，2011）。而大多数的关于董事会行为的文献，都只是冠以了董事会行为之名，却仍然从传统的董事会结构特征角

[①] 董事会是由股东大会选举的若干名董事所组成的公司经营决策机关，因此董事会行为包含两个层面，一是董事会层次的行为，称之为"董事会运作"，二是董事个体的行为，称之为"董事行为"（吕国生，2008）。

度来研究（宋增基等，2008）。

有别于其他学者，于东智（2003）以董事会会议出席率衡量董事会勤勉责任研究董事会行为；段云等（2009）则从董事会结构角度研究了大股东控制的董事会独立性；蒋神州（2011）则将经济学领域的羊群行为概念引申到公司治理中来，研究了董事会会议过程中羊群行为现象。因此，本书将参考于东智（2003）、段云等（2009）和蒋神州（2011）的研究，分别从董事会独立性、董事会羊群行为和董事会勤勉三个角度刻画董事会行为，进而研究其对终极股东掏空行为的影响。

1.2.3 终极股东

终极股东，也叫终极控制人或终极控股股东，是指根据拉波尔塔等人（1999）提出的股权控制链逐级往上追溯，处于股权控制链最顶端位置，不被其他任何单位或个人所控制的主体；并且，终极股东通过金字塔股权控制链直接和间接拥有上市公司的持股比例总和大于其他任何一个股东的持股数量；按照证监会信息披露要求，在财务报告中披露的实际控制人。按照有效控制权的标准，排除了控制权比例小于10%[①]的控制权过度分散的终极股东。

与终极股东相对的一个概念是直接控股股东，终极股东与直接控股股东都属于控股股东[②]，即持有一定比例的公司控制权，并对公司的股东大会和董事会的决议产生重要影响，进一步控制了公司的经营和财务决策的股东。只不过，直接控股股东主要是指直接持有上市公司股权并能实施控制的第一

---

① 有效控制的标准目前尚无定论，但学术界一般采用10%或20%作为临界控制标准。LLS et al.（1999）及 Julan Du 和 Yi Dai（2005）等认为存在终极控股股东的控制权比例应在10%及其以上，国内学者王鹏、周黎安（2006）、沈艺峰等（2008）也认为10%是有效的控制标准，因此本书以10%作为控制权标准。

② 关于控股股东的概念和标准的认定各国的理解存在一定的差异。但在各国的立法和司法实践中，随着资本市场的发展，经历了从单纯的形式标准（资本数量控制标准）阶段发展到形式标准与实质标准相结合阶段。单纯从数量标准看，通常认为控股股东的持股比例应在30%（含30%）以上。当第一大股东的持股比例大于30%且小于50%时，称为相对控股股东；当第一大股东的持股比例大于50%时，称为绝对控股股东。但我国目前采用的是形式标准与实质标准的结合。中国证监会2002年10月颁布的《上市公司收购管理办法》认定收购人有下列情况之一的，构成对上市公司的实际控制：（1）在一个上市公司股东名册中持股数量最多的（但是有相反证据的除外，下同）；（2）能够行使、控制一个上市公司的表决权超过该公司股东名册中持股数量最多的股东的；（3）持有、控制一个上市公司股份、表决权的比例达到或者超过30%的；（4）通过行使表决权能够决定一个上市公司董事会半数以上成员当选的；（5）中国证监会认定的其他情况。

层面的股东，通常也就是公司的第一大股东。

在本书研究中，终极股东主要是涉及终极控制权中控制权、现金流权等变量时，用终极股东概念；而涉及掏空行为变量主要是以直接控股股东作为研究对象，因此，本书并没有对终极股东和控股股东叫法加以严格区分。

1.2.4 掏空行为

约翰逊、拉波尔塔、洛佩斯·德·西拉内斯和 A. 施莱费尔（Johnson, La Porta, Lopez-de-Silanes & A. Shleifer；2000）在考察了亚洲金融危机期间东亚和东南亚新兴市场经济国家公司后提出的控股股东行为理论。他们用"Tunneling"来形容控股股东将公司财产或经济资源转移至公司之外的行为，具体通过两种手段：一是控股股东为了谋取控制权私利，采用自我交易方式侵占上市公司资源，主要手段包括：直接占用上市公司资金、关联方资产销售和商品交易、过高的管理层报酬、债务担保、侵占公司的投资机会等；二是控股股东不通过任何的资产交易，而是通过稀释其他股东的股权间接达到增加其持股比例，具体方法包括：重新配股以摊薄每股股权价值、非公允的内部交易、渐进式收购行为等。

掏空行为是控股股东利用其控制权力来追求控制权私利，属于控制权私利的货币性部分。对于控制权私利的计量是一个难题，国内外学者相关研究结果也较多，常见于三种计量方法：一是大宗股权交易溢价法。巴克利和霍尔德梅斯（Barclay & Holdemess，1989）指出股东的收益取决于其所持有的股份，大宗股权转让的交易价格应该是当日的股票交易价格。若控股股东能够通过所掌握的控制权获取控制权之外的收益，股权将会发生溢价转让。因此，股权收购方所能支付的每股价格将大于现行每股市场价格，两者之间的差额反映了控股股东获得的控制权私利，可以作为掏空行为的测度标准。由于我国证券市场的大宗股权交易大多发生在非流通股，而股票市场的价格反映的是流通股的价值，不能真实反映非流通股的价格变化，所以这种方法不适合我国。二是控制权与现金流权分离度法。拉波尔塔等（1999）指出终极股东能够通过金字塔股权结构，以及由此产生控制权偏离现金流权的超额控制权，以较小的现金流权实现对目标公司的控制，从而以资产出售、转移定价、现金盘剥等内部交易方式实现资源的转移。因此，两权偏离度也可作为掏空行为的替代变量。三是非公平关联交易程度法。通常以上市公司的关联交易为研究对象，进一步分析关联交易中所发生的转移资产、占用资金、相互担保、非正常交易等不正当关联交易行为占用的资金作为掏空证据和替代变量。目前以李增泉等（2004）为代表的国内学者都采用这种测度方法，本书也仍然借鉴这一方法，以非公平关联交易中资金占用来表示终极股东的掏空行为。

控股股东可以通过多种方式将上市公司的资金和利润转移到自己手中，其中关联交易是最为常见、也最容易施行的方式。掏空行为与关联交易之间的联系与区别，如图1-1所示。

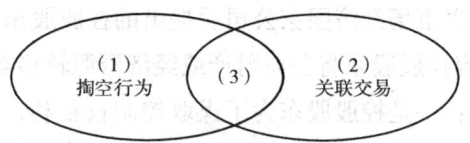

图1-1 掏空行为与关联交易关系

从掏空行为的角度来看，关联交易型掏空行为是掏空行为的一种；从关联交易的角度来看，关联交易型掏空行为特指控股股东与上市公司间的、从上市公司转移利润和资金的、非公允性的关联交易行为。因此，本书所指掏空行为是指关联交易型掏空行为（如图1-1中（3）所示），即控股股东通过与上市公司之间非公允的关联交易，从上市公司转移资金和利润的行为。

1.3 研究内容与研究方法

1.3.1 研究内容

在现代公司治理理论中，控股股东与小股东之间的代理问题已经成为公司治理研究的主流和重点之一。因此，本书在后股权分置时期制度背景分析的基础上，吸收国外相关研究领域的研究成果，系统地分析了我国上市公司的制度环境、董事会行为和掏空行为的现状，然后研究了我国上市公司的制度环境、董事会行为与终极股东掏空行为之间的关系，具有一定的理论和实践意义。

本书共分为八章，主要的研究内容如下：

第一章是导论。首先，阐述了本书的选题背景和选题意义，其次，对本书的研究对象做了清晰界定，明确了本书的研究内容、研究框架和研究方法，最后，介绍本书可能的贡献和创新之处。

第二章是文献回顾。本章对本书研究所涉及的四个方面文献进行一个总的梳理和归纳，为本书后续研究打下经验基础。首先，梳理了有关上市公司掏空行为研究文献；其次，归纳了终极股控制权的特征及其对掏空行为影响；再次，整理了制度环境所包含的内容以及制度环境对掏空行为影响的文献，还总结了董事会行为内容及其对掏空行为影响；最后，对以上文献进行了评述并归纳出对本书的重要启示。

第三章是我国终极股东掏空行为的机理和特征分析。本章主要对我国上市公司控制权安排的制度背景和掏空行为的机理进行分析，然后基于国泰安信息技术公司 CSMAR 数据库、樊纲等（2011）的《中国市场化指数》和上市公司年报资料分析后股权分置时期我国制度环境、董事会行为、终极控制权和掏空行为特征，为后续章节的实证研究提供了现实背景与依据。

第四章是理论分析与模型构建。本章通过分析终极股东掏空行为机制后提出研究假设，分析了上市公司的制度环境、董事会行为和所有权比例与掏空行为之间的关系，构建一个基于制度环境和董事会行为机制下的掏空模型。通过模型推导得出：健全的法律环境和完善的治理机制可以降低终极股东对上市公司的掏空行为，终极股东的持股比例的增加对掏空行为强度呈现先上升后下降的倒"U"形关系。

第五章是控制权、控制人变更对终极股东掏空行为影响的实证检验。本章基于后股权分置时期 2005~2010 年沪深 A 股上市公司的研究数据，以产权性质为视角，将终极控制人分为中央、省、市及以下政府控制、企业家与资本家控制、外资控制等类型，通过分组比较分析与回归分析，研究控制权对终极股东掏空行为的影响。同时，进一步运用秩和检验方法，检验实际控制人变更前后掏空行为是否发生显著变化。

第六章是董事会行为对终极股东掏空行为影响的实证检验。本章于后股权分置时期 2005~2010 年沪深 A 股上市公司的研究数据，以产权性质为视角，以董事会行为切入点，采用分组分析和多元回归等方法，研究终极股东控制权对董事会行为特征的影响，并进一步研究董事会行为对终极股东掏空行为的影响，揭示终极股东控制下的董事会行为对掏空行为的监督效应。

第七章是制度环境对终极股东掏空行为影响的实证检验。本章主要是基于我国后股权分置时期制度环境下，从市场化进程、政府干预程度和法治水平三个方面刻画制度环境，采用分组分析和多元回归分析方法研究制度环境对掏空行为影响；还采用单因素分析法、主成分分析法和多因素分析法分别研究了制度环境对终极股东控制权、董事会行为的影响，进一步地研究了三者对掏空行为的影响程度大小。

第八章是研究结论与对策建议。本章首先对全书的主要结论进行了概括性总结，并在此基础上，运用规范分析法，阐明本书的理论分析和实证研究结果对防范掏空行为的启示及意义，并指出本书研究存在的局限性以及后续研究的方向。

1.3.2 研究框架

本书的研究思路主要从"问题提出→背景分析→模型分析→实证研究"四个层面逐步展开。首先，梳理了国内外相关理论与文献，从我国现实的制度与环境背景出发，系统分析了我国上市公司终极股东掏空行为的微观机理和抑制机制，以及我国上市公司终极股东掏空行为的特征分析。其次，构建了基于制度环境与董事会治理的终极股东控制权对掏空行为影响的理论模型，形成了系统的理论分析框架。再次，基于我国沪深两市A股上市公司的样本数据，通过实证分析方法先研究了终极股东控制权、董事会行为和制度环境对掏空行为的影响；最后，总结相关结论并提出政策建议。基本写作框架如图1-2所示。

1.3.3 研究方法

本书研究方法上主要采用规范研究和实证研究两者相结合，理论分析方面侧重于规范研究，经验检验方面侧重于实证研究。

规范研究主要包括对制度环境、董事会行为、终极股东和掏空行为的概念界定，文献回顾及对现有文献的总结性述评，终极股东掏空行为的发生机理及其经济实质，掏空行为的抑制机制分析，在上述基础上构建了基于制度环境和内部治理的终极股东掏空行为模型，进行了理论推导以及对实证研究的假设进行了理论分析。

实证研究主要采用筛选样本、收集数据、变量定义、模型构建、借助于

SPSS 和 EXCEL 等统计软件进行了三个经验检验，分别是终极控制权对掏空行为的影响，董事会行为对掏空行为的影响，制度环境对掏空行为的影响。本书所运用到的具体的检验方法包括描述性分析、相关性分析、分组比较分析、多元线性回归分析、主成分分析、参数检验和秩和检验、单因素方差分析、数据中心化处理等。

本书研究的逻辑框架如图 1-2 所示。

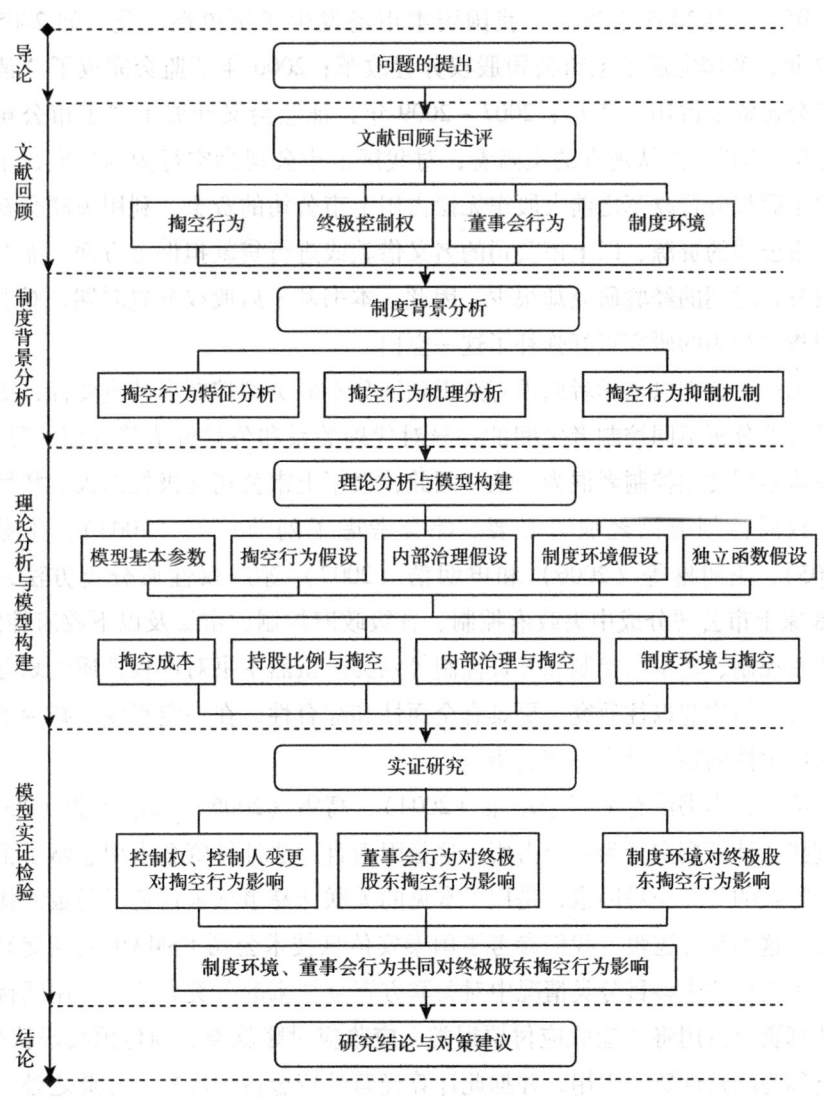

图 1-2 本书研究的逻辑框架

1.4 研究的主要贡献

本书针对后股权分置时期制度环境、董事会行为对终极股东掏空行为的影响研究，与国内学者研究相比，其创新之处主要包括：

第一，自2005年以来，我国资本市场发生了历史性变化。如2005~2007年，我国完成了上市公司股权分置改革；2006年证监会完成了"清理上市公司资金占用"工作；2007~2009年，证监会又开展了"上市公司治理专项活动"。但从现有的文献看，对我国上市公司掏空行为的研究，主要集中于股权分置改革之前大股东无偿占用上市公司的资金、利用关联交易转移上市公司的资源、以上市公司的名义借款或进行贷款担保等方面，而对后股权分置时期的经验研究却很少。因此，本书基于后股权分置时期，对上市公司掏空行为的研究正好弥补了这一空白。

第二，长期以来学者们没有意识到区分不同类型控制者的重要性，更没有系统地分析不同控制者之间的差异对代理关系和公司价值等方面的影响，而是将不同类型控制者混为一谈。因此，根据上市公司终极控制人的特性进行产权属性划分已经成为必要。综合考虑了刘芍佳等（2003）、孔融等（2005）、王明琳等（2006）和申明浩（2007）等产权性质分类方法，将6848家上市公司分成中央政府控制、省级政府控制、市级及以下政府控制、企业家控制、资本家控制和外资控制等六类。虽然本书对产权性质的划分难说完美，但比起以往研究，更具有全面性和综合性，在一定程度上减少了可能的内生性问题，具有一定进步。

第三，本书没有采用李增泉（2004）、高雷（2006）和申明浩（2007）等直接法计算掏空行为资金占用，这是因为直接法计算资金占用忽略了很多更加隐蔽的关联交易因素，是用了常见的关联交易事项来代替了隐蔽的掏空行为，这不符合逻辑。我们参考了国泰安信息技术公司CSMAR关联交易数据库和资金往来科目分类情况中对关联方资金往来的分类方法，采用间接法来计算资金占用将"应收应付票据类、应收应付账款类、预付预收账款类"三类称为经营性资金占用，并据此计算经营性资金占用净额，除此之外，其他的关联交易资金占用都称之为非经营性资金占用，这也是本书有别于以往学者的重要之处。

　　第四，以往文献对于董事会的研究多偏重于对于董事会特征等结构性因素的经验研究，而对于董事会行为的研究、终极股东控制下的董事会行为研究、以及董事会行为在大股东掏空和中小投资者保护方面的研究则少之又少。而且，对董事会行为的研究绝不是一个不必考虑的问题，而是具有实际意义的课题。因此，本书从董事会行为入手，从董事会独立性、羊群行为和勤勉行为等三个方面来刻画董事会行为，这有别于传统的董事会结构特征指标，弥补了董事会行为研究这一空白之处，具有一定新颖性。

2 文献回顾与述评

自施莱费尔和维什尼（Shleifer & Vishny，1997）发表了著名公司治理的综述以来，有关控股股东与小股东的代理问题的研究不断出现，并逐渐地成为公司治理研究的主流方向之一，也是公司治理中的一个难题。掏空行为不仅侵害了中小股东的利益，也严重阻碍了金融市场的健康有序发展。约翰逊（2000）、拉波塔尔等（2000）认为上市公司终极股东，尤其是家族控制人的掏空行为是引起1998年亚洲金融危机重要因素。伯特兰等（Bertrand et al.，2002）进一步指出，掏空行为可能会伪造会计数据，增加信息的不对称程度，降低市场的透明度，从而使得对企业财务状况的评价变得更为困难。因此，有效地监督上市公司终极股东的掏空行为已成为公司治理和监管部门的重要且棘手的问题。

要有效地抑制终极股东的掏空行为，我们要了解终极股东掏空上市公司行为的动因，影响终极股东掏空行为的因素，以及终极股东掏空行为的收益和成本等。丹尼斯和麦康奈尔（Denis & McConnell，2003）指出有效的公司治理机制能够促使那些持有个人私利的公司控制者在做出决策时能以公司所有权的利益最大化为目标，包括外部制度环境和内部治理机制。高雷（2006）认为要彻底解决终极股东对小股东利益的掠夺问题，需要完善公司外部监督机制，主要指外部法律政策、资本市场和经理市场等方面的监督机制以及公司内部治理机制，主要包括董事会治理的独立性、激励机制、所有权性质和股权结构等方面的治理机制。

因此，为了有效了解终极股东掏空行为的运行机制，本章对制度环境、董事会行为、控制权、掏空行为的内容和实证研究等进行了系统梳理。在此基础上对国内外相关主题的研究文献进行了综述和评论。

2.1 终极股东的掏空行为

2.1.1 掏空行为的提出

Johnson、La Porta、Lopez – De – Silanes 和 Shleifer（2000）首次用"Tunneling"一词来形容控股股东通过隐蔽的渠道从上市公司攫取私人利益，侵占公司财产的行为，即掏空行为。他们指出，控股股东对上市公司的掏空主要有两种形式：一种是控股股东通过关联交易的方式转移公司资源，包括合法的资产出售、转让和非法的欺诈等；另一种是采用摊薄股东权益、内部交易等不用转移公司资产的方式，实现公司利益向控股股东的转移。同时，掏空行为也可分为合法与非法两种，并且大多数的公司都是在法律允许范围内实施掏空行为的。Bertrand（2002）通过研究发现，在印度资本市场上，控股股东往往通过非经营性项目从现金流权比例低的公司向现金流权比例高的公司转移利益，实施掏空行为。Marilanne sendhil Murzainathan（2002）研究了印度的企业集团的利益输送行为，结果发现印度的企业集团通过操纵非经常项目来进行利益输送，控股股东通常会把利益从现金流量控制比例低的上市公司转移到现金流量控制比例高的上市公司，低现金流量控制权公司的收益增加中有25%被传送到高现金流量控制权的上市公司。Kim（2002）认为控股股东倾向于采用合并的方式来加固集团内其他公司的价值来侵害小股东的权益。Leuz、Nanda 和 Wysocki（2003）比较了31个国家的上市公司在盈余管理方面的差异，结果发现大股东为了获得控制权私有收益，通过盈余管理向外部人（小股东和债权人）隐瞒企业绩效。Kang & Guo（2005）、Charles M. C. Lee（2005）、Heng Yue（2005）等认为控股股东从上市公司中的借款也是控股股东侵占小股东的手段之一。

国内较早研究掏空行为的李增泉等（2004）根据上市公司年度报告的"关联方关系及其交易的披露"中披露的大股东与上市公司之间的资金占用数据研究大股东所有权安排与掏空行为。刘峰和贺建刚等（2004）通过国有控股五粮液典型案例的分析，研究了我国资本市场中普遍存在的直接或间接占用、资产购销、产品购销和高派现等四种掏空行为。朱红军和汪辉（2004）剖析了宏智科技控制权之争的案例，发现制衡的股权结构仍无法克服控制性股东的自利行为，而且相对分散的股权引发更为激烈的控制权之争，控制性董事长通过向其亲属转移募集资金、以共同投资为名转移公司资金，取得被投资公司的控制权。唐清泉和罗党论等（2005）通过研究发现在我国上市公司中，股权高度集中于大股东现象显著，其结果容易发生大股东侵占其他股东利益行为，影响上市公司健康发展。张光荣和曾勇（2006）以托普公司案例为切入点，对大股东掏空行为进行了详细解剖，指出托普公司大股东存在以非正常价格向公司出售资产、直接占用公司资金、利用公司提供担保等利益侵占行为。

掏空行为极大制约了我国上市公司和证券市场的发展，国内学者就抑制掏空行为进行了相关研究。赵小玲（2004）认为应加快明晰上市公司的产权，完善上市公司法人治理结构；切实发挥上市公司股东大会制度作用；完善上市公司董事会制度、独立董事制度以及监事制度；切实做好上市公司投资者关系管理工作。李学峰（2004）提出仅从一般性的加强监管、规范上市公司行为等角度，不可能从根本上解决我国股票市场中日益增多的大股东侵害行为，应从完善大股东投票权的完备性着手解决。万俊毅（2005）指出，在目前我国法律制度对大股东掠夺行为远未起到应有作用的基础上，最为有效的措施是完善相关立法并加大执法力度。张晖和赵涛（2005）在比较英美德日等国的经验后认为，债权人进行有效监管可以防止大股东侵害中小股东。

2.1.2 控制权对掏空行为的影响

在国外经验研究中，Shleifer & Vishny（1997）指出，现金流权和控制权分离将会加速大股东的掏空行为。因为，控制性大股东可以利用其绝对优势的投票权将上市公司的利益转移到自己手中，同时，只按照其拥有的股权比例部分承担由于利益转移而给上市公司带来的损失。只要通过转移上市公司资源所获得的好处大于因现金流权的存在而遭受的损失，大股东就有动机掏空上市公司，对小股东实施掠夺。Bebchuk et al.（2000）利用模型研究控制权和现金流权分离下的代理问题发现，当两权偏离较大时，控股股东倾向于利用控制权优势获取私人收益，并通过关联购销行为侵占上市公司资源；在投资决策方面，倾向于激进的投资战略，甚至投资于投资报酬率较低的项目；在股利政策方面，倾向于低股利政策，将未分配利润控制在上市公司中。并且，由于控股股东的超额控制权，其他股东的投票权并不能影响公司的经营决策和抑制控股股东的败德行为，因此，其他股东倾向于"用脚投票"方式抛掉上市公司股票，引起上市公司股票价格下降。Claessens et al. (2002) 对东南亚9国（地区）的研究表明，增加大股东的现金流权比例可以限制大股东的掏空行为。公司价值与大股东的现金流权正相关，与现金流权和控制权的分离负相关，这种负相关关系在家族控制和国家控股公司中较为显著。他们将正相关关系解释为大股东现金流权的利益趋同效应，将这种负相关关系解释为大股东掏空小股东的证据。Lemmon & Lins (2003) 指出，金字塔股权结构的存在，导致了上市公司的两权偏离，控股股东可以利用控制权优势侵占中小股东利益。在经济环境恶化的情况下，在金字塔股权结构上市公司中，控股股东更加掏空上市公司，导致公司价值下降。

国内学者张祥建、刘建军和徐晋（2004）从公司控制链微观结构的视角研究发现金字塔式控股结构和交叉持股是大股东实现控制权与现金流权分离的两种重要方式，并造成了大股东对小股东掠夺的强烈动机。通过建立一个模型分析了大股东掠夺行为产生的机理，大股东能够用较少的现金流权来实现对公司的实质控制是掠夺行为产生的本质原因，从而攫取更多的控制权私人收益。宋春霞（2007）通过分析上市公司两权分离度、关联交易、控股股东掏空行为的关系，研究发现：两权分离度与关联交易状况呈正比，即两权分离度越大，关联交易越频繁、交易金额越大，资金占用与信用被占用额也就越大。沈艺峰、祝学文和聂亚娟（2008）研究了终极控股股东控制权与现金流权分离对公司现金持有量水平及其市场价值的影响，研究结果发现：在两权分离的情况下，国有终极控股股东对高现金持有量水平具有较高的偏好，这是一种控股股东利益侵占动机。蔡卫星和高明华（2010）指出终极股东侵占上市公司进而损害广大中小投资者的利益已经成为上市公司内部重要的代理问题。他采用中国A股市场的相关数据，从关联交易的角度实证检验了终极股东的所有权和控制权对利益侵占的影响，研究结果发现，终极股东的所有权越大，利益侵占的水平就越低；终极股东的控制权越大，利益侵占的水平就越高；终极股东控制权和所有权的分离程度越大，利益侵占水平就越高。

另外，李增泉等（2004）、高雷等（2006）、申明浩（2008）等曾经从第一大股东的角度来研究控制权对大股东的利益侵占或掏空行为的影响。根据控制权传导机制,第一大股东只是其实现对企业控制的中间环节,其持股比例不能代表最终控制人的利益,最终控制人才是实际上掌握上市公司资源的主体,因此,通过终极控制人的控制权特征来研究掏空行为能体现产权化改革的意义(程仲鸣,2010)。杨淑娥等(2009)指出金字塔股权结构引起低现金流权和高额控制权的非匹配,使得终极控制人有动机和能力通过金字塔股权结构从被控制的底层公司转移资源到自己手中,并且控制权与现金流权的偏离即超额控制程度越大,终极控股股东攫取私人收益的动机就越强烈。控制权比例越大,终极控股股东越有能力进行掏空行为获取控制权收益;现金流权比例越大,终极控股股东的壕沟效应显著降低(Yeh,2005;杨淑娥等,2009)。Claessens et al.(2002)指出公司价值与控股股东的现金流权正相关,与控制权和现金流权的偏离即超额控制程度负相关。Almeida et al.(2006)指出当公司现金流量少而享有较大的投票权时,控股股东能够有效地控制公司的经营决策,而不占有全部的相应收益或承担全部的相应成本。

进一步地,也有学者认为持有较高的所有权比例[①]可被视作控股股东向外部投资者所作的放弃控制权私人收益的一种承诺(Gomes,2000;李增泉等,2004)。程仲鸣(2010)研究表明:当终极控股股东的现金流权较低时,终极控股股东的投资活动只能获取与现金流权相对应的部分,而侵占行为则能够获取其全部收益;当现金流权达到一定程度时,基于对控制权共享收益过高损失的权衡,终极控股股东获取控制权收益的动机将大大减弱,利益侵占行为得到抑制。因此,控股股东现金流权比例对掏空行为同时具有壕沟效应和协同效应。在西方,许多文献为所有权比例的这种两面性提供了经验证据(Morck et al.,1988;Claessens et al.,2002)。

2.1.3 产权性质对掏空行为的影响

关于产权问题是经济学永远无法绕开的话题,公有产权与私有产权的差异也是经济学领域争论的焦点。由于政府与国有企业之间存在的"裁判员"

---

① 需要说明是:许多学者(如李增泉等,2004;高雷等,2006;申明浩,2008)都用第一大股东的持股比例作为所有权结构的代理变量来研究掏空行为,而实际上第一个股东持股比例与现金流权比例是两个不同的概念,在数值上也不等同。因此,本书将第一大股东持股比例与控股股东的现金流权比例都做了分析。

和"运动员"的双重契约身份,与对私有企业相比,政府对国有企业的承诺更容易失约,导致国有企业中普遍存在"棘轮效应"和预算软约束问题。当然,私有企业也可能存在"棘轮效应"和预算软约束问题,但由于政府对私有企业干预的成本要显著高于国有企业,从而私有企业遇到的上述问题往往要比国有企业小得多(Shleifer & Vishny,1994)。

作为国有上市公司的控股股东,政府为什么要掏空上市公司?从我国资本市场的发展过程来看,国有控股的所有权模式、剥离非核心资产的改组方式以及"审批制"和"额度制"相结合的股票发行制度,必然导致了地方政府与上市公司股东之间的紧密关系。而我国法规对国有产权的流动性限制和基于控制权损失的不可补偿性而产生公司内部人的抵制,使得地方政府和控股股东采用转让上市公司所有权的方式来获得控制权收益的交易成本非常高昂(Chen et al.,2004;张宗新等,2003;张维迎,1998)。再加上在我国证券市场法律对投资者保护不力情况下,控股股东和地方政府可以很容易从上市公司攫取资源。因此,政府为了实现其自身目标和促进当地的经济社会发展,从上市公司中转移资源的掏空行为具有一定的必然性。李增泉[①]等(2005)发现,控股股东或地方政府具有支持或掏空上市公司的动机,支持是为了获得配股资格,而掏空则是赤裸裸的利益侵占行为。实际上,在现有的制度环境下,支持的最终目的很可能还是为了掏空,即所谓的"放长线钓大鱼"。掏空的手段包括资产评估(周勤业等,2003)、关联交易(Jian & Wong,2004)、资金占用(李增泉等,2004;高雷等,2005)等。而且与非政府控制的上市公司相比,法律约束和监督机制更加难以限制政府权力,因此,相对于非政府控制的上市公司来说,政府控制的上市公司更容易从中攫取公司资源,其公司价值更低(夏立军等,2005)。

结合我国现有的行政机构设置和行政分权,各级政府权力和职能设置都不同,其在资本市场的动机和行为可能不同。一般来说,中央政府角色则像是委托人,而地方政府角色更类似于代理人,两者之间存在着委托代理关系;在地方各级政府中,上下级政府之间也同样存在着类似的委托代理关系。因此,相对下级政府来说,上级政府可能更约束自身的行为和保持自身的形象,在一定程度上抑制和弱化了其侵占上市公司资源的动机和能力。

---

① 但马曙光等(2005)的研究却得出了相反的结论。

自证券市场设立以来，国有企业改制上市一直是股票市场的焦点。我国公司治理研究主要关注于国有上市公司的治理问题，而较少关注家族上市公司的治理问题。但随着股票发行制度改革以及"国退民进"的推进，家族控制的上市公司已逐渐增多，家族控制上市公司的治理问题也开始被关注。控制性家族属于企业家还是资本家会影响其建立金字塔型股权结构的动机，即控制性家族的股权安排是出于机会主义动机还是经济效率动机，进而影响其是否侵占上市公司资源。对于企业家家族来说其侧重于经济效率动机，由于企业家是公司主营业务的创业者，更加注重实业经营和持续地专注于特定行业，并且更多地直接参与上市公司管理。而资本家家族则出于机会主义动机更多地进行资本运作活动并需要更多资金。但资本家由于其资本运作的风险因素无法获取更多银行贷款，更倾向攫取上市公司资源（万小妹，2008）。企业家公司由于企业家家族控股越多，越能激发其作为大股东的监督效应并努力从事主业的经营以提升公司绩效，而资本家公司中的资本家家族则显示出掏空上市公司的意图，控制权比例越高，越有利于其从事掏空行为，大股东通过掏空行为剥削中小股东的可能性就越大（申明浩，2008）。张学勇和欧朝敏（2010）指出上市公司的大股东掏空输送行为一直都是监管的难点和研究的热点。对于并没有完全开放的资本市场，外资股东尤其是战略投资者的引入，引进了先进的管理经验和治理机制，并能减少控股股东的掏空行为，提升公司价值。申明浩（2007）在区分"资本家家族"与"企业家家族"的基础上，经过回归分析发现：资本家家族的掏空行为动机和强度远远高于企业家家族，企业家家族有大股东的监督倾向。资本家家族倾向于通过构建多层控制链实施掏空行为；企业家家族成员在上市公司任职有利于形成合谋挖掘掏空转移资源；控股股东以企业集团方式存在的公司遭受了更加严重的掏空；在家族控制的上市公司中，独立董事没有发挥有效的监督作用；总经理持股比例与掏空行为强度呈现"U"形关系，存在"监管激励效应"及"合谋掏空效应"。研究结果表明，越是资本家控制型的公司，家族通过关联交易剥削中小股东的可能性就越大。Bebchuk et al.（1999）以及Wolfenzon（1999）根据他们的模型得出的结论：当上市公司与企业集团有关联关系时（集团内的公司通常由同一个控股股东控制），控股股东掠夺外部股东的概率特别高。控股股东通过在集团内、公司之间的商品和劳务交易以及资产和控制权的转移，来掠夺上市公司的财富。

2.1.4 控制人变更对掏空行为的影响

国内外不少学者采用事件研究法研究了上市公司控制权转移或控制人变更前后，公司绩效发生的显著变化，不过都没有得出相同的结论（Bauer et al, 2009; Schwert, 1996; Jensen et al, 1983; Loughran et al, 1997; 陈信元等, 1999; 徐莉萍等, 2005）。Agrawal et al.（1992）的研究结果显示，上市公司控制人变更后公司绩效不仅没有出现明显改善，反而更糟。国内学者张新（2003）、周晓苏等（2006）研究发现，当上市公司控制权转移对公司绩效的改善作用仅仅是短时间内的，并不能长期提升公司绩效；冯根福等（2001）、徐莉萍等（2005）认为上市公司控制权转移虽然能改善公司绩效，但其作用有限，并不能完全改善公司绩效；白云霞等（2008）的研究表明，国有控制权的转移对公司绩效并没有显著性提高作用，但是控制人变更后，国有控制权发生转移能显著提高公司绩效。骆祚炎（2005）的研究结果支持了 Agrawal et al.（1992）的结论，并且指出公司绩效在控制人变更的当年显著地不升反降。也有学者研究发现，控制人变更引发企业资产重组等盈余管理行为能够改善上市公司财务现状，提高上市公司价值（Denis et al., 2000; 白云霞等, 2004; 方轶强等, 2006）。

在股权分置改革期间，上市公司直接控制人（第一大股东），甚至终极控制人变更的事件屡见不鲜，公司直接或终极控制人的变更会带来公司控制权转移，引起公司资产重组等盈余管理行为，进而对公司的短期和长期业绩产生影响（谢梅等, 2011）。当公司终极控制人变更，但公司国有性质不变时，中央、省、市等不同级别控制人之间相互转移上市公司控制权，并未改变上市公司国家控制的属性，其更多是出于解决辖区的产业整合、地方就业和组建大型国企集团等政治目标，提高公司业绩并不是其主要目标（白云霞等, 2008）；另外，我国从计划经济走向市场经济的过程中，在政府权力配置上，经历从集权到分权的过程，地方政府获得了财政自主和经济管理等权力。分权的结果使得地方政府发展地方经济的积极性被调动起来，同时，地方政府竞争资源的动机也随之产生（Poncet, 2004）。从某种程度上，上市公司的资源甚至类似于一种"免费午餐"。因此，政府有动机掏空上市公司，以实现其自身的政治目标（李增泉等, 2004）。但是，当终极控制人国有产权性质发生变更，即由国有变为非国有控制人时，或者当非国有上市公司的控制人发生变更时,终极控制人通常会通过秘密方式转移核心和优质资产,转让上市公司中非核心资产部门。由于"壳"资源的稀缺性使得上市公司成为众多企业争夺的对象,控制权争夺后的控股股东掏空上市公司利益的行为屡见不鲜;上市公司控制权转移后的董事变更比例、高级管理人员变更比例和控股股东在目标公司董事会中所占的席位比例与控股股东的掏空行为都显著呈正相关(石水平,2010)。但是,当控制权转移后,控股股东为了保持"壳"资源的稀缺性,稳定市场地位,提升公司价值,防范退市风险,在控制权转移后往往会支持公司。

2.2 董事会行为对终极股东掏空行为的影响

2.2.1 董事会行为研究

公司治理的外部机制主要有法律法规、会计审计体系、资本市场机制、产品市场、控制权市场等及活跃的投资者(WorldBank,1999)。但一致观点认为,不管这些外部机制运作的效率如何,公司治理内部机制,尤其是董事会机制,依然是公司治理的核心。董事会治理取决于董事会定位。主流观点(如代理理论)认为,董事会是作为股东的代理机制而存在的,作为连接股东与经营者间的桥梁,它代表股东行使对经营者的监督、控制职能。

受代理理论的深刻影响,人们在董事会机制研究过程中,往往将研究重点放在董事会结构或特征上,以阐明何种董事会结构或模式可能会具有更强的监督控制能力,以及这样的董事会结构或模式与公司业绩是否相关,其研究变量涉及:董事会规模大小、董事会中独立董事(或外部董事)比例高低、董事会中领导权结构(即董事长和 CEO 是否分设)、董事会自身激励强度等。MaeAvoy et al.(2001)指出,如果不进一步分析董事会行为的内涵,我们就无法期望董事会的结构特征与公司业绩的改善之间会产生任何实质联系。有关治理结构与公司业绩之间联系的实证研究所得出的矛盾结果,并没有否定董事会行为与投资者回报之间的联系。

于东智(2003)提出关于董事会特征的研究可以量化为三个方面:一是独立性特征研究,包括董事长与总经理的两职设置状态、独立董事在董事会中的比例、董事及独立董事的规模;二是行为特征研究,包括年度会议次数、会议出席率、会议和谐程度等；三是激励特征研究，包括年董事年度报酬、董事持股权比例。Carcello et al.（2000）也将董事会特征分为三个方面：独立性特征、行为特征和专业性特征，其中行为特征包含了两个方面，即董事会会议次数和董事会持股人数比。吴清华和王平心（2005）在分析和验证董事会特征与财务呈报质量之间的相互关系时，也将年度会议次数和董事会持股水平视为董事会行为特征的变量。虽然董事会会议的次数和频率以及持续时间对董事会功能的发挥有重要影响，每年董事会会议召开次数的多少，在一定程度上反映了董事会对于工作的认真负责程度，但是，评判董事会会议不仅是数量上的满足，更多地取决于其质量。衡量董事会会议的质量、董事之间的沟通顺畅程度、会议时间的长短都是董事会会议做出令人信服公司决策的重要保证。

另外，董事会会议只是董事会外在的表现，其内在和谐问题也不容忽视，外在表现很勤勉，内在表现出不和谐，那样，开再多的会也是无效率的。前者表现为量的方面，后者表现为质的方面。然而，往往内在的某些属性是难以观察到的，如何度量就成了关键问题。吕国生（2008）用董事会会议频率、年度内董事会的非正常会议次数以及董事会行权比例作为董事会行为特征的变量进行研究。段云和王福胜（2009）通过构建单个大股东控制的董事会结构模型，推导得出，出于自身利益的考虑，大股东将尽量多地安排自己选派的董事会成员，尽可能地减少非自己选派的董事会成员，这就降低了董事会的独立性。同时，大股东的控制能力越强，这种趋势将表现得更为明显。蒋神州（2011）以资金占用和盈余管理作为掏空的代理变量，研究发现：董事会存在某种可观测的关系结构会加剧掏空，并且在关系差序偏好的作用下，随着关系结构的强弱，掏空形式或掏空程度会有所不同；董事长变更会导致关系隔绝发生改变，加剧资金占用；领取报酬的董事数量越多，羊群行为越易形成，资金占用额越大。

2.2.2 终极股东对董事会行为影响

现有的有关控制权与董事会治理的研究文献主要集中于独立董事与控制权之间的研究，较少有关于终极股东控制对公司董事会治理影响的研究。

Fama & Jensen（1983）认为董事会中的外部董事在监督CEO，从而解雇较差的CEO方面发挥关键作用；并且董事会在评价管理创新、评价经理业绩、分配薪酬、对经理进行处罚方面具有正式权力，而且这些权力的行使都是以股东利益为目标的。Demsetz（1983）认为在所有权与控制权分离后，董事会对经营者的监督方面在一定程度上可起到作用，但他又指出董事会成员最好不要在企业内部享有所有权的实际利益。Williamson（1985）也认为拥有雇佣、解雇、对高级管理人员支付薪酬的合法权力的董事会能够保护所投入的资本，是公司治理的一个重要机制。Weisbach（1988）发现，董事会被外部董事控制的企业要比董事会被内部董事控制的企业表现出更强的业绩指标，这表明外部董事发挥了作用，增加了企业价值。Kenneth 等（2007）基于欧洲国家 14 个样本公司的研究结果表明，法律对股东权益较强的保护确实会增强董事会独立性。

向朝进和谢明（2003）认为，董事会的职责主要是决策和监督。但是，不同行业的董事会具有独特的决策技能和群体决策优势，决定了其在公司战略中的重要作用，公司应充分地利用董事会来为公司创造价值。刘红娟等（2004）研究指出，我国董事会结构易受到控股股东的控制，降低了董事会独立性，难以发挥董事会的监督职能。因此，完善董事会治理，提高董事会监督职能需要提高其他大股东的持股比例，适当分散股权，形成大股东相互制约局面；配置一定比例的独立董事和审计委员会等监督机制，进一步加强对管理层的监督；尽量避免董事长兼任公司 CEO 的情况，降低董事会对公司的控制方式。

支晓强和童盼（2005）利用我国上市公司 2001~2003 年的相关数据，考察了独立董事变更与公司盈余管理程度、公司控制权转移之间的关系，分析了独立董事没有有效发挥作用的原因。研究发现，公司的盈余管理程度越高，独立董事变更概率和变更比例越高。第一大股东变更的上市公司要比未变更第一大股东的公司表现出更高的独立董事变更概率和变更比例。俞鸿琳（2006）研究发现，政府为了实现对企业的控制，除了在企业拥有较大的股权份额外，还直接控制企业的人事任命。上市公司的高管甚至董事会成员大多由政府或代表政府利益的国有大股东直接任命，这些高管、董事（独立董事除外）往往来自上市公司内部。政府对董事的任命会直接削弱董事会独立性，而这些具有政府背景的管理者又会排斥外部董事，从而进一步削弱董事会独立性。因此，政府对经济的干预程度与董事会独立性可能存在负相关关系。

王世权和刘金岩（2007）运用比较制度分析方法，分析了我国监事会制度演进过程中的历史路径依赖特征以及控制权市场、独立董事与监事会制度之间的互补关系，并基于现阶段我国控制权市场的不完备性和独立董事制度存在"独立性悖论"的现实，阐明了加强监事会治理的必要性，提出了以完善监事会制度为突破口来带动中国上市公司治理结构整体优化的建议。牛建波等（2007）通过研究发现，在通过家族控股上市而形成的民营上市公司中，年度内董事会会议次数对企业的市场价值有显著的正向影响，而在通过兼并重组取得控股地位的民营上市公司中，这种影响并不显著；在考虑控股股东现金流权与投票权分离程度的调节作用后发现，随着控股股东现金流权与投票权分离程度的提高，年度内董事会召开会议次数的增加有利于企业市场价值的增加。

2.2.3 董事会行为对掏空行为的影响

国内外学者对董事会治理机制的研究文献较为丰富，对董事会行为的研究成果并不多见。也有一些文献从董事会独立性的角度对掏空行为进行了探讨，研究结论不一。Goyal & Park（2002）认为 CEO 与董事的兼任情况影响了董事会的独立性，两者之间呈负相关关系。特别是在公司财务危机期间，董事长更倾向于认为 CEO 的专业能力不足导致公司陷入财务危机之中，CEO 遭解雇概率更大（Dayha et al., 2002）。国内学者于东智（2003）的研究却得出了不一致的结果，CEO 与董事长的兼任与否与公司价值之间并没有显著性关系，其对终极股东掏空行为的作用也没有得到印证。

为了解决大股东掏空，许多国家的公司治理实践在董事会架构中引入了独立董事。通常，人们认为独立董事的介入可以降低董事会和管理层合谋的可能性，特别是有助于解决和董事会主席集于一身的代理监督问题。在一些股权比较集中的国家，独立董事甚至被看作是百病缠身的公司治理的救命稻草，但大多有关独立董事与公司治理效率的经验分析结论却令人失望（董志强和孙芳城，2004）。郭跃进（2002）研究指出独立董事在一定程度上确实能抑制控股股东的利益侵占行为，保护投资者的利益，但是作用有限。这主要是由于独立董事在董事会的监督权限受到董事长和其他董事的制约，其表决权并不对董事会决策产生实质性影响；况且，独立董事也是理性的，在某种情况下，并不会作出与董事会决议相反的决议，对投资者利益的保护作用不是非常积极。唐清泉等（2005）从关联交易入手研究发现，独立董事与控股股东掏空行为具有显著抑制作用。高雷等（2006）用控股股东占用资金作为掏空行为的衡量指标，也得出了独立董事与控股股东资金占用之间呈负相关关系，但结果没有通过显著性检验。也有学者指出，在信息不透明和信息披露机制并不完善的情况下，独立董事不是企业内部董事，并不能起到很好的监督作用，只是充当了董事会的智囊团，起到咨询作用（Agrawal & Knoeker, 1996）。

张庆（2006）针对我国上市公司独立董事制度对中小股东利益保护的问题，利用合成数据模型进行实证研究。结果表明，目前我国上市公司独立董事制度对中小股东的利益保护效果较弱。要提高独立董事对中小股东利益的保护，必须在产权改革和股权改革的基础上，加强独立董事市场的建设，并提高独立董事行权的能力和意愿。叶康涛和陆正飞等（2007）指出，独立董事是一个内生性变量，他分别采用 OLS 方法和控制独立董事内生性方法研究了独立董事对控股股东掏空行为的抑制作用。研究发现，在 OLS 方法中，独立董事对控股股东掏空行为的没有显著性抑制作用；如果控制了内生性后，独立董事与掏空行为之间存在了显著性的负相关关系。由此得出，准确揭示独立董事的作用，需要控制独立董事的内生性，考虑采用结构方程模型或者 2SLS 方法进行研究，传统的 OLS 方法并不能得出理想的结论。

总之，从独立董事制度设立之日起，就一直存在着各种不同的观点。有的研究表明独立董事的加入改善了公司业绩和股东回报（Schellenger et al., 1989；Byrd & Hickman, 1992），且独立董事越多，公司盈余管理的可能性就越小（Peasnell et al., 2000）。也有学者指出，独立董事与公司绩效没有显著相关性或者呈负相关关系（Hermalin & Weibach, 1991）。国内学者的研究也出现了类似争论，唐清泉和罗党论等（2005）的研究发现中国的独立董事有助于抑制大股东的关联交易和掏空，而于东智（2003）则指出我国独立董事对企业信息了解不足，"花瓶"现象严重，不能有效承担证监会赋予他们的监督职责，对公司业绩没有显著影响。

关于董事会其他方面的研究，蒋神州（2011）指出受中国文化影响，董事在决策时存在关系差序偏好，加上群体决策时的羊群行为，会影响董事会独立性，加剧对公司的掏空。实证结果表明：董事会中存在某种可观测的关系结构会加剧掏空，且在关系差序偏好的作用下，随着关系结构的强弱，掏空的形式或程度会有所不同；董事长变更会导致关系格局发生改变,加剧资金占用;领取报酬的董事数量越多,羊群行为越易形成,资金占用额越大。

2.3 制度环境对掏空行为的影响

2.3.1 制度环境研究

制度环境作为外部影响因素,能够影响存在于其范围内的市场经济主体,促使其在不同的制度环境下采取不同的经营管理和财务决策行为,并进一步影响公司绩效和市场经济(Coase, 1937; Demsetz, 1964; Alchian, 1965; Cheung, 1970)。其后,制度环境的重要性逐步被学者们揭示并阐述,但是,由于制度环境因素过于抽象与宏观,难于理解和可计量,以致无法找到代理变量,这也就限制了开展有关制度环境深入的实证研究,而只能在理论分析的层面进一步探讨。对制度环境的实证研究始于 La Porta et al. (1997);开创性地以法律保护作为制度因素的代理变量,研究了法律保护对资本市场发展、所有权结构、公司治理、股利政策和公司价值的影响,使得经济学界、财务会计学界以及金融学界开始从经验研究的角度展开了对制度环境的深入研究。

Ball et al. (2000) 运用制度经济学的原理,遵循"制度环境—信息需求—会计盈余质量"的研究思路,研究了制度环境对盈余管理的影响,发现在不同国家的制度环境下,会计盈余管理的需求差异也各异。其后,他通过实证研究方法检验了中国 A、B 两个股票市场上会计准则、信息披露制度要求等盈余管理的影响,发现我国上市公司盈余管理水平的稳健性较差。

Friedman et al. (2003) 研究发现,外部经济环境的变化也会影响股东的掏空行为。如果外部环境没有冲击或冲击很小时,控股股东将选择掏空;如果不利的冲击非常严重,那么,控股股东将会选择掠夺掏空的极端行为。当发生在中度不利的经济冲击时,控股股东反而会选择支持行为。这是因为如果不利的冲击太大,支持行为不会发生,因为,短期拯救成本超过未来预期收益的概率将非常高。相反,控股股东将掏空那些失败公司的现存任何资源,转而投向他们拥有高现金流权的公司。

关于制度环境的重要性,国外学者们一般从不同国家、不同法系入手进行研究。国内关于制度环境对经济主体行为的影响作用始于樊纲和王小鲁(2003),开创性地从政治、法律、市场竞争等方面对中国的制度环境进行了量化,并得到了市场化指数。其后,国内一些学者基于樊纲和王小鲁(2003)的市场化指数这一指标,从经济和金融视角,探讨了制度环境对我国资本市场发展、公司治理、公司价值和掏空行为等的影响作用,并得出一些有意义的结论。

夏立军和方轶强(2005)研究发现政府控制尤其是县级和市级政府控制对公司价值产生了负面影响,但以市场化相对进程指数反映的公司治理环境的改善有助于减轻这种负面效应。孙铮等(2005)指出,我国各地区政府干预程度具有差异性,并以市场化进程为地区政府差异的代理变量,分析我国各地区上市公司的债务期限结构。研究发现,不同地区由于政府干预程度的差异,导致债券期限结构不同。在市场化程度低的地区,政府干预程度较高,那么企业可以依靠政府的关系,获取更多的债券,导致其长期债券相对较多。反之,在市场化程度较高的地区,企业债务期限相对较短。王鹏和周黎安(2006)研究了市场化程度对上市公司选择会计师事务所的影响,发现市场化水平较高地区的上市公司更愿意选择审计质量较高的四大会计师事务所,以发挥其治理效应。罗党论和唐清泉(2007)发现市场环境显著影响控股股东的掏空行为。具体来说,地区间政府对市场的干预程度越低、产品市场和资本市场等越发达,该地区上市公司发生控股股东掏空行为的概率就越小。徐浩萍和吕长江(2007)指出,在中国各地市场化进程中,政府对企业的干预程度具有差异性,政府对企业的干预以及政府角色转变能够影响企业行为,显著影响了不同所有权性质企业的权益融资成本。辛宇和徐莉萍(2007)考察了在股权分置改革过程中外部治理环境的作用,发现上市公司所处地区的外部治理环境越好,股票对价就越低。随着我国市场化进程效率的深入,学者们发现,我国资本市场资源配置效率进一步提高,会计信息披露质量显著提高,投资者利益得到了保护(方军雄,2006;陈胜蓝和魏明海,2006)。

郝臣(2009)并没有以樊纲等(2003)提出的市场化指数为衡量指标,而是结合中国实际情况,将企业成长的外部环境分解为政策环境(具体指标包括政府为企业办事效率、企业税务负担程度、政府扶持企业成长资金的支持力度、企业融资便利程度、对当地企业服务机构服务的满意度)、经济环境（具体指标包括政府对行业的指导力度、当地企业集群化成长程度、当地引入外来资本活跃的程度、对当地中介组织提供服务的满意度、当地劳动力供给的程度、政府提供基础配套设施完善的程度、产品价格由市场决定的程度）和法律环境（具体指标包括当地行政执法效率、当地法律部门对企业权益保障的程度、当地政府政策规章的透明度、当地信用环境水平）三个大的方面，通过问卷调查获取中小企业外部环境评分，以此为基础，研究了外部环境对我国中小企业成长的作用。

总之，以法律为代表的制度环境因素对上市公司和资本市场的健康发展具有重要意义，奠定了以制度环境为视角的经济学研究基础；同时，也使得基于制度环境的经验研究具有技术可行性，促进了制度环境的深入研究。国内学者也充分认识到了，在我国特殊制度背景下，我国公司治理和资本市场发展受到了法律保护、政府干预等的影响，并进行了相关研究，如樊纲等（2001）。

2.3.2 制度环境对掏空行为的影响

Jensen & Meckling（1976）研究了商品市场、资本市场和经理市场的作用，指出商品市场的约束作用可能最弱，因为，产品市场的占有率、竞争程度和代理成本的减少并无必然联系，即使是垄断性公司的股东仍有充分的动力去监督经理人员的行为。资本市场的发展虽然能有促使资源流向效率最高的行业和公司，投资者可以采取"用脚投票"方式来决定资金的投向。但是，我国证券市场中信息不透明以及其他政策因素的存在，导致上市公司股票价格并不随着效率的高低波动，这就影响了资本市场对上市公司经营者机会主义行为的惩戒作用。相对来说，完善的经理市场，管理者不仅要承担经营失败而被解雇的风险，同时这将影响经理人员的信誉和今后职业生涯，因此，经理市场的发展对经营者败德行为的惩戒作用最强。余智和胡定核（1995）指出，产品市场上的竞争以及带来的破产威胁，资本市场上的竞争以及带来的收购威胁对公司管理层都有着内在的监督作用，而经理人市场上的竞争以及带来的改组公司管理层的威胁也会对公司产生强烈的监督作用。产品市场上的竞争具有普遍性，资本市场的监督与经理市场的状况则有着密切联系，起着更大的作用。Bai et al.（2004）则指出，产品市场的竞争可以有效解决各种代理问题，这是由于控股股东的掏空行为可能引起公司经营困难陷入财务危机，其在产品市场上的竞争优势将丧失，最终导致公司破产，有助于抑制控股股东的掏空。与大多数行业相比，受政府保护行业的产品市场竞争相对不激烈，公司所面临的产品市场风险较低。那么可以预知在受政府保护行业内的公司掏空概率更大。

Johnson、La Porta、Lopez – De – Silanes & Shleifer（2000）通过对大陆法系与普通法系国家的研究，指出不同法律体系国家的法律制度对于掏空行为的处理是不一样的。大陆法系国家比普通法系国家更不注重保护小股东权益，其掏空行为现象也更普遍。他们还通过对法国、意大利和比利时几个著名公司掏空案例的研究发现，掏空行为不仅发生在新兴市场国家中，也存在于有效执法的国家中。掏空行为分为合法与非法两种，并且大多数的公司都是在法律允许范围内实施掏空行为的。Durnev & Kim（2005）从利益侵占的视角同时考察了法律环境、公司特征对公司价值的影响，研究发现，上市公司的投资机会、外部融资和股权结构受到了法律环境的影响，也与公司治理与信息披露质量相关。治理水平较高和信息披露透明度高的公司也随着法律保护的增强也提高，因此，公司价值也提高；并且，在法律环境较好的情况下，同一个地区内的公司治理和信息披露的差异也将减小。

Krishnamurti & Sevic（2005）利用亚洲金融危机后的数据，研究了公司治理因素和法律环境因素对控股股东掏空行为的影响，研究发现，不同国家公司治理水平和法律环境都存在显著性差异。通常地，在投资者法律保护较弱的国家，公司治理水平较低，尤其是存在控股股东绝对控制的公司；在投资者法律保护较好的国家，控制权比例较高公司的治理水平相对较高，控股股东会自愿强化自身的纪律和责任，减少对中小股东的利益侵占。Lee & Xiao（2003）指出我国上市公司控股股东可以利用股利政策侵占中小股东利益，具体形式是上市公司有规律地将净利润的将近一半作为现金股利予以发放，其中有一部分上市公司固定股利支付额，还有一部分上市公司固定股利支付率。

国内学者也对制度环境与掏空行为之间的关系进行了实证研究。郑国坚和魏明海（2006）在公共治理、公司治理与控股股东的内部市场相关研究中发现，内部市场运作与其所在地区市场环境的不发达程度、控股股东的集团控制和一股独大等特征及其与对地方政府的重要程度显著正相关。周中胜（2007）利用樊纲和王小鲁（2003）编制的中国各地区市场化的进程数据及子数据，考察了治理环境对控股股东利益输送行为的影响，实证结果显示，市场化进程越快、政府干预越低，则大股东资金侵占程度越低；反之则相反。王俊秋（2007）通过实证研究方法检验了法律法规体系、金字塔股权结构对控制性家族掏空行为的影响，研究发现，控制性家族掏空上市公司的概率与其拥有的现金流量权显著负相关，与现金流量权和控制权的分离程度正相关；同时，较高的法治水平能够有效地遏制控制性家族的掏空行为。

唐跃军（2007）从公司治理视角研究发现，当上市公司的外部法律环境监督乏力和内部治理机制失效的情况下，控股股东的控制权的壕沟挖掘效应显著大于监督经营效应，控制权优势成为了控股股东攫取公司资源的主要依据。同时，也提高了其他控股股东之间相互制衡的成本，使得内部股权治理机制失效，转而更多地求助于外部治理机制，利用自身的信息优势与外部监管者合作，降低信息不对称性，配合监管部门查处控股股东的违规行为，提高外部监管的有效性。方军雄和向晓曦（2009）通过考察深交所中小企业板和主板共100家上市公司近三年的信息披露质量评级结果，研究了外部监管对上市公司信息披露的影响。研究发现，外部监管显著改善了上市公司的信息披露质量，此外，外部监管对信息披露质量的改善幅度受到公司所处地区环境的影响，外部监管对信息披露的改善作用在欠发达地区更为显著。

张宏亮和崔学刚（2009）指出市场失灵是金字塔股权结构形成的重要因素之一，但其并不是独立发生作用的，而是通过控制权性质对公司层级特征产生影响。国有上市公司金字塔股权结构的控制层级与市场化程度呈正相关关系；非国有上市公司金字塔股权结构的控制层级与市场化程度呈负相关关系；市场化程度对企业控制与现金流权的分离程度有显著的负向影响，非国有企业的两权分离度要高于国有企业。因此，市场化程度与控制权性质是影响公司层级进而影响金字塔股权结构的重要因素。为此，建议政府不断完善资本市场，加速市场化进程；完善信息披露，规范控股股东行为；控制权性质不同的企业特征与利益动机不同，应当强化分类监管，强化中小股东利益保护。

外部审计机构和审计师作为制度环境因素，在一定程度上也起到了抑制控股股东掏空行为的作用。周中胜和陈汉文（2006）的研究发现，虽然我国目前还不存在高质量的审计需求，但审计师能对控股股东的资金占用做出反应，从而在一定程度上抑制控股股东的利益侵占行为。但是，高强和伍利娜

(2007) 对周中胜和陈汉文 (2006) 的研究提出了不同意见。他们仍然从控股股东占款与审计师选择之间的关系着手,通过改进审计质量和控股股东资金占用这两个关键变量的度量方法,就代理成本对我国审计需求的影响进行了再检验,得出了与周中胜和陈汉文 (2006) 不同的结论。他们的研究发现,控股股东占款问题越严重的公司,越倾向于选择高质量的审计师,以发挥外部审计监督的治理作用,降低代理成本。岳衡 (2006) 运用 1997~2002 年的数据实证检验了注册会计师审计对控股股东掏空行为的监督作用,发现审计师依据其专业能力能够发现控股股东侵占公司资源的行为,并出具了非标准审计意见。遗憾的是,注册会计师的审计意见并没有受到上市公司、监管部门和投资者的重视,没有达到有效督促上市公司改善经营管理和规范资本市场发展的作用。吕伟和林昭呈 (2007) 研究发现,当外部监管机构对关联方交易监管较弱时,上市公司与控股股东之间关联方购销金额越高,注册会计师出示非标准无保留审计意见的可能性越大,而且这一审计意见具有信息含量和经济后果,非标准审计意见将对下一年度的关联方购销具有抑制作用。这一结果表明,注册会计师作为一种监督和保证机制在中国市场中能够发挥其作用,并且这一作用与外部监管之间存在着替代关系。

综上所述,国内外学者从法律环境、市场竞争机制、经理市场以及审计师等方面对制度环境抑制控股股东掏空行为方面的作用进行了研究,从外部治理机制视角深入解剖控股股东掏空行为的影响因素,对于保护中小投资者利益提供借鉴参考。

2.4 文献述评

第一,自 Jonhson et al. (2000) 提出掏空行为以来,国内外研究者一直致力于研究上市公司掏空行为。纵观国内研究文献,主要都基于股权分置改革之前的经验研究,鲜有股权分置改革以及大股东占用资金清理活动之后的经验证据。而研究视角主要侧重于股权结构和终极股权两方面,一是从第一大股东持股比例和股权制衡角度入手,研究股权结构对掏空行为的影响;二是从控制权、现金流权和两权偏离角度入手研究终极股权对掏空行为的影响。也有学者从产权性质分组角度入手研究,但大多都是在小样本范围内的分组研究，产权分组不太全面。还有学者研究了控制权转移后的资产重组等盈余管理行为对转移后公司业绩的影响，却没有对上市公司控制权转移后，发生实际控制人或高管变更，对掏空行为的影响进行研究。

第二，把董事会治理为主的公司治理因素纳入到研究中或者从公司治理角度进行研究大股东掏空行为，只是近几年才出现的趋势。但是，无论是理论研究还是实证研究，基本上是国外研究的翻版，既缺少理论的创新，也缺少方法的创新，同时董事会治理效果不显著。而且，国内学者只是把董事会结构性特征变量作为研究变量引入研究中，对于董事会的研究多偏重于对于董事会特征等结构性因素的经验研究，而对董事会行为的研究却不多。还有，国内有关董事会文献很多都集中于独立董事方面，缺少终极股东通过影响董事会行为，进而掏空上市公司的相关研究。因此，在后股权分置背景下，董事会行为的研究应是一个重要且新颖的课题。

第三，在传统公司治理分析框架下，公司层面的治理结构安排，特别是所有权结构和董事会特征对公司行为具有重要影响，并且这种作用要与公司所处的外部制度环境发生关系。因此，国内外学者对于掏空行为的认识，已经跳出了公司层面，深入到公司所处的外部制度环境对于公司行为的影响。对于制度环境研究，国外学者们主要基于不同国家法系的划分来研究，国内学者主要是基于樊纲等（2003）的开拓性研究并给出的相对可靠且客观的中国各地区市场化进程相对指数。但是，在后股权分置背景下，有必要将掏空行为的治理开始转向并购市场、资本市场、产品市场、外部审计等外部治理机制。

总之，国内外相关的研究，基本都认识到大股东实施掏空行为的目标是实现资源向大股东转移，通常不影响当期业绩，但会对公司价值和小股东利益造成长期损害。对于中小股东利益的保护，有些学者寄希望于公司治理机制、独立董事制度和监事会等内部治理机制；有的学者则认为公司治理机制、独立董事制度和监事会等内部治理机制在股权集中的公司中可能对大股东掏空行为起不到应有的作用，因此，有些学者对大股东掏空行为的治理开始转向并购市场、资本市场、外部审计外部治理机制。

3 我国终极股东掏空行为的特征和机理分析

本章在梳理了国内外相关理论与文献的基础上，从我国现实的制度与环境背景出发，系统分析了我国上市公司终极股东掏空行为的特征，阐明了掏空行为发生的微观机理、经济实质和抑制机制，使本书的研究能够从我国的实际情况出发，更加具有现实意义。

3.1 我国终极股东掏空行为的特征分析

3.1.1 关联交易分组统计

3.1.1.1 样本选取和数据来源

2005~2007年，我国完成了上市公司股权分置改革；2006年证监会完成了"清理上市公司资金占用"工作，2007~2009年，证监会又开展了"上市公司治理专项活动"。因此，为了研究后股权分置时期我国终极股东的关联交易和资金占用情况，本书选取2005~2010年度沪深两地所有上市公司作为样本进行研究。本书研究所需要的数据包括控股股东关联交易中资金占用数据和终极控制权数据，分别来自深圳国泰安信息技术有限公司（China Stock Market & Accounting Research，CSMAR）数据库中"关联交易数据库"和"股东研究数据库"，用于判断终极控制人产权属性所用到的上市公司历年财务报表来自巨潮资讯网、中国证券网等证监会指定上市公司信息披露官方网站公布的年报。本书所使用的统计分析软件是 SPSS 17.0 for Windows 和 Microsoft Excel 2003。

3.1.1.2 我国关联交易型掏空行为现象描述

根据《上海证券交易所股票上市规则》（2001年修订本）和《深圳证

交易所股票上市规则》(2001年修订本)规定，上市公司关联交易是指上市公司及其控股子公司与关联人之间发生的转移资源或义务的事项。上市公司关联交易包括但不限于下列事项：购买或销售商品；购买或销售除商品以外的其他资产；提供或接受劳务；代理；租赁；提供资金（包括以现金或实物形式）；担保；管理方面的合同；研究与开发项目的转移；许可协议；赠与；债务重组；非货币性交易；关联双方共同投资；交易所认为应当属于关联交易的其他事项。

我国证券市场起步较晚，还相对不成熟，有待进一步健全，经常发生控股股东通过非公允的关联交易、并购重组等形式掏空上市公司，掠夺投资者财产的事件。国内外文献研究表明，控股股东通常通过以下几种形式的关联交易侵占上市公司资源：

(1) 直接占用资金。控股股东通过廉价或免费方式直接占用上市公司资金，或者通过直接借款方式挪用上市公司融资资金，导致上市公司被当作"提款机"，维持日常经营的流动资金可能出现短缺，财务状况可能出现恶化，严重影响了公司经营。一旦上市公司由于资金链断裂而进入破产清算程序，中小股东则蒙受严重的利益损失。例如，湖北猴王集团通过应收账款和其他应收款等方式直接从ST猴王挪用资金9.34亿元，并且ST猴王还提供关联担保资金2.44亿元，这些资金在猴王集团倒闭后仍没有及时回收，导致ST猴王在经营活动中流动资金短缺，影响公司运营被迫退市。大庆联谊募集的4.8亿元由于被控股股东占用，没有按照募集公告使用，随意变更了资金使用途径，被主管部门责令罚款。

(2) 关联购销业务。控股股东通过非公允的关联方交易（包括商品购销、劳务购销和资产购销），将上市公司部分或全部资产和利润挪至自己名下或者是自己控制的公司中，严重损害了上市公司中其他股东的利益。例如，以低价买入上市公司产品后高价转卖市场获取差价，以超过市场平均价格或公允价值的方式向上市公司提供原材料或转让盈利能力较差的资产，将优质资产剥离上市公司或者向上市公司托管不良资产等。例如，粤宏远集团公司的大股东为了偿还其所欠粤宏远的高额负债，将集团公司持有的商标等无形资产以超过市场价值的巨额转让作为债务抵偿，使得粤宏远的投资者蒙受了大量的损失；如果不是受让资产抵偿债务，上市公司则可能由于受让盈利能力较差的资产或难以估算的无形资产而支付大量的资金，导致上市公司每年需要为购入的（无形）

资产大额的待摊费用而买单,影响了上市公司的营运能力和盈利能力,也对上市公司的其他股东利益造成了损害;更有甚者,上市公司花巨资购入的(无形)资产可能本身就是属于自己的,只不过列在集团公司账面上。

(3)关联担保抵押。控股股东对上市公司的掏空,还常见于利用上市公司信用为自身提供借款担保,从银行取得贷款。由于控股股东未能及时偿还银行贷款而拖累上市公司业绩导致财务危机发生的例子也屡见不鲜,如 ST 幸福。由于实际控制人的变更,ST 幸福后来控股股东对公司资产和相关往来款项进行清查时发现,ST 幸福曾以公司 2.5 亿元资产作为抵押从银行获取借款 1.9 亿元,其抵押担保对象为 ST 幸福原第一大股东幸福集团;此外,ST 幸福持有 45.01% 股权的子公司幸福包装制品厂和持有 40.01% 股权的子公司幸福大酒店也被抵押为幸福集团提供借款担保,并且这些关联抵押担保行为竟然都没有在股东大会和董事会中所讨论而获得通过。这些巨额的关联担保存在着严重的财务风险,导致上市公司财务状况恶化,极有可能出现债务无法偿还而被破产,严重损害了 ST 幸福的中小股东利益。

3.1.1.3 依据交易类型的关联交易统计分组统计

(1)关联交易的完全统计分析

根据 CSMAR 关联交易数据库对关联交易的分类,本节对 2005~2010 年度全部关联交易分别按照交易年度、交易性质、交易方向、交易事项分类以及关联关系进行了统计分析(详见表 3-1),统计结果如下:

①交易额更大[①]。2005~2010 年上市公司关联交易的交易总额和交易均值大致连续呈现出递增的趋势。但是 2007 年和 2008 年关联交易额显著性增加,其中 2007 年的交易均值是其余年份的几倍之余,主要原因是受 2008 年金融危机影响,上市公司存在较多资产转移等行为。因此,关联交易的审计和监管仍然是未来的重点和难点。

②交易更频繁。2005~2010 年 90% 以上的上市公司都存在不同程度的关联交易,关联交易次数也逐年增加,2010 年关联交易次数接近于 2005 年的两倍。

---

① 王浙勤(2008)研究结果显示:从 2005~2010 年关联交易来看,90% 以上的上市公司都存在不同程度的关联交易,交易总额、交易次数和交易均值,连续三年呈现出递增的趋势,交易总额三年分别为 9073 亿元、28976 亿元和 37006 亿元,关联交易次数三年分别为 12088 次、12243 次和 15192 次,而每次交易的平均值三年分别为 7500 万元、23667 万元和 24359 万元。

3 我国终极股东掏空行为的特征和机理分析

表3-1　　　　2005~2010年上市公司关联交易额分析

	2005年	2006年	2007年	2008年	2009年	2010年
交易总额（亿元）	19966.82	50929.53	3420318.01	158698.09	77204.86	342547.38
交易均值（亿元）	0.9053	2.0529	127.2203	4.6809	2.0325	7.6453
交易次数（次）	22055	24808	26885	33903	37986	44805

③缺乏透明度。在全部关联交易中，与上市公司发生的关联交易所占比重较大，约90%左右，但是关联方之间发生的关联交易所占比例约10%左右，并逐年增加，缺乏一定的透明度（详见表3-2）。

表3-2　　　2005~2010年上市公司关联交易性质分析　　　单位：亿元

交易性质	2005年	2006年	2007年	2008年	2009年	2010年
与上市公司之间关联交易	19917	22469	24734	30588	33531	39374
	90.31%	90.57%	92.00%	90.22%	88.27%	87.88%
关联方之间关联交易	2138	2339	2151	3315	4455	5431
	9.69%	9.43%	8.00%	9.78%	11.73%	12.12%

④资金被占用比例较高（详见表3-3）。在全部关联交易中，上市公司大多处于买方立场，为关联方提供资金、提供劳务、销售商品、提供担保等。

表3-3　　　2005~2010年上市公司关联交易方向分析　　　单位：亿元

交易方向	2005年	2006年	2007年	2008年	2009年	2010年
处于卖方立场	9107	10156	11894	14171	15593	18437
	41.29%	40.97%	44.24%	41.80%	41.05%	41.15%
处于买方立场	10519	11744	12715	15899	17183	20339
	47.69%	47.37%	47.29%	46.90%	45.24%	45.39%
立场无法分辨	2429	2891	2276	3833	5210	6029
	11.01%	11.66%	8.47%	11.31%	13.72%	13.46%

（2）按照关联关系进行统计分析

绝大部分关联交易发生于存在控制关系的关联方之间，关联交易比重最大的依次是与上市公司受同一母公司控制的其他企业之间关联交易、与上市公司母公司之间关联交易、与上市公司子公司之间关联交易（详见表3-4）。在全部的关联交易中，绝大部分的关联交易都是发生在控制方之间，可以说关联交易是控股股东转移资源的一种主要途径。有相当大的一部分是发生在与控股股东的子公司之间，显然这一群体与控制方利益一致，即构成上市公司与控制集团之间的关联交易。因此，我们可以推断控股股东除了与上市公司之间有直接的交易之外，还构造金字塔进行资源的转移。此外，上市公司的关联方之间的关联交易也占有一定比例。

表 3-4　　2005～2010年上市公司关联交易的关系分析　　单位：亿元

关联关系	2005年	2006年	2007年	2008年	2009年	2010年
与上市公司母公司	4956	5389	5574	6742	8006	8953
	22.54%	21.68%	20.73%	19.89%	21.08%	19.99%
与上市公司子公司	2653	2689	3360	4353	4929	6035
	12.07%	10.82%	12.50%	12.84%	12.98%	13.48%
受同一母公司控制的其他企业	7267	7938	8851	10405	10974	13693
	33.05%	31.94%	32.92%	30.69%	28.89%	30.58%
对上市公司实施共同控制的投资方	10	20	10	56	12	37
	0.05%	0.08%	0.04%	0.17%	0.03%	0.08%
对上市公司施加重大影响的投资方	874	964	866	913	1016	916
	3.97%	3.88%	3.22%	2.69%	2.67%	2.05%
合营企业	344	324	414	569	687	930
	1.56%	1.30%	1.54%	1.68%	1.81%	2.08%
联营企业	1653	2062	2128	2237	2649	3025
	7.52%	8.30%	7.92%	6.60%	6.97%	6.76%
主要投资者及关系密切家庭成员	2	10	28	11	32	19
	0.01%	0.04%	0.10%	0.03%	0.08%	0.04%
关键管理人员及关系密切家庭成员	24	736	490	819	1165	1235
	0.11%	2.96%	1.82%	2.42%	3.07%	2.76%
主要投资者、管理人员、家庭成员的控制的企业之间	471	597	743	770	710	776
	2.14%	2.40%	2.76%	2.27%	1.87%	1.73%
上市公司的关联方之间	2476	2830	2752	4129	5764	6922
	11.26%	11.39%	10.24%	12.18%	15.17%	15.46%
其他	1259	1293	1669	2898	2042	2236
	5.73%	5.20%	6.21%	8.55%	5.38%	4.99%

(3) 按照关联交易事项进行统计分析

为了更加详细地分析掏空行为的手段和途径,本书还根据关联交易的类型进行了统计分析(统计结果详见表3-5和表3-6)。

表3-5　2005~2010年上市公司关联交易事项及比重分析　　单位:亿元

关联交易事项	2005年	2006年	2007年	2008年	2009年	2010年	合计
商品购销	8467	8819	9897	11195	10213	12404	60995
	38.39%	35.55%	36.81%	33.02%	26.89%	27.68%	31.94%
资产交易	612	588	681	930	1050	1012	4873
	2.77%	2.37%	2.53%	2.74%	2.76%	2.26%	2.55%
劳务购销	3179	3153	3276	4187	4520	5287	23602
	14.41%	12.71%	12.19%	12.35%	11.90%	11.80%	12.36%
代理业务	298	351	494	729	495	419	2786
	1.35%	1.41%	1.84%	2.15%	1.30%	0.94%	1.46%
提供资金	1481	1593	1935	2368	3028	3689	14594
	6.72%	6.42%	7.20%	6.98%	7.97%	8.23%	7.64%
担保抵押	5215	5657	6315	9290	12546	14979	54002
	23.65%	22.80%	23.49%	27.40%	33.03%	33.43%	28.28%
租赁业务	1467	1614	1901	2195	2688	3487	13352
	6.65%	6.51%	7.07%	6.47%	7.08%	7.78%	6.99%
托管经营	56	87	123	82	216	446	1010
	0.25%	0.35%	0.46%	0.24%	0.57%	1.00%	0.53%
赠予业务	1	0	5	5	10	5	26
	0.00%	0.00%	0.02%	0.01%	0.03%	0.01%	0.01%
非货币交易	13	1	3	32	70	15	134
	0.06%	0.00%	0.01%	0.09%	0.18%	0.03%	0.07%
股权交易	397	462	572	1271	1363	1217	5282
	1.80%	1.86%	2.13%	3.75%	3.59%	2.72%	2.77%
债权债务交易	83	1291	671	115	76	109	2345
	0.38%	5.20%	2.50%	0.34%	0.20%	0.24%	1.23%
合作项目	146	186	141	322	295	278	1368
	0.66%	0.75%	0.52%	0.95%	0.78%	0.62%	0.72%

续表

关联交易事项	2005年	2006年	2007年	2008年	2009年	2010年	合计
许可协议	130	116	157	134	109	139	785
	0.59%	0.47%	0.58%	0.40%	0.29%	0.31%	0.41%
研究开发	39	54	95	59	79	76	402
	0.18%	0.22%	0.35%	0.17%	0.21%	0.17%	0.21%
关键人员报酬	217	727	435	721	1009	1108	4217
	0.98%	2.93%	1.62%	2.13%	2.66%	2.47%	2.21%
其他业务	254	109	184	268	219	135	1169
	1.15%	0.44%	0.68%	0.79%	0.58%	0.30%	0.61%
合计	22055	24808	26885	33903	37986	44805	190942
	100%	100%	100%	100%	100%	100%	100%

表3-6　2005~2010年上市公司关联交易事项总额分析　　单位：亿元

关联交易事项	2005年	2006年	2007年	2008年	2009年	2010年
商品购销	9007.24	10165.23	546642.63	22821.96	22749.67	68246.45
担保抵押	6672.02	5074.12	9657.48	92768.69	13078.87	151810.94
劳务购销	987.31	1158.53	12360.56	7333.29	4871.48	36456.50
提供资金	1071.33	4412.98	12059.96	6998.13	24028.98	59044.00
租赁业务	169.02	226.38	448.83	591.58	422.58	488.41

①从关联交易的发生频率来看，商品购销、担保抵押、劳务购销、提供资金、租赁业务五种关联交易业务最为频繁，其中关联购销（包括商品和劳务购销）比重超一半以上，担保抵押业务比重近25%，以上两类关联交易发生频率高达75%以上，说明上市公司关联交易几乎都发生在关联购销和担保抵押业务中。此外，担保抵押业务近年来有逐渐上升的趋势，表示通过为上市公司担保抵押融通资金正逐渐成为控股股东资金占用的手段之一。

②从交易总额来看（详见表3-6），商品购销、担保、劳务购销和资提供资金等关联交易额最大，而在2008年和2010年担保业务已经明显超过了关联购销成为上市公司最重的关联交易，这意味着上市公司及其关联公司筹资活动较为频繁，潜在的财务风险也越来越大。近年来，提供资金业务呈急剧势增长，在2009年成为关联交易额最大的业务，并且在2010年翻倍增长。这说明虽然2006年证监会开始着手清理上市公司资金占款现象，但是

效果却不明显，上市公司关联方之间提供资金业务依旧频繁且金额较大。

③就单笔交易来看，2005年和2009年单笔最大的业务是债权债务交易业务，其余年份都是商品购销业务，其次分别是提供资金、股权交易、担保等业务。不过由于债权债务交易、股权交易等业务发生面较小，不具有典型性。综合来说，担保业务、商品购销、提供资金业务为主要的关联交易形式。

（4）按照行业①的分组统计分析

从统计分析来看（详见表3-7），近年来几乎所有行业关联交易呈增长趋势，并且关联交易的行业特征较明显。根据关联交易金额计算，沪深两市A股上市公司关联交易额度较大的5个行业分别是：金属非金属、机械设备、石油化学、采掘业、机械设备和金融保险。从所选取的六年的数据来看，机械设备类上市公司的关联交易一直占据较高的比重，主要是因为机械设备类企业在所有行业中产业链最完整，供产销相互依赖，上市公司无论在产业链上处于哪个阶段，都将要发生采购或销售，关联交易在所难免。

表3-7　　2005~2010年上市公司关联交易总额行业分析　　单位：亿元

行业分类	2005年	2006年	2007年	2008年	2009年	2010年	合计
农林牧渔	305	121	323	238	281	462	1731
采掘业	2062	2874	16143	11599	8839	62300	103815
食品、饮料	314	351	395	547	833	14002	16443
纺织业	182	214	392	493	742	797	2820
木材家具	12	18	29	43	70	82	254
造纸印刷	68	118	260	353	495	646	1940
石油化学	4040	2104	6463	2885	2974	127170	145636
电子	416	8888	627	508	1008	931	12379
金属、非金属	4932	5133	2833394	9893	6411	9140	2868904
机械设备	1574	17390	533172	109689	16988	10571	689384
生物医药	338	343	16526	413	700	4695	23015
其他制造业	54	32	4319	51	66	85	4607
电力、煤电	1032	933	3981	2612	5199	7586	21342
建筑业	124	181	589	753	1237	11746	14631

---

① 根据中国证监会（CSRC）（2001版）《上市公司行业分类指引》中行业分类办法进行分类。

续表

行业分类	2005年	2006年	2007年	2008年	2009年	2010年	合计
交通业	901	2435	1733	1923	2287	3082	12361
信息技术	611	623	461	977	917	17626	21215
批发零售	523	571	-14593	1362	1633	1927	-8377
金融保险	354	7335	14286	10343	21536	24901	78754
房地产	726	592	899	2637	3028	11071	18953
社会服务	234	262	280	694	969	32379	34817
传媒	21	49	58	74	132	129	462
综合类	1289	362	378	611	861	1021	4521

3.1.2 资金占用形成的数理分析

为了进一步量化和获取掏空行为指标，我们根据全部关联交易按照资金流动方向，将以上五大类主要关联交易业务按照资金流入数减去流出数重新计算资金流入流出净额。

3.1.2.1 按照关联交易事项统计资金占用情况

根据关联交易业务的资金流向，我们对商品购销、劳务购销、担保、提供资金、租赁五大主要业务的资金情况进行了统计分析，详见表3-8。

表3-8　　　2005~2010年上市公司关联交易额分析　　　单位：亿元

交易类型	方向	2005年	2006年	2007年	2008年	2009年	2010年
商品购销	流出	4734	5086	1466365	10856	6404	43302
	流入	4161	4959	1952057	9105	4855	24771
	净额	573	127	-485692	1751	1549	18531
劳务购销	流出	439	950	10305	2806	3583	4281
	流入	489	177	1714	2974	1104	32111
	净额	-49	774	8591	-168	2480	-27831
担保业务	流出	2603	2770	5710	88197	6056	91797
	流入	1741	813	3237	3253	4772	8011
	净额	862	1957	2473	84945	1284	83786

续表

交易类型	方向	2005年	2006年	2007年	2008年	2009年	2010年
提供资金	流出	393	2572	6991	2674	11951	21848
	流入	592	1449	4699	1329	7582	34777
	净额	-199	1123	2292	1345	4369	-12928
租赁业务	流出	147	207	412	332	293	355
	流入	18	13	31	193	48	66
	净额	129	193	380	139	245	289

从表3-8可见，近年来上市公司资金占用现象仍然存在，呈现出增长的趋势。在占用形式上从传统的关联购销业务占用（包括商品购销和劳务购销）向隐蔽的担保、租赁等业务转移。担保业务资金流出净额呈快速增长趋势，尤其是2008年和2010年，担保资金流出净额高达84945亿元和83786亿元，远大于其他关联交易方式资金占用。虽然，2006年证监会开始清理大股东占款现象，但是在2006~2009年四年间，上市公司直接提供资金占用不减反增，清理活动未取得显著成效。此外，租赁业务资金占用也逐渐增长。

3.1.2.2 按照资金往来科目统计资金占用情况

（1）经营性资金占用的理论与数据分析

关于控股股东资金占用数据的衡量，大多数学者（申明浩，2008；叶康涛等，2007；高雷等，2006；唐清泉等，2005）都参考李增泉等（2004）的做法，即通过收集上市公司"关联方关系及其交易"披露的"应收应付账款、预收预付账款和其他应收应付款"数据，将上市公司向控股股东借出的资金减去从控股股东借入的资金得到控股股东对上市公司的资金净占用额[①]。其中"应收应付账款、预售预付账款"科目占用资金叫做生产经营活动占用资金，"其他应收应付款"科目占用资金叫做非生产经营活动占用资金。上述学者都采用直接法来计算资金占用净额，即经营性资金占用净额等于"应收账款和预付账款"科目额减去"应付账款和预收账款"科目额，

---

① 其中，高雷等（2006）使用的资金占用指标中多了"其他长期应收应付款"科目数据，叶康涛等（2007）只统计了"其他应收应付款"科目数据，他指出将"应收应付账款"纳入掏空指标可能会增大测量误差，降低有效性。

非经营性资金占用净额等于"其他应收款"科目额减去"其他应付款"科目额。

李增泉（2004）从关联交易角度研究控股股东掏空行为，将关联交易资金占用分成经营性和非经营性资金占用，经营性资金占用主要包括应收应付款项和预收预付款项两大类，将应收账款加上预付账款之和扣除应付账款和预收账款之和得到的余额表示经营性资金占用；非经营资金占用主要等于其他应收款减去其他应付款的余额①。高雷（2006）关于经营性资金占用的处理方法和李增泉（2004）相同，只是在计算非经营性资金占用时考虑了"其他长期应收应付款项"；同时，考虑了公司规模对资金占用量的影响因素，采用的不是绝对量指标，而是将资金占用量除以公司规模后得到资金占用率相对指标进行研究。叶康涛和陆正飞等（2007）又区别于上述学者，认为经营性资金占用较难区分是否属于控股股东恶意资金占用，并且证监会于2005年着手的资金占用清理也是针对非经营性资金，因此，以其他应收应付款项代表的非经营性资金占用作为掏空行为的主要计量指标进行研究。

因此，本书参考以上学者方法，结合国泰安信息技术公司"CSMAR关联交易数据库"中的关联交易"资金往来科目分类情况"②，将"应收应付票据类、应收应付账款类、预付预收账款类"三类称为经营性资金占用，并据此计算经营性资金占用净额，除此以上三项外，其他的关联交易资金占用都称之为非经营性资金占用，这也是本书有别于以往学者的重要之处。

表3-9对关联交易中经营性资金占用情况进行了统计分析，结果显示：近年来生产经营性关联交易额逐年增长；相对于应收账款和应付账款来说，预付账款和预收账款更容易形成资金占用现象；而上市公司往往通过延迟支付应付票据形成资金流入。

---

① 从会计上来看，应收票据和应付票据两个会计科目也反映了大股东与上市公司之间的资金占用关系，但由于我国法律规定相关票据的偿付期限一般不会长于6个月，所以这种资金占用通常是由于正常的业务往来而产生；另外，根据现有的会计规则，如果票据到期债务人无法偿付，则应收票据应相应地转为应收账款，所以本书在考察大股东与上市公司的资金占用关系时，并没有考虑应收票据和应付票据的情况。

② 此外，我们还根据CSMAR关联交易数据库中关联交易单位之间的关联关系进行了筛选。

表 3-9　　2005~2010 年关联交易经营性资金占用分析　　单位：亿元

科目	2005年	2006年	2007年	2008年	2009年	2010年
应收账款	4399	3358	7472	5168	9114	26263
应付账款	4938	2647	6982	4218	13516	27848
净额	-539	711	490	950	-4402	-1584
应收票据	2244	696	950	767	1105	1973
应付票据	1662	1270	936	1960	2370	2148
净额	582	-574	14	-1193	-1265	-175
预付账款	2010	2499	9195	4411	3852	9414
预收账款	1832	940	7958	2189	1934	2744
净额	178	1559	1237	2223	1918	6671

（2）非经营性资金占用的理论与数据分析

表 3-10 对关联交易中非经营性资金占用情况进行了统计分析，从其他应收款和其他应付款可以看出，相对于经营性资金占用来说，非经营性资金占用更加严重；其他资金往来科目在一定程度上也形成了资金占用情况。杨桦（2011）指出在后股权分置时代，上市公司关联交易的一个重要趋势是，控股股东、实际控制人通过更加隐蔽、间接的非公允关联交易来逃避监管、转移上市公司利益，如关联交易的非关联化——控股股东通过貌似"独立第三方"的附属企业或其他关联方来侵占上市公司利益。

表 3-10　　2005~2010 年关联交易非经营性资金占用分析　　单位：亿元

科目	2005年	2006年	2007年	2008年	2009年	2010年
其他应收款	19479	235164	23234	91844	20530	21071
其他应付款	17830	40792	19852	11047	20728	10782
净额	1649	194373	3382	80797	-197	10289
应收资金	3211	101	95	32	101	0
应付资金	5405	9530	976	8426	9530	4510
净额	-2194	-9428	-881	-8394	-9428	-4510
应收利润	128	162	15	53	162	1341
应付利润	101	713	86	289	713	889
净额	27	-551	-71	-237	-551	452

续表

科目	2005年	2006年	2007年	2008年	2009年	2010年
其他资产	836	1054	2803	2882	3639	6090
其他负债	762	869	2146	4838	4727	5769
其他权益	1648	2041	40	34	2	2041
其他	8	9	-80	235	4588	206
净额	-1566	-1848	538	-1755	3498	-1514

3.2 掏空行为的微观机理与经济实质

终极股东利用非公允关联交易掏空上市公司是一种常见方式，详细阐述终极股东掏空行为的微观机理和经济实质有助于研究深入。

3.2.1 掏空行为发生的微观机理

3.2.1.1 持股比例是掏空行为的基础

在集中的股权结构下，终极股东高持股比例，在股东大会中占有较多投票权；终极股东通过控制股东大会，进而影响管理层的行为，以便其实施对上市公司的掏空。

3.2.1.2 董事会是终极股东实施掏空的重要机构

终极股东因占有股东大会中较多的投票权，而提名和选派代表自身利益的董事会人员，实施席位控制与实际运行控制，导致董事会决议中出现羊群行为现象，董事会治理效率不高。证监会为此要求在上市公司中配备一定比例独立董事行使监督职能，但是，终极股东既可以限制独立董事席位，也可以聘请异地董事等，限制独立董事的深度介入，以便加强对董事会的控制。

3.2.1.3 监事会监督作用有限

监事会具有对公司经营结果、财务状况和重大项目等的监督检查权，协助人事部门进行管理者绩效考核。但是，由于权力和义务执行上的不对等性，以及在终极股东强势控制情况下，监事会出席董事会行使监督权的积极性受到影响，其监督作用大打折扣。

3.2.1.4 外部监督机制有待完善

由于集中的股权结构，终极股东的超额控制权不仅控制了董事会投票权，也限制了监事会的监督作用，因此，中小股东则寻求外部治理机制的作用。但是，正因为集中的股权结构，中小股东持股分散，利益分享比例较低，而参与治理与监督的成本大大超过了其获得的收益，因此，缺乏参与监督动机。虽然市场经济发展已有一些时日，我国经理人市场、控制权市场等竞争机制仍然处于发展初期，需要逐步成熟发展。

图3-1是终极股东掏空行为发生的微观机理。本书将遵循这一思路，首先，从上市公司中的控制权入手，研究控制权对掏空行为的影响；其次，从终极股东控制下董事会行为继续深入研究董事会行为对掏空行为的影响；最后，从公司治理外部机制角度探讨法律体系、市场化程度等对掏空行为的抑制作用。遗憾的是，本书没有对审计委员会和监事会的内容进行研究，这在将来研究中加以完善。

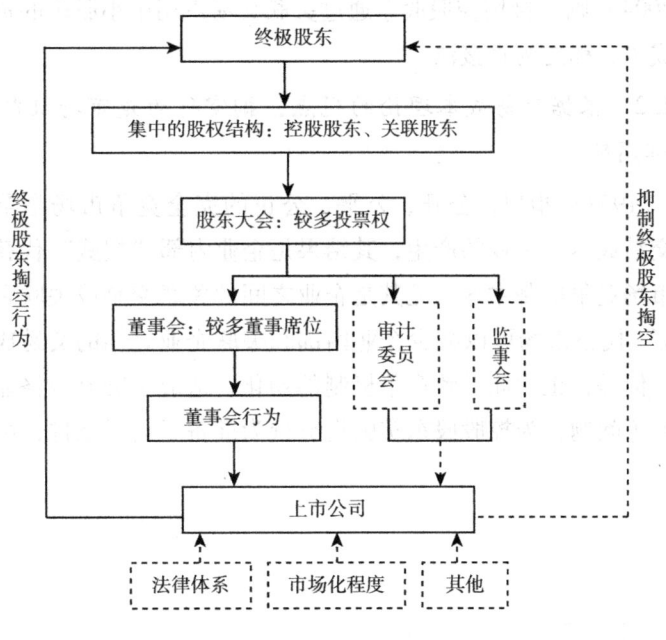

说明：实线"———"表示加剧掏空行为的因素；
　　　虚线"-----"表示抑制掏空行为的因素；

图3-1　掏空行为发生的微观机理

3.2.2 掏空行为的经济实质

3.2.2.1 根据委托代理理论的观点，掏空行为实质上是一种代理成本

中小股东虽然作为公司所有者，享有对公司财产的所有权和经营管理权，但是，由于中小股东与大股东对公司控制权的差异，导致其对公司的经营管理决策不能起到决定性作用，相反大多数中小股东的公司所有权被大股东所控制，其所享有的公司资源和财产也被大股东所掠夺。参考 Jensen & Meckling（1976）的观点，我们类似地将大股东侵占中小股东利益的行为称为水平型代理成本[①]，其内容包括中小股东的监督成本、大股东的保证成本以及剩余损失。由于中小股东的监督成本和大股东的保证成本具有隐蔽性和不可计量性，因此，剩余损失就成为代理成本的主要内容。Zinsales（1995）将具有较高表决权的股票价格减去较低表决权股票价格的差额近似地用来衡量公司的损失，也可以描述为大股东的控制权收益，这种方法为间接法。李增泉等（2004）则直接用控股股东通过关联交易占用中小股东的资金近似地作为代理成本，称之为直接法。

3.2.2.2 根据交易成本理论的观点，掏空行为是市场机制失效导致的企业内部腐败

Coase（1937）指出，公开、公平、公正的完全竞争市场是罕见的，市场上存在交易成本。企业的产生，其结果是企业内部"权威"代替市场，不再完全由市场竞争机制主导，尤其是企业之间的关联交易或关联企业之间交易。"权威"代替市场可以减少企业内部和关联企业之间的交易成本，提高交易效率，但是，也由此导致竞争机制的弱化，造成了交易价格非公允、企业内部腐败等问题，为控股股东实施掏空行为准备了前提条件，影响了企业经营效率。

[①] 吕国生（2008）指出，公司治理是一个由董事会、经理和股东构成的三人同盟，将公司的主要委托代理关系分为水平型和垂直型。以美国视角来看，股权高度分散，公司治理的主要任务是使公司内部的经理人员管理好企业，并使他们对股东忠诚，这种代理成本属于垂直型代理成本；而在股权集中的欧洲一些国家，存在优势地位的股东与众多分散股东，其主要的主要关注是将价值从外部分散股东转移到内部控股股东的行为，被称之为水平型代理成本。

3.2.2.3 根据契约理论的观点，剩余控制权是实施掏空行为的前提与结果

《中华人民共和国民法典》定义的所有权包含占有权、使用权、收益权和处置权。现代企业中所有权与经营权的分离，对于中小股东而言，其对应享有的公司财产的所有权是不完整的。他们往往只能享有收益权，而除此之外，其他权实际上由于其持股比例较少而被控股股东所控制。而且，控制权往往隐藏着超过收益权所享有的巨大收益，因此，控股股东有可能通过控制中小股东的财产谋取私利，侵害中小股东利益。

3.3 我国终极股东掏空行为的制度背景分析

随着我国市场经济的发展和公司成长，以及上市公司高度集中的股权结构等特殊特征，因此，与股权高度分散的欧美国家上市公司不同，我国上市公司终极股东掏空行为存在不一样的制度背景。

3.3.1 公司所有权结构不合理

所有权是公司所有者享有的与其在公司中所持有的股份比例相对应的收益权和与收益相匹配的义务。公司所有权结构包含两层含义，一是公司产权性质，即公司的所有权都归哪些人所有；二是公司股权结构，即公司不同所有者所持有的股份比例。根据产权经济学和公司治理理论的观点，公司产权安排和股权结构在一定程度上会影响经济行为，并且所有权结构是最基本和最重要的公司治理机制。因此，不同的所有权安排也将导致控股股东行为的差异性（Coase，1937；Demsetz，1964）。

我国股票市场是在特殊的制度背景下形成的，发展至今仍然不是非常完善。首先，与西方发达的股票市场不同，在我国股票市场中存在流通股与非流通股并存的现象，其中流通股比例为76.01%，绝大多数非流通股还不允许上市交易；这种股票场内交易和场外交易的区别，也就导致了股票出现"同股不同权，同股不同价"的现象；其次，我国股票市场的股票种类复杂，非流通股可以分为国有股、法人股（包括境内和境外两种）、内部职工股和转配股等，流通股包括 A 股、B 股、H 股、N 股和 S 股等，这些不同类型的股东利益明显不对称。最后，在我国上市公司中不同所有者的持股比例具有特殊性。与西方股权相对分散的结构不同，我国股权集中度较高，第一大股东持股比例为38.16%，第二至第五大股东持股比例都不高，股东之间制衡作用难以发挥，也难以抑制大股东的掏空行为。白重恩（2005）通过研究发现，当上市公司中除第一大股东之外的其他大股东比例较多且持股比例也较高时，可以发挥股权制衡作用，制约第一大股东的掏空行为，提高公司价值。同时，在我国上市公司股份中政府控制或国有控制公司的比例较高，公司的政治权优势明显，导致掏空成本较低。根据2010年数据结果显示，政府控制公司数量占上市公司总数的61%，其中，中央政府、省级及以上政府、市级及以下政府控制公司比例分别高达20%、21%、20%。李增泉等（2004）指出，相对于非政府控制公司而言，政府控制公司的控股股东倾向于通过掏空行为侵占其他股东利益。余明桂（2007）研究表明，上市公司国有产权属性降低了管理者和经营者的积极性，进而导致公司绩效下降；上市公司政府控制的性质也和国有属性一样，降低了公司价值。

3.3.2 公司内部治理机制失效

公司内部治理机制通常包括"三会"治理，即股东大会、董事会和监事会，但是，在我国"三会"治理下，各利益相关者之间未能尽到各自监督职能，对大股东和管理者起不到制衡作用。

3.3.2.1 股东大会职能落空

股东大会是公司股东行使权利的首要方式。有效的股东大会制度，股东可以通过"用手投票"方式来表决公司内部各重大项目，更好地保护自身利益。尚且不考虑其他内部治理机制，股东大会应该对大股东、董事会和相关内部人的重大项目的可行性进行审核和表决。但是，有关研究显示，我国上市公司的股东大会问题较多，导致其职能落空。首先，在出席股东大会的股东中绝大多数是大股东，中小股东数量较少。有关统计结果显示，高达81%的中小股东从未出席和委托他人出席过股东大会，而出席大会的中小股东比例仅有15%，只有少数一些中小股东未能出席但委托了他人出席；其次，股东大会审核监督职能落空，重大项目通过率较高。由于信息的不透明性，中小股东在投票之前，未能对重大项目作详细了解，难以作出对自身有利的判断和决策；由于单个中小股东的投票权比例较低，发言权在很大程度上受到了限制，不能对股东大会的决议产生重大影响；正是由于中小股东投票权效果甚微，再加上中小股东出席会议参与投票存在投票成本，导致其不愿参加股东大会，股东大会就成为大股东表达意见的机构，其表决职能流于形式。

3.3.2.2 董事会作用有限

代理理论认为，董事会介于股东和经营者之间，代理股东直接行使有关监督和管理职能，是现代公司治理的核心。但是，我国董事会普遍存在"董事不懂事"现象，董事会功能发挥有限，其原因如下：

（1）控股股东直接派遣人员进入上市公司董事会，在形式上代表股东行使权利，实质上控制了董事会。我国现行董事会选举制度主要有等额选举制和累积投票制两种，等额选举制主要是根据控股股东手中持有的股票比例来选派董事比例，有利于持股比例高的大股东选举更多的董事进入董事会，方便其控制董事会；累积投票制是指具有共同利益的中小股东根据持股比例之和联合起来选举相同的董事来代表集体行使权利，这有利于中小股东维护自身利益。只不过在大股东控制下，董事提名权掌握在了大股东手里，在一定程度上仍然无法避免董事会大股东控制的局面。根据沪深交易所和湘财证券有关统计结果显示，2000年在我国上市公司中董事会成员平均为8.34人，其中控股股东等额选举的为6.69人，占全部董事的81%，而第一大股东直接派遣的董事为4.42人，占控股股东派遣总数的66%，以上结果表明，大部分上市公司都采用等额选举法来选举董事，采用累积投票制的公司仅占二成。

（2）独立董事独立性差，未能有效行使监督权。根据证监会有关独立董事制度的规定，上市公司应该配备至少两名独立董事席位且比例不少于三分之一，以保持董事会的独立性。单独或合并持股比例达到1%的中小股东也可以推荐独立董事候选人，但是绝大多数的独立董事推荐权掌握在大股东手中，造成独立董事受制于大股东和高管的"独立董事不独立"现象。根据CSMAR数据库统计结果显示，2010年我国上市公司独立董事比例0.3631，基本达到三分之一。

（3）董事会会议效率较低，羊群行为严重。我国上市公司的董事会召开频率较低，一些董事会会议通过电话、email等方式召开；董事会会议议程大都被控股股东派出的董事长所控制，基本上只是对经营者提出的计划书进行确认，当会议决议时董事成员羊群行为严重，会议效率低下。

(4) 董事勤勉程度较低，存在"搭便车"现象。

由于公司的部分董事尤其是外部董事对工作的不重视，存在"搭便车"心理，并未全心全意投入上市公司工作中来，公司的经营管理基本上都靠内部董事来做，导致部分董事对公司重大项目和重要决议并不是非常了解，其所作出的董事会决议并非十分有效。

3.3.2.3 监事会地位不高

我国《公司法》规定，监事会与股东大会、董事会共同构成了公司制企业的法人治理结构，各机构各司其职，相互制约。监事代表股东监督董事、经理，防止其损害股东的利益。在形式上，监事会与上市公司中的股东大会、董事会是并列的，在实践中，监事会的地位较低，其监督职权也不受重视，在重大项目决议中并不能起到制约作用，使得监事会流于形式而已。此外，同董事会一样，监事会通常也是由控股股东选派，因此，也会更多维护股东的利益，也不能保护中小股东利益。

3.3.3 法制监督机制不够健全

国内有关学者研究结果显示，我国法律制度在投资者利益保护方面有待进一步完善，在关联交易的信息披露、控股股东对上市公司的掏空行为等方面没有发挥应有的制约作用。其中，法律机制的事前监管职能有限，为控股股东侵占公司资源创造了机会；控股股东的掏空行为承担的法律成本也较低，进一步增加了控股股东掏空意愿。

3.3.3.1 缺少"集体诉讼"和举证责任倒置制度

当中小股东利益受到侵害时，我国法律制度将起到保护投资者利益的作用，允许其采取诉讼程序来保护自身利益。若只是单个股东进行起诉，其诉讼成本将大大超过其被侵害利益，因此，单个股东将放弃向法院起诉的机会；由于控股股东侵害了大多数中小股东的利益，若所有中小股东集合起来对控股股东进行起诉，将大大降低诉讼成本，提高中小股东监督管理积极性。但是，我国法律制度关于"集体诉讼"这一条文只允许中小股东选择一个或几个同样利益受到侵害的股东作为"集体代表"，就其受到的利益损害提起诉讼，要求获取赔偿，这也降低了股东代表的积极性。此外，我国也缺少举证责任倒置制度，作为外部人的中小股东无法准确获取控股股东侵占公司资源的证据，这就导致了中小股东在起诉时，由于没有有力的证据而容易败诉，所以，也就只能对控股股东侵占公司资源的行为听之任之。

3.3.3.2 信息披露的有关法律欠妥善

关联交易是控股股东掏空上市公司的重要方式之一，有关关联交易中的信息披露要求也较多。但我国仍然存在不少未经披露的非公允关联交易，并成为了控股股东侵占公司利益的手段。另外，证监会也强调上市公司内部控制的有效性，但对内部控制报告的详细内容和具体格式并没有统一要求，也没有规定注册会计师必须对内部控制报告的准确性和真实性进行审计，这就使得上市公司未能全面披露内部控制信息，而已披露的信息对投资者的使用价值并不太高，导致内部控制的信息披露在实践中没有得到应有的重视。

3.3.4 外部治理机制有待完善

除了法律制度对控股股东有直接抑制作用外，以会计师事务所为代表的中介机构、职业经理人市场、控制权市场的发展也能发挥对控股股东的监督作用，抑制控股股东的掏空行为。只不过这些机制作用相对有限，主要原因如下：

3.3.4.1 中介机构素质不高

中介机构是相对独立于上市公司所有利益相关者之外的第三方结构，主要是以独立的身份对公司进行客观公正的评价，在一定程度上能够抑制控股股东的掏空行为。但是，我国多数中介机构自利行为严重，不但没有客观公正披露信息，反而替控股股东隐瞒重要的不利信息，联合上市公司共同损害投资利益。例如，会计师事务所有可能出于自身利益考虑替上市公司掩饰部分存在问题的虚假财务报告，不积极在审计报告中反映，损害了投资者的利益；律师事务所也没有完全尽到应有的法律监督责任，相反却帮助大股东的利益侵占行为出谋划策；证券承销商也并没有完全依照证监会的要求对上市公司进行内部治理整治，而是降低风险充分包装上市公司，顺利承销出所有股票；甚至有的证券公司还在交易市场中，也可能利用上市公司的良好关系和自身信息优势，恶意操纵股票价格，侵害投资者利益。

3.3.4.2 经理人市场不发达

当存在一个发达的经理人市场时，就可以有效地将竞争机制引入到管理中来。通过竞争和淘汰机制，在上市公司中现任的职业经理人若不能有效治理公司和提高公司价值，董事会就会将其解雇，并在经理人市场上寻找更优秀的经理人来治理公司。因此，在经理人市场上职业经理人的存在，将对现任的经理人带来晋升和管理压力。但是，我国上市公司高管较多来自于上级任命，没有任何晋升压力；因此，经理人市场还需要进一步发展，逐步将竞争机制引入到公司管理人员选拔中来，从而替代原有的政府控制公司的高管，大多采用上级主管机构派遣的方式。

3.3.4.3 控制权市场弱化

如果上市公司内部股权和董事会治理等失效，则需要寻求外部机制来监管控股股东，减少控股股东的侵占行为，在一定程度上缓解委托代理问题。控制权市场作为外部治理机制，在西方发达国家中是一种非常有效且重要的监督机制尤其是敌意收购兼并。若上市公司治理无效时，将出现经营失败导致股价下跌，在控制权市场上可能被其他公司所收购兼并，从而导致原有董事会和管理者变更，丧失了控制权私利（Marris, 1963; Jensen, 1986）。但是，我国控制权市场正发展中，收购兼并成本相对较高，对公司治理的监督作用有限。这主要是由于：①我国上市公司的股权相对集中，若控股股东没有转移意愿，就难以实现对大股东的收购兼并；②我国股票市场各种股票之间相对分割与独立交易，导致通过收购股权实现兼并存在困难；③在政府控制公司中国有股的转让等需要经过层层政府审批，耗时长，代价高，同时，政府为了自身的政治功绩，保护本地上市公司，也就造成了政府控制公司被收购兼并的可能性较小。

3.4 掏空行为的抑制机制

国内研究文献表明，在我国上市公司中不论政府控制还是非政府控制，股权结构普遍较为集中，其结果是在政府控制下的董事会和高管人事选派与在集中型股权结构下非政府控制公司的董事会人事和高管甄选，都被持股比例较高的控股股东所控制，进而导致了以股权结构和董事会为核心的公司内部治理机制都是为掏空行为服务的。那么，以法律约束为代表的外部治理机制则成为了中小股东的利益保护伞。

3.4.1 运用股权制衡作用

由掏空行为发生的微观机理可知，集中的股权结构导致的超额控制是发生掏空行为的首要因素。因此，抑制控股股东掏空行为首先要治理我国上市公司股权结构，形成大股东之间相互制衡的局面。股权制衡是指有两个或两个以上的股东持有较高比例的股份，公司控制权也就被几个大股东所共同控制。大股东之间相互制约与合作，除非大股东之间实现合谋，否则任意一个大股东都无法完全控制上市公司，这就减少了大股东对中小股东的利益侵害。

Shleifer & Vinshny（1986）通过理论建模推导出上市公司多个大股东之间的股权制衡能有效抑制大股东的利益侵占行为，先验性地证实了股权制衡的作用。其后，许多学者也相继对多个大股东之间的制衡作用进行了理论分析和实证检验，并发现在上市公司中多个大股东的存在，彼此之间形成相互制衡作用，在一定程度上减少了控股股东对其他股东的利益侵害行为（Zwiebe, 1995; Pagano, 1998）。Bloch et al.（2001）研究发现，上市公司中存在多个大股东，彼此之间容易形成相互制约。任何一个大股东为了得到其他股东的支持而获取更多的控制权，则会减少对中小股东的侵害行为。Volpin（2000）研究发现，在上市公司中控股股东存在与否及其数量、金字塔股权结构、两职兼任情况等都影响了控股股东的利益侵占程度，进而影响了上市公司的公司价值。因此，当公司控股股东数量较多时，股东之间引入相互制衡机制，则有助于改善公司治理，减少掏空行为，提高公司价值。Maury（2005）研究发现，当上市公司中控股股东的数量越多、持股比例分布越均匀时，控股股东利益侵占行为越少，公司价值越高，这一结果在家族控制公司中最明显。

有研究文献显示，在多个大股东存在下，大股东之间也可能存在着合谋行为。Bennedsen & Wolfenzon（2000）通过研究发现，当上市公司存在多个控股股东时，单个控股股东决策行为无法实现价值最大化。因此，公司创建者倾向于集合多个控股股东的现金流权，股东行为内部化，形成共同控制，实现企业价值最大化。Gomes & Novaes（2001）的研究表明，多个控股股东的相互制衡确实可以减少控股股东的掏空行为，并且多个控股股东之间可以通过共享控制权来管理过渡性投资、现金流量稽核等问题。

不过，也有相关文献研究发现，大股东相互制衡的消极作用。Bennedsen & Wolfenzon (2000) 研究发现，由于"搭便车"现象的存在，在上市公司中存在多个控股股东时，股东之间的相互制衡将产生"搭便车"问题，在监督方面积极性低，增加流动性成本。Pagano & Roell (1998) 的研究表明，上市公司的多个控股股东并不能有效改善公司的绩效，相反，却增加了控股股东流动性成本。Faccio (2001) 对比分析了欧洲和东亚两地区的上市公司，通过分析股利政策掠夺外部股东的情况发现，股利分配的高低与大股东的侵害程度之间成反比例关系，即较高的股利政策减少了掏空行为的空间，如欧洲；而东亚公司低股利政策则为控股股东留住了被侵害的财产。同时，大股东的存在对股利政策也产生了影响；在多个大股东控制下，欧洲公司倾向于高股利政策，而东亚公司倾向于低股利政策。Gomes & Novaes (2001) 则认为，由于多个大股东之间的意见相左并相互制约，有可能造成具有投资价值的项目被浪费，降低公司治理水平。Atanasov (2005) 的研究表明，即使存在多个大股东相互制衡，但是中小股东利益被侵占的比例仍约占85%。

3.4.2 发挥董事会监督机制

董事会是公司治理的核心机构，不仅承担经营管理职能，也具有监督职能。董事会监督职能主要是指对经营过程中利益冲突业务、遵守国家相关法律法规等方面的监督并对公司管理者进行绩效考核。董事会监督职能的发挥，可以有效抑制大股东的利益侵占行为。

我国新《公司法》第一百四十八条规定，董事应具备职位所需技能并基于善意为公司获得最大利益，尽合理注意、勤勉尽责地履行其职责。我们认为，董事会是公司权力机关、决策的执行机构和经营决策机构，董事会应依据股东大会决议行事，单个董事应在法定范围内应依据董事会的决议从事经营活动。因此，我们可认定董事依据股东大会决议行事或依据董事会的合法决议而行事，则其不应承担责任。反之，董事应承担责任。

有效合约理论认为，在市场压力下，公司通过最优化各种治理机制从而最小化其代理成本。内部所有权是一个重要的控制机制，它和公司绩效正相关。如果董事会行为是董事会积极监管的代理变量，那么董事会行为在规范管理方面应该是和内部所有权是相互替代的。董事经常会面，可能会更好地履行他们的职责，使管理层依照股东要求行事。董事会应每月举行一次1日会议，每年举行一次3日左右的战略磋商会议。

为了更好地发挥董事会监督职能，我国证监会于2001年发布了《关于在上市公司建立独立董事制度的指导意见》，要求上市公司应在董事会中配置一定数量和比例的独立董事，以加强董事会的独立性，更好地发挥其监督职能。同时，还特别界定了需要经过独立董事表决认可的重大事项，其中，包括重大关联交易、大额资金往来等，加强对重要、重大事项的监督。在其后的2002~2004年，证监会还陆续发文完善相关文件，并督促上市公司建立独立董事制度。

3.4.3 完善法律法规体系

La Porta et al. (1998) 研究发现，在不同法系国家中终极股东的掏空行为有差异，法律法规对大股东侵占中小股东的行为具有抑制作用。其后，国内外学者的实证检验都支持了法律约束对公司治理和投资者保护的重要作用。法律约束主要是指依据国家有关法律法规的效力，制约行为主体的相关行为机制。本书所涉及法律约束主要是经济法相关法律法规，其对企业行为具有法律约束力，是保护投资者利益和提高公司治理水平的重要外部机制。

国内外学者分别从不同法系、法律发展史和文化背景等角度研究了法律约束对公司治理、资本市场、公司价值的影响（Nenova, 2003），有助于进一步揭示法律对保护投资利益方面的作用。首先，完善的法律保护有助于资本市场的健康发展，进而规范企业行为和促进经济发展。投资者的闲置资金是资本市场中重要的流动资金，也是公司融通资金的主要来源。在投资者法律保护缺少的情况下，投资者宁可放弃一定的投资报酬，也不愿意对外提供闲置资金，从而承担资金风险。在资本市场中流通资金的缺少将不利于资本市场的发展壮大，上市公司也无法在资本市场上获取其发展所需要的资金，限制了国民经济健康发展（Levine & Zervos, 1998; Rajan & Zingales, 1998）。其次，完善的法律保护机制能够减少掏空行为和提高公司价值。LLSV (2000) 研究发现，法律保护对掏空行为和公司价值具有显著性影响；相对于法律保护程度较低的地区而言，法律保护程度较高地区的中小投资者利益受保护程度较高，大股东实施掏空行为的频率较低，投资者更愿意购买上市公司股票提供融通资金，公司价值显著较高。Lemmon & Lins (2003) 的研究也表明，法律保护在经济危机中的作用更加显著，即当上市公司本身或者宏观环境发生经济危机时，在法律保护程度较高的国家中大股东的掏空行为显著低于法律保护程度较低的国家。此外，La Porta（1999）从股利政策的角度分析了法律保护的作用，指出相比于大陆法系，普通法系国家的法律保护作用较强，大股东的利益侵占行为较少；当没有更好的投资项目时，普通法系国家倾向于支付较高的股利，而大陆法系国家则可能继续进行低效率投资行为。

3.4.4　加强外部治理机制

产品市场的激烈竞争，控股股东需要保持产品在市场上的地位，必定会减少控股股东对上市公司的掏空（Bai et al.，2004）。余智和胡定核（1995）也指出，产品市场的竞争和由此带来的破产威胁，资本市场的竞争以及带来的收购威胁有助于减少控股股东的掏空，经理人市场上的竞争以及带来的改组公司管理层的威胁也会对公司产生强烈的监督作用。此外，会计师事务所和审计师在一定程度上也起到了抑制控股股东掏空行为的作用。虽然我国目前还不存在高质量的审计需求，但审计师依据其专业能力能够发现控股股东侵占公司资源的行为，并出具了非标准审计意见，从而在一定程度上抑制控股股东的利益侵占行为（周中胜和陈汉文，2006；岳衡，2006）。因此，进一步发展以会计师事务所为代表的中介机构、产品市场、职业经理人市场等外部治理机制，也能够有效地抑制控股股东掏空行为（Bai et al.，2004）。

4 终极股东掏空行为的理论分析与模型构建

中国上市公司控股股东与非控制小股东并存,但与控股股东受到严格监督的北美上市公司不同,与利用金字塔多层持股结构以小比例持股获得控制权的家族式公司也不同,中国的控股股东呈现出股权集中、一股独大的特点,再加上公司内部治理结构薄弱和市场监管机制缺乏,控股股东与小股东之间存在严重的信息不对称,控股股东控制权几乎没有任何制约,非控制性小股东处于极端被动和弱势地位。而控股股东与小股东矛盾的核心是控股股东利用控制权所获得由自身独享的控制权私人收益。

4.1 理论分析

La Porta et al.（1999）、Claessens et al.（2000）指出,有许多上市公司的终极控制股东会通过金字塔结构、交叉持股与互为董事等方式达到控制公司的目的,因此,造成控制权与现金流权偏离一股一权的不合理现象,并使得其所掌握的控制权超过其所拥有的现金流权。在这种情况下,终极股东可能会通过关联交易和摊薄股东权益等方式转移公司财富,侵占小股东的利益。特别是当终极股东担任公司的高级管理者,以及当法律对小股东的保护不到位时,上市公司的掏空行为更加严重（Reese & Weisbach, 2002）。刘芍佳等（2003）指出我国75.6%的企业由国家通过金字塔型控股方式实施间接控制,上市公司的最大股东平均持股比例高达44%,不少上市公司存在董事长与CEO两职合一情况,这就导致了我国上市公司严重的掏空行为。近几年来,国内一些学者做了有关终极股东掏空行为的研究。如李增泉等（2004）发现所有权结构是影响终极股东掏空行为的重要因素。唐清泉等（2005）发现独立董事有助于抑制终极股东利用关联交易从事掏空行为。王琨和肖星（2005）发现机构投资者（如证券公司和证券投资基金）持股也有助于抑制终极股东的掏空行为。

亚洲金融危机引发了学者们对新兴市场国家公司治理问题的反思，Johnson & La Porta et al.（2000）认为上市公司终极股东，尤其是家族控制股东的掏空行为是引起1998年亚洲金融危机的重要因素之一。Bertrand et al.（2002）通过研究也发现，控股股东掏空行为的结果是对客观财务信息的歪曲，增加市场的不透明度，导致投资者无法正确评价上市公司财务状况，投资决策失误。总之，控股股东的掏空行为既损害了投资者利益，使中小股东蒙受损失，也影响了公司正常经营状况和资本市场的健康发展。因此，有效地监督和防止上市公司终极股东的掏空行为已成为公司治理和监管部门重要且棘手的问题。Denis & McConnell（2003）认为有效的公司治理机制（包括外部制度环境和内部治理机制）能够抑制控股股东掏空行为，促使部分持有个人私利的公司控制者的经营决策遵循企业价值最大化的目标。高雷（2006）认为要彻底解决终极股东对小股东利益的掠夺问题，需要完善公司外部制度环境，主要指外部法律政策、资本市场和经理市场等方面的监督机制，以及公司内部治理机制，主要包括董事会治理的独立性、激励机制、所有权性质和股权结构等方面的治理机制。

我们在参考 La Porta（2002）、王宣喻（2006）① 和申明浩（2007）② 等研究模型的基础上，分别从影响上市公司掏空行为的外部制度环境（本书主要是指法律与监管体系和市场化程度）和公司内部治理机制（本书主要指公司董事会治理）两方面出发，构建基于制度环境与内部治理机制的我国上市公司终极股东控制下掏空行为理论模型，从理论上搞清楚上市公司掏空行为的机理，以及控制权、内部治理和制度环境对掏空行为的影响机制，为后面实证研究奠定理论基础。

---

① 王宣喻等在《中国工业经济》2006年第5期中《环境约束与家族企业上市时机选择》一文中建立了数理模型，表明家族企业治理结构的强制性变迁需要有相应的外部社会环境相配套，才不至于引起家族企业生产总剩余的损失，即家族企业上市时机的选择对于经营绩效的影响是很明显的。

② 在申明浩（2007）研究模型中，仅考虑外部治理环境一个因素，本书研究范围不仅包含外部治理环境，还包括了公司内部治理机制。因此，本书将构造一个更加全面的上市公司终极股东隧道行为的理论模型，这具有重要的理论研究意义。

4.2 模型假设

在申明浩（2007）家族控股股东掏空行为研究模型中，仅考虑法律和制度保护环境变量，认为法律制度对投资者利益保护程度和持股比例是影响家族控股股东掏空行为的重要因素。在本部分所建立的模型中，环境变量同样也是影响终极股东掏空行为的关键变量，但与申氏模型里的定义不同，本书的制度环境变量并不仅仅是指法律和制度对投资者保护，还包括市场化进程、政府干预程度等外部监督机制。此外，本书还包含了以董事会治理和管理层激励等为主体的公司内部治理机制，构建一个基于公司外部监督机制和内部治理机制的终极股东掏空行为模型。

4.2.1 模型基本参数

假设存在一个上市公司，其第 t 年总收益（Revenue）为 R_t，年投入总资本（Investment）为 I_t，所在行业投资收益率（ROI）为 r，公司包括工资在内的一年总支出（Expense）为 E_t，年利润总额（Profit）为 P_t，上市公司中终极股东的持股比例为 α_t，则有：

上市公司年度总收益：$R_t = r \times I_t$

上市公司年度总利润：$P_t = R_t - E_t = r \times I_t - E_t$

终极股东按持股比例分享的利润为：$P_{u,t} = \alpha_t (R_t - E_t) = \alpha_t (r \times I_t - E_t)$

其中，终极股东持股比例介于 0~1 之间，即 $0 < \alpha_t < 1$。α_t 的大小，将会影响终极股东分配到的利润总额和掏空行为的动机大小。

4.2.2 掏空行为假设

根据 Leech & Leahy（1991）、La Porta et al.（1999）的研究，终极股东持股比例的临界点一般为 20%。如果持股比例超过 20%，表示其处于优势表决权地位；如果其持股比例达到 50% 以上，就表示其对公司拥有绝对控股权。通常地，终极股东的持股比例提高，相应地其控制权[①]也将增大，使得

---

① 根据 La Porta et al.（1999）、刘芍佳等（2003）追溯实际控制人的研究方法，以终极股东在每一控制链上持股比例相乘后累计之和来衡量现金流权比例，以终极股东在每个控制链中最小持股比例的累计之和来衡量控制权。

终极股东对上市公司的控制越有效，越容易实施掏空行为。但是，随着持股比例的提高，终极股东从上市公司的利润分配程序中分得的利润也会增加，这将减少其掏空的可能性。反之，随着持股比例的下降，则会导致上市公司倾向实施掏空行为。

假设随着企业的扩大再生产，第 $t+1$ 年上市公司将在资本市场进行融资，融资后公司总投入资本为原有资本的 N 倍，所在行业投资报酬率 r 保持不变，年总支出 E_{t+1} 呈正比例增加。随着上市公司总资本的扩大，终极股东的持股比例下降，即 $\alpha_{t+1} < \alpha_t$。持股比例的下降，将会导致终极股东可能通过掏空行为来获取控制权私人收益。我们假设终极股东从上市公司中获取的控制权私人收益比例，即掏空强度为 β_{t+1}。那么，实施掏空行为后终极股东从上市公司最终获取的收益来源于两部分：一是依据持股比例从上市公司的正常利润分配程序分得的利润；二是通过控制权优势从掏空行为中获取的控制权私人收益①。其表达式如下：

终极股东总收益（$P_{u,t+1}$）= 按持股比例分得的利润（$P''_{u,t+1}$）+ 从掏空行为中获取的收益（$P'_{u,t+1}$）

因此，我们可以得到：

终极股东从掏空行为中分得的收益：

$$P'_{u,t+1} = \beta_{t+1}(R_{t+1} - E_{t+1}) = \beta_{t+1}N(r \times I_t - E_t)$$

终极股东按持股比例分得的利润：

$$P''_{u,t+1} = \alpha_{t+1}(1 - \beta_{t+1})(R_{t+1} - E_{t+1})$$
$$= \alpha_{t+1}(1 - \beta_{t+1})N(r \times I_t - E_t)$$

终极股东掏空行为后获取的总收益：

$$P_{u,t+1} = P'_{u,t+1} + P''_{u,t+1}$$
$$= \beta_{t+1}(R_{t+1} - E_{t+1}) + \alpha_{t+1}(1 - \beta_{t+1})(R_{t+1} - E_{t+1})$$
$$= \beta_{t+1}N(r \times I_t - E_t) + \alpha_{t+1}(1 - \beta_{t+1})N(r \times I_t - E_t)$$

其中，$\beta_{t+1} \in [0, +\infty)$；当 $\beta_{t+1} > 1$ 时，表示终极股东掏空强度不仅包括上

---

① 关于控制权私人收益的定义各有不同，对控制权私人收益的直接测量也是非常困难的（Dyck & Zingales, 2004）。目前较流行的是主要有两种：一种是以 Barclay 和 Holdmess（1989）为代表的基于大宗股权转让的交易溢价来估计控制权私人收益水平，另一种是以 Zingales（1995）和 Nenove（2003）为代表的基于不同投票权的股票价值计算的投票权溢价来估计控制权私人收益水平。本书此处并未深入探讨控制权私人收益的概念及度量方法，只是将其作为终极股东通过隧道行为从上市公司获取的收益来讨论。

市公司当年的全部利润,还侵占了以前年度的累计盈余,使上市公司财务报告中利润为负。

4.2.3 内部治理假设

Jensen & Meckling(1976)提出"利益趋同假说",认为管理者持股协调了两个不同持股群体的利益,可减少公司内部的代理成本,追求企业价值最大化。通常地,有效的公司治理和董事会治理机制,较高的管理层持股比例和外部股东持股比例在一定程度上能够抑制终极股东的掏空行为,提高其掏空成本。这是因为终极股东需要安排依照自己"意图"行事的管理层与董事会治理结构,承担逃避独立董事和其他外部股东的监督成本,以及"隐蔽"地转移利润而发生的安排成本等,以便其顺利地通过掏空行为从上市公司中获取控制权私人收益。

假设以 $c_{u,t+1}(g_{t+1})$ 表示终极股东通过公司内部治理结构等从上市公司中"隐蔽"地转移利润所承担的成本比例,其中,g_{t+1} 为公司内部治理机制变量,其为董事会治理、管理层持股以及外部股东持股等的函数,表示内部治理机制的有效程度。当终极股东掏空强度为 β_{t+1} 时,则需要的掏空成本比例表示为 $c_{u,t+1}(g_{t+1},\beta_{t+1})$,并且有:

$$\frac{\partial c_{u,t+1}(g_{t+1},\beta_{t+1})}{\partial g_{t+1}}>0, \frac{\partial c_{u,t+1}(g_{t+1},\beta_{t+1})^2}{\partial^2 g_{t+1}}>0$$

且

$$\frac{\partial c_{u,t+1}(g_{t+1},\beta_{t+1})^2}{\partial g_{t+1}\partial \beta_{t+1}}>0$$

表示当上市公司内部治理机制较为完善,管理层激励机制较为有效以及外部股东监督程度较高时,不利于终极股东的掏空行为。即当 g_{t+1} 较大时,则 $c_{u,t+1}(g_{t+1},\beta_{t+1})$ 较大,终极股东进行掏空时需要支付较大的交易成本。反之,当上市公司内部治理机制较不完善,管理层道德风险较高以及外部股东监督不力时,终极股东只需支付较少的交易成本便可达到掏空目的。同时,当公司内部治理机制有效程度一定时,终极股东的掏空成本随 β_{t+1} 的增大而增加。

4.2.4 制度环境假设

何晖(1994)指出,市场是最佳的外部监督机制,其包括商品市场、资本市场和经理市场三种重要竞争约束机制。Johnson & La Porta et al. (2000) 认为,终极股东通过掏空行为从上市公司中获取控制权私人收益,但必须承担一定的代价,如逃避产品市场、机构投资者、经理市场和外部法律等监管,安排"隐蔽"地转移利润而发生的交易成本,以及掏空行为所承担的潜在法律风险等。唐跃军(2007)指出在一定情况下,外部股东也会利用自身的信息优势与外部监管者合作,降低信息不对称性,配合监管部门查处控股股东的违规行为,增加了终极股东掏空行为风险。因此,有效的外部监督机制,如竞争程度较高的外部市场、严厉的外部法律环境等在一定程度上能够抑制终极股东的掏空行为,提高其掏空行为风险。

假设以 $c_{u,t+1}(k_{t+1})$ 表示终极股东逃避公司外部监督机制从上市公司中"隐蔽"地转移利润所支付的成本比例,其中,k_{t+1} 为公司外部监督机制有效程度变量,其为如产品市场、机构投资者、经理市场和外部法律环境等监督的函数,表示外部监督机制的有效程度。当终极股东掏空强度为 β_{t+1} 时,则需要的掏空成本比例为 $c_{u,t+1}(k_{t+1},\beta_{t+1})$,并且有:

$$\frac{\partial c_{u,t+1}(k_{t+1},\beta_{t+1})}{\partial k_{t+1}}>0, \frac{\partial c_{u,t+1}(k_{t+1},\beta_{t+1})^2}{\partial^2 k_{t+1}}>0$$

且

$$\frac{\partial c_{u,t+1}(k_{t+1},\beta_{t+1})^2}{\partial k_{t+1}\partial \beta_{t+1}}>0$$

表示当上市公司所处的外部法律体系较为完善,监管环境较为严厉时,意味着终极股东获取控制权私人收益的风险较大,可以抑制终极股东的掏空行为。即当 k_{t+1} 较大时,则 $c_{u,t+1}(k_{t+1},\beta_{t+1})$ 较大,终极股东获取控制权私人收益时需要支付更大的交易成本。反之,当上市公司所处的外部法律体系不完善,监管环境较为宽松时,终极股东只需付出较少的交易成本达到掏空目的。同时,当外部制度环境一定时,终极股东的掏空成本随 β_{t+1} 的增大而增加。

4.2.5 独立函数假设

有效的公司治理不仅需要一套完备的公司治理结构,更需要若干具体超越结构的治理机制的有效运作,包括来自外部制度环境的法律制度等的规范和内部治理的管理机制(李维安,2001)。公司的外部制度环境与内部公司治理共同构成现代公司治理的两大机制,其中,外部制度环境主要包括产市场、资本市场、经理市场以及法律法规体系等监督,内部治理机制主要指股权治理、董事会治理和管理层激励等(Denis & McConnell, 2003;高雷,2006)。笔者也认为,外部制度环境与内部治理机制属于现代公司治理理论的相互补充两个方面,分别从外部环境层面和内部管理层面解释了现代公司治理理论。笔者假设,外部制度环境属于外部环境变量,是外生的,内部治理机制不受外部制度环境的影响,两者之间相互独立,不互为函数关系,即 $dk_{t+1}/dg_{t+1}=0$ 和 $dg_{t+1}/dk_{t+1}=0$[①]。那么,当同时考虑外部制度环境与内部治理机制时,终极股东掏空成本比例可以表示为 $c_{u,t+1}(g_{t+1},k_{t+1},\beta_{t+1})$。

4.3 模型构建与分析

当考虑了从掏空行为获取的控制权收益和支付的交易成本后,终极股东从上市公司获取的总收益目标函数用表达式表示为:

终极股东总收益($P_{u,t+1}$)=按持股比例分得的利润($P''_{u,t+1}$)+从掏空行为中得到的收益($P'_{u,t+1}$)-掏空行为需支付的交易成本($C_{u,t+1}$)

$$\begin{aligned}P_{u,t+1} &= P'_{u,t+1} - C_{u,t+1} + P''_{u,t+1} \\&= \beta_{t+1}(R_{t+1} - E_{t+1}) - c_{u,t+1}(g_{t+1},k_{t+1},\beta_{t+1})(R_{t+1} - E_{t+1}) \\&\quad + \alpha_{t+1}(1 - \beta_{t+1})(R_{t+1} - E_{t+1}) \\&= [\beta_{t+1} - c_{u,t+1}(g_{t+1},k_{t+1},\beta_{t+1}) \\&\quad + \alpha_{t+1}(1 - \beta_{t+1})] \times N(r \times I_t - E_t)\end{aligned} \quad (4-1)$$

其中:$P_{u,t+1}$——第 $t+1$ 终极股东从上市公司获取总收益;

$P'_{u,t+1}$——第 $t+1$ 终极股东从上市公司获取的控制权私利;

$P''_{u,t+1}$——第 $t+1$ 终极股东从上市公司正常利润程序中分配到的利润;

$C_{u,t+1}$——第 $t+1$ 终极股东获取控制权私利支付的交易成本;

$c_{u,t+1}$——第 $t+1$ 终极股东支付的交易成本占公司总收益的比例;

β_{t+1}——第 $t+1$ 年终极股东获取的控制权私利比例;

α_{t+1}——第 $t+1$ 年终极股东在上市公司中的所有权比例;

g_{t+1}——第 $t+1$ 年上市公司董事会治理完善系数;

---

① Friedman(2003)研究上市公司掏空行为的模型,曾假设公司治理水平是一个外生变量,它由企业家的管理水平和文化等因素决定的。

k_{t+1}——第 $t+1$ 年上市公司所处外部环境完善系数;

R_{t+1}——第 $t+1$ 年上市公司总收益;

E_{t+1}——第 $t+1$ 年上市公司总支出;

N——第 $t+1$ 年上市公司投资额扩大倍数;

r——第 $t+1$ 年上市公司所处行业投资报酬率;

I_t——第 t 年上市公司投资额;

E_t——第 t 年上市公司总支出。

一般,上市公司利润 $N(r \times I_t - E_t)$ 与 g_{t+1}、k_{t+1} 和 β_{t+1} 之间无关,为使目标函数 $P_{u,t+1}$ 最大值等价于 $\max[\beta_{t+1} - c_{u,t+1}(g_{t+1}, k_{t+1}, \beta_{t+1}) + \alpha_{t+1}(1 - \beta_{t+1})]$,我们用 $U_{u,t+1}$ 来表示终极股东从上市公司获取的总收益最大值,则有:

$$U_{u,t+1} \cong \max[\beta_{t+1} - c_{u,t+1}(g_{t+1}, k_{t+1}, \beta_{t+1}) + \alpha_{t+1}(1 - \beta_{t+1})] \quad (4-2)$$

4.3.1 持股比例对掏空成本影响

将式(4-2)对 β_{t+1} 求一阶导数,得到:

$$\frac{\partial U_{u,t+1}}{\partial \beta_{t+1}} = 1 - \frac{\partial c_{u,t+1}(g_{t+1}, k_{t+1}, \beta_{t+1})}{\partial \beta_{t+1}} - \alpha_{t+1} = 0$$

经整理,得到:

$$\frac{\partial c_{u,t+1}(g_{t+1}, k_{t+1}, \beta_{t+1})}{\partial \beta_{t+1}} = 1 - \alpha_{t+1} \quad (4-3)$$

$$\because \text{已知} 0 < \alpha_{t+1} < 1, \therefore \frac{\partial c_{u,t+1}(g_{t+1}, k_{t+1}, \beta_{t+1})}{\partial \beta_{t+1}} > 0 \quad (4-4)$$

从式(4-4)可知,终极股东掏空行为的边际成本递增,掏空成本与掏空强度负相关。即终极股东从上市公司掏空的比例越高,则掏空成本越大。由式(4-3)可知,终极股东掏空边际成本与其持股比例是负相关的,在数值上等于 $1 - \alpha_{t+1}$,即等于除终极股东之外其余股东的持股比例。这说明终极股东的掏空行为因为受到其他控股股东的监督,必须为其掏空行为承担相应的成本,这一成本值大体上等于其他控股股东的持股比例,即 $1 - \alpha_{t+1}$。当终极股东的持股比例越大,那其他控股股东的持股比例就越小,那么终极股东的掏空成本将减小。即当 α_{t+1} 越大时,那么 $1 - \alpha_{t+1}$ 就越小,因此,$\partial c_{u,t+1}(g_{t+1}, k_{t+1}, \beta_{t+1})/\partial \beta_{t+1} = 1 - \alpha_{t+1}$ 也就越小。反之,结论亦成立。

4.3.2 内部治理对掏空行为影响

将式（4-3）对 g_{t+1} 求偏导数，得到：

$$\frac{\partial c_{u,t+1}(g_{t+1},k_{t+1},\beta_{t+1})^2}{\partial \beta_{t+1} \partial g_{t+1}} + \frac{\partial c_{u,t+1}(g_{t+1},k_{t+1},\beta_{t+1})^2}{\partial \beta_{t+1} \partial k_{t+1}}$$

$$\times \frac{dk_{t+1}}{dg_{t+1}} + \frac{\partial c_{u,t+1}(g_{t+1},k_{t+1},\beta_{t+1})^2}{\partial^2 \beta_{t+1}} \times \frac{d\beta_{t+1}}{dg_{t+1}} = 0 \quad (4-5)$$

$\because dk_{t+1}/dg_{t+1} = 0$，

$\therefore$ 整理式（4-5），可得到：

$$\frac{d\beta_{t+1}}{dg_{t+1}} = -\frac{\partial c_{u,t+1}(g_{t+1},k_{t+1},\beta_{t+1})^2}{\partial \beta_{t+1} \partial g_{t+1}} \bigg/ \frac{\partial c_{u,t+1}(g_{t+1},k_{t+1},\beta_{t+1})^2}{\partial^2 \beta_{t+1}} < 0 \quad (4-6)$$

式（4-6）中的 $d\beta_{t+1}/dg_{t+1}$ 表示终极股东掏空强度对公司内部治理机制函数的一阶导数，可以解释为内部治理机制对终极股东掏空行为的影响，其值小于0，说明掏空强度与内部治理机制负相关，即 β_{t+1} 与 g_{t+1} 二者之间负相关。这也说明上市公司内部治理机制越完善，越不利于终极股东的掏空行为。

4.3.3 制度环境对掏空行为影响

将式（4-3）对 k_{t+1} 求偏导数，得到：

$$\frac{\partial c_{u,t+1}(g_{t+1},k_{t+1},\beta_{t+1})^2}{\partial \beta_{t+1} \partial k_{t+1}} + \frac{\partial c_{u,t+1}(g_{t+1},k_{t+1},\beta_{t+1})^2}{\partial \beta_{t+1} \partial g_{t+1}}$$

$$\times \frac{dg_{t+1}}{dk_{t+1}} + \frac{\partial c_{u,t+1}(g_{t+1},k_{t+1},\beta_{t+1})^2}{\partial^2 \beta_{t+1}} \times \frac{d\beta_{t+1}}{dk_{t+1}} = 0 \quad (4-7)$$

$\because dk_{t+1}/dg_{t+1} = 0$，

$\therefore$ 整理式（4-7），可得到：

$$\frac{d\beta_{t+1}}{dk_{t+1}} = -\frac{\partial c_{u,t+1}(g_{t+1},k_{t+1},\beta_{t+1})^2}{\partial \beta_{t+1} \partial k_{t+1}} \bigg/ \frac{\partial c_{u,t+1}(g_{t+1},k_{t+1},\beta_{t+1})^2}{\partial^2 \beta_{t+1}} < 0 \quad (4-8)$$

式（4-8）中的 $d\beta_{t+1}/dk_{t+1}$ 表示终极股东掏空强度对公司外部制度环境函数的一阶导数，可以解释为外部制度环境对终极股东掏空行为的影响，其值小于0，说明掏空强度与外部制度环境负相关，即 β_{t+1} 与 k_{t+1} 二者之间负相关。这说明上市公司所处的外部制度环境越完善，越不利于终极股东的掏空行为。

4.3.4 持股比例对掏空行为影响

一般来说,终极股东的持股比例 α_{t+1} 不受其掏空强度 β_{t+1} 的影响,但反过来,终极股东掏空强度 β_{t+1} 则取决于其在上市公司中的持股比例 α_{t+1} 以及由此而产生的控制权优势(申明浩,2007),即在外部监督与内部治理机制一定的情况下,当持股比例 α_{t+1} 越大,终极股东就越有控制权优势,越容易通过掏空行为来获取控制权私人收益;当持股比例 α_{t+1} 越小时,终极股东就会缺少绝对的控制权优势,其掏空行为会受到其他股东的监督及约束,难以获取控制权私人收益或获取控制权私人收益的边际成本很高。此外,终极股东的持股比例 α_{t+1} 一般与公司内部治理机制和外部制度环境无相关性,即 $d\alpha_{t+1}/dg_{t+1}=0$ 且 $d\alpha_{t+1}/dk_{t+1}=0$。因此,我们以 α_{t+1} 作为 β_{t+1} 的代理变量代入 $c_{u,t+1}(g_{t+1},k_{t+1},\beta_{t+1})$,得到 $c_{u,t+1}(g_{t+1},k_{t+1},\alpha_{t+1})$。

再将 $c_{u,t+1}(g_{t+1},k_{t+1},\alpha_{t+1})$ 代入式(4-2)中,得到:

$$U_{u,t+1} \cong \max[\beta_{t+1} - c_{u,t+1}(g_{t+1},k_{t+1},\alpha_{t+1}) + \alpha_{t+1}(1-\beta_{t+1})] \quad (4-9)$$

将式(4-9)对 α_{t+1} 求一阶导数,得到:

$$\frac{\partial U_{u,t+1}}{\partial \alpha_{t+1}} = \frac{d\beta_{t+1}}{d\alpha_{t+1}} - \frac{\partial c_{u,t+1}(g_{t+1},k_{t+1},\alpha_{t+1})}{\partial \alpha_{t+1}} + 1 - \beta_{t+1} - \alpha_{t+1} \times \frac{d\beta_{t+1}}{d\alpha_{t+1}} = 0$$

经整理,得到:

$$\frac{d\beta_{t+1}}{d\alpha_{t+1}} = \frac{\beta_{t+1} - \left[1 - \frac{\partial c_{u,t+1}(g_{t+1},k_{t+1},\alpha_{t+1})}{\partial \alpha_{t+1}}\right]}{1-\alpha_{t+1}} \quad (4-10)$$

已知 $0 < \alpha_{t+1} < 1$,则有 $1 - \alpha_{t+1} > 0$。进一步分析式(4-10)得到两种情况:

ⅰ. 当 $\beta_{t+1} - \left[1 - \frac{\partial c_{u,t+1}(g_{t+1},k_{t+1},\alpha_{t+1})}{\partial \alpha_{t+1}}\right] > 0$,即 $\frac{\partial c_{u,t+1}(g_{t+1},k_{t+1},\alpha_{t+1})}{\partial \alpha_{t+1}} > 1 - \beta_{t+1}$ 时,则有 $\frac{d\beta_{t+1}}{d\alpha_{t+1}} > 0$。

ⅱ. 当 $\beta_{t+1} - \left[1 - \frac{\partial c_{u,t+1}(g_{t+1},k_{t+1},\alpha_{t+1})}{\partial \alpha_{t+1}}\right] < 0$,即 $\frac{\partial c_{u,t+1}(g_{t+1},k_{t+1},\alpha_{t+1})}{\partial \alpha_{t+1}} < 1 - \beta_{t+1}$ 时,则有 $\frac{d\beta_{t+1}}{d\alpha_{t+1}} < 0$。

因此,存在一个 $\alpha_{0,t+1}$,使得 $\frac{\partial c_{u,t+1}(g_{t+1},k_{t+1},\alpha_{t+1})}{\partial \alpha_{t+1}} = 1 - \beta_{t+1}$,即存在

一个 $\alpha_{0,t+1}$ 使得 β_{t+1} 具有最大值。

∵ 已知 $\partial c_{u,t+1}(g_{t+1}, k_{t+1}, \beta_{t+1})/\partial \alpha_{t+1} < 0$，∴ 我们还可以推断：

当存在 $\alpha_{t+1} < \alpha_{0,t+1}$，使得 $\dfrac{\partial c_{u,t+1}(g_{t+1}, k_{t+1}, \alpha_{t+1})}{\partial \alpha_{t+1}} > 1 - \beta_{t+1}$ 时，则有 $\dfrac{d\beta_{t+1}}{d\alpha_{t+1}} > 0$。

当存在 $\alpha_{t+1} > \alpha_{0,t+1}$，使得 $\dfrac{\partial c_{u,t+1}(g_{t+1}, k_{t+1}, \alpha_{t+1})}{\partial \alpha_{t+1}} < 1 - \beta_{t+1}$ 时，则有 $\dfrac{d\beta_{t+1}}{d\alpha_{t+1}} < 0$。

表示当终极股东的持股比例 α_{t+1} 较低时，来自公司治理机制的监督较大，需要支付更高的成本来安排掏空行为，即掏空成本较高，则终极股东掏空强度较低。随着持股比例的增加，终极股东控制权优势增大，其掏空成本逐渐减少，导致其掏空强度增加。反之，当终极股东的持股比例 α_{t+1} 较大时，终极股东占有上市公司大部分的财富，其掏空行为的动机和比例将大大减小，由此产生利益趋同效应。但随着持股比例的下降，终极股东由于控制权优势的存在，掏空成本增加的幅度大大低于通过掏空行为从上市公司中获取的控制权私人收益，导致其又开始倾向于掏空行为，即掏空强度增加。因此，我们可以得出，在外部制度环境和内部治理机制一定的情况下，上市公司终极股东掏空强度与其持股比例呈倒"U"形关系，意味着终极股东的行为具有掏空和利益趋同两种导向，如图 4-1 所示。

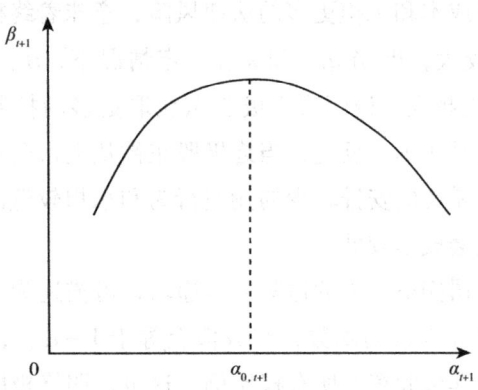

图 4-1 终极股东掏空强度与所有权比例

4.4 本章小结

本章基于公司治理的外部监督与内部治理两大机制，以一个扩展模型研究了在终极股东控制下的掏空行为。经过理论分析和模型推导得到如下结论：

第一，当上市公司董事会治理机制较为完善，股东之间存在较为完善的监督时，则不利于终极股东掏空行为，即当 g_{t+1} 较大时，则 $c_{u,t+1}(g_{t+1}, k_{t+1}, \beta_{t+1})$ 较大，终极股东获取控制权私利时需要支付较大的交易成本。反之，当上市公司董事会治理机制相对无效，股东之间缺少相互监督时，终极股东无须付出更大的交易成本获取控制权私利。

第二，当上市公司所处的外部法律体系较为完善，监管环境较为严格时，意味着终极股东获取控制权私利的机会成本较大，可以抑制终极股东的掏空行为，即当 k_{t+1} 较大时，则 $c_{u,t+1}(g_{t+1}, k_{t+1}, \beta_{t+1})$ 较大，终极股东获取控制权私利时需要支付较大的交易成本。反之，当上市公司所处的外部法律体系相对无效，监管环境较为宽松时，终极股东无需付出更大的交易成本获取控制权私利。

第三，当上市公司董事会治理机制、外部法律体系和监管环境一定的情况下，终极股东欲从上市公司中获取的控制权私利越多时，则需要更多地安排掏空行为的交易成本和承担更多的法律风险，意味着终极股东获取控制权私利的机会成本较大，即当 g_{t+1} 和 k_{t+1} 一定情况下，β_{t+1} 越大时，则 $c_{u,t+1}(g_{t+1}, k_{t+1}, \beta_{t+1})$ 也越大，说明当终极股东获取更多的控制权私利时，必然需要支付更大的交易成本。反之，当终极股东欲从上市公司中获取的控制权私利越少时，则只需要的安排较少的掏空行为和承担较低的法律风险，其获取控制权私利的机会成本较低。

第四，上市公司掏空行为的边际成本递增，可描述为公司董事会治理机制与外部监管体系等因素的函数，在数值上等于 $1 - \alpha_{t+1}$，即等于上市公司中除终极股东之外其余股东的所有权比例。这也说明终极股东的掏空行为受到其他控股股东的监督，因为，终极股东要获取控制权私利，必须突破其他股东与外部环境的监管，这一过程必然会产生掏空的成本，这一成本值大体上等于其他控股股东的所有权比例，即 $1-\alpha_{t+1}$。同时，这也说明终极股东的掏空成本与其所有权比例是负相关的。当终极股东的所有权比例越大时，那么其他控股股东的所有权比例将越小，则终极股东的掏空成本将越小，即当 α_{t+1} 越大时，那么 $1-\alpha_{t+1}$ 将越小，因此，$\partial c_{u,t+1}(g_{t+1},k_{t+1},\beta_{t+1})/\partial\beta_{t+1} = 1-\alpha_{t+1}$ 也将越小。反之，结论亦成立。

第五，当终极股东的所有权比例 α_{t+1} 较低时，来自其他股东的监督就会较大，安排掏空行为的交易成本就会较大。但随着所有权比例的增加，终极股东安排掏空行为的交易成本将会逐渐减少，其减少的速度将大于未被攫取的利润，终极股东倾向于掏空行为。反之，当终极股东的所有权比例 α_{t+1} 较大时，来自其他股东的监督对掏空行为的影响较小，掏空成本更多地来自于必需安排掏空行为的交易成本，即所有权比例增加引起掏空成本减少额太少，终极股东掏空的动机将大大减小。

本章经模型推导得出五个命题，这些命题有些是直观的，有些则不那么直观（例如掏空行为边际成本等于 $1-\alpha_{t+1}$），这些非直观的结果表明了理论模型推导的必要性。经模型所推导出来的结论也具有一定的现实意义。首先，当终极股东存在掏空行为动机时，可以通过完善公司内部治理机制和外部制度环境来达到抑制掏空行为的目的，如管理层之间权力的分配与相互制约、有效的激励机制、以及有效的外部监督等。其次，掏空强度与持股比例之间倒"U"形关系，为完善公司股权结构治理提供借鉴意义。我们可以通过股权结构治理，防止终极股东在持股低位时由于掏空效应而通过掏空行为获取私人收益，也可以利用终极股东因高持股比例产生利益趋同效应，实现监督经营，给中小股东带来利益。

5 控制权、控制人变更对终极股东掏空行为影响的实证检验

从公司治理理论的发展过程来看，传统研究主要基于股权高度分散而导致的管理者与外部股东之间的代理问题（Berle & Means, 1932; Jensen & Meckling, 1976）。但 La Porta 等（1999）的研究表明，在世界大多数企业中，主要代理问题是控股股东通过掏空行为掠夺小股东利益，而不是管理者侵害外部股东利益。Claessens 等（2002）也认为，在大多数国家，控股股东掠夺小股东利益是更严重的代理问题。因此，现代公司治理研究重点也从经理层损害股东的代理问题转移到控股股东侵占小股东利益的代理问题上来（Shleifer & Vishny, 1997）。

根据产权经济学的观点，产权安排和制度环境在一定程度上会影响经济行为（Coase, 1937; Demsetz, 1964）。因此，公司所有权安排作为公司最重要的治理机制，必然会对控股股东行为产生影响。国外研究发现，在金字塔股权和交叉持股方式下，控股股东通过分离所有权与控制权很容易地攫取上市公司利益，并且当控制权与现金流权的偏离度越大，控股股东就越容易侵占上市公司资源（La Porta et al., 1999; Shleifer et al., 1997）。进一步地，公司所有权安排不仅影响了控股股东侵占公司资源的能力，对侵占动机也产生了影响（Shleifer & Wolfezon, 2002）。特别当控股股东直接担任或委派公司高层管理者时，或当法律体系等制度机制无法有效保护投资者利益时，公司所有权结构对控股股东的掏空行为影响更大（Faccio et al., 2001; Claessen et al., 2002; Lins, 2003）。国内学者苏启林等（2003）发现，我国的家族控股股东也通过分离投票权与现金流权侵害小股东的利益。第一大股东持股比例影响着控股股东的掏空行为，其对控股股东掏空行为的影响呈先上升后下降的倒"U"形关系，在国有企业控制的公司中控股股东掏空行为比例高于非国有企业控制的公司（李增泉等，2004）。而唐清泉等（2005）研究

发现，第一大股东存在掏空效应和壕沟效应，但未发现利益协同效应，而且在企业集团控制的公司中控股股东的掏空效应更明显。申明浩（2007）研究发现，在资本家控制公司中的控股股东家族通过关联交易侵占小股东利益的可能性越大，企业集团的存在也加剧了控股股东的掏空行为。沈艺峰等（2008）指出在两权分离情况下，国有终极控股股东对高现金持有量具有较高的偏好，这是一种控股股东利益侵占动机的表现。蔡卫星等（2010）研究发现，终极股东的所有权越大，利益侵占水平就越低；终极股东的控制权越大，利益侵占水平就越高；终极股东控制权与所有权的分离度越大，利益侵占水平就越高。

本章创新之处在于综合刘芍佳等（2003）、王明琳等（2006）和申明浩（2008）等产权性质分类方法，将 2005~2010 年中国上市公司分成中央政府控制、省级政府控制、市级及以下政府控制、企业家控制、资本家控制和外资控制六类，采用分组和全样本回归方法研究了第一大股东持股比例、产权性质和控制权对掏空行为的影响。虽然本书对产权性质的划分难说完美，但比起以往研究在一定程度上减少了可能的内生性问题，具有一定进步。同时，我们采用间接法将资金占用总额扣除经营性资金占用后作为非经营性资金占用的衡量数据，详细描述控股股东资金占用情况，也有别于以往学者。

5.1 理论分析与研究假设

5.1.1 第一大股东持股比例对掏空行为影响

学者们对大股东的作用持不同看法，主要有掏空观与监督观两种。第一种掏空观认为，企业存在着控股股东与小股东之间的第二重代理问题，并且在股权高度集中情况下，这种代理问题是普遍存在的（La Porta et al.，1999）。因此，当控股股东通过分离所有权和控制权攫取私人收益时，他们会不惜损害小股东的利益来掏空上市公司（Barclay et al.，1989；Dyck et al.，2004；Atanasov，2005）。第二种监督观认为，大股东由于其持股比例较大，在一定程度上与公司利益具有趋同效应。因此，相对于小股东而言，大股东具有更强的监督、管理和改善公司绩效的动机。Jensen et al.（1976）指出所有权集中于管理者有助于减少所有权与控制权分离导致的代理问题。Shleifer &

Vishny（1986）也认为大股东实行积极监督管理职能，能够创造所有股东都能共享的收益。

由此可见，控股股东①的掏空行为依赖于其持股比例。当控股股东拥有的股权比例越少，掏空动机就越强（Jensen & Meckling, 1976）。随着控制权与现金流权偏离度的增加，控股股东会攫取更多的公司资源（Shleifer & Vishny, 1997）。但是 Morck et al.（1988）研究发现控股股东的掏空行为与大股东持股比例之间并不是一种简单的线性关系。Claessens 等（2002）用东亚八国 1301 家上市公司的数据也证明了控股股东的壕沟防御效应和利益协同效应，即当在较低的持股水平上，控股股东掏空动机随着持股比例的提高而增大，从而对小股东的侵占程度也随之提高；但当持股比例达到一定程度后，控股股东占有上市公司绝大部分利益时，控股股东的掏空行为就会减弱。我国上市公司中现金流权与控制权往往是紧密联系在一起的，李增泉等（2004）的研究也发现了控股股东的掏空行为与其持股比例之间呈倒"U"形关系。我们试图进一步研究在现阶段中国特殊的国情下，大股东的利益协同效应和壕沟防御效应是否普遍存在。由此我们提出：

假设 1：第一大股东持股比例与掏空行为并非只是一种简单的线性关系，较低的持股比例增强了其掏空动机，而当其持股比例超过某一临界值时表现为协同效应。

5.1.2 产权性质对掏空行为的影响

关于产权问题是经济学永远无法绕开的话题，公有产权与私有产权的差异也是经济学领域争论的焦点。由于政府与国有企业之间存在"裁判员"与"运动员"的双重契约身份，与对私有企业相比，政府对国有企业的承诺更

---

① 关于控股股东的概念和标准的认定各国的理解存在一定的差异。但在各国的立法和司法实践中，随着资本市场的发展，经历了从单纯的形式标准（资本数量控制标准）阶段发展到形式标准与实质标准相结合阶段。单纯从数量标准看，通常认为控股股东的持股比例应在 30%（含 30%）以上。当第一大股东的持股比例大于 30% 且小于 50% 时，称为相对控股股东；当第一大股东的持股比例大于 50% 时，称为绝对控股股东。但我国目前采用的是形式标准与实质标准的结合。中国证监会 2002 年 10 月颁布的《上市公司收购管理办法》认定收购人有下列情况之一的，构成对上市公司的实际控制：(1) 在一个上市公司股东名册中持股数量最多的（但是有相反证据的除外，下同）；(2) 能够行使、控制一个上市公司的表决权超过该公司股东名册中持股数量最多的股东的；(3) 持有、控制一个上市公司股份、表决权的比例达到或者超过 30% 的；(4) 通过行使表决权能够决定一个上市公司董事会半数以上成员当选的；(5) 中国证监会认定的其他的情况（孙晓琳，2010）。

容易失约，导致在国有企业中普遍存在"棘轮效应"和预算软约束。当然，私有企业也可能存在"棘轮效应"和预算软约束问题，但由于政府对私有企业干预的成本要显著高于国有企业，从而私有企业遇到上述的问题往往要比国有企业小得多（Shleifer & Vishny，1994）。

作为国有上市公司的控股股东，政府为什么要掏空上市公司？从我国资本市场的发展过程来看，国有控股的所有权模式、剥离非核心资产的改组方式以及"审批制"和"额度制"相结合的股票发行制度，必然导致了地方政府与上市公司股东之间的紧密关系。而我国法规对国有产权的流动性限制和基于控制权损失的不可补偿性而产生对公司内部人的抵制，使得地方政府和控股股东采用转让上市公司所有权的方式来获得控制权收益的交易成本非常高昂（Chen 等，2004；张宗新等，2003；张维迎，1998）。再加上在我国证券市场法律对投资者保护不力情况下，控股股东和地方政府可以很容易从上市公司攫取资源。因此，政府为了实现其自身目标和促进当地的经济社会发展，从上市公司中转移资源的掏空行为具有一定的必然性。李增泉①等（2005）发现，控股股东或地方政府具有支持或掏空上市公司的动机，支持是为了获得配股资格，而掏空则是赤裸裸的利益侵占行为。实际上，在现有的制度环境下，支持的最终目的很可能还是为了掏空，即所谓的"放长线钓大鱼"。掏空的手段包括资产评估（周勤业等，2003）、关联交易（Jian & Wong，2004）、资金占用（李增泉等，2004；高雷等，2005）等。而且与非政府控制上市公司相比，法律约束和监督机制更加难以限制政府权力，因此，相对于非政府控制的上市公司来说，政府控制的上市公司更容易从中攫取公司资源，其公司价值更低（夏立军等，2005）。

结合我国现有的行政机构设置和行政分权，各级政府权力和职能设置都不同，其在资本市场的动机和行为可能不同。一般来说，中央政府角色则像是委托人，而地方政府角色更类似于代理人，两者之间存在着委托代理关系；在地方各级政府中，上下级政府之间也同样存在着类似的委托代理关系。因此，相对下级政府来说，上级政府可能更约束自身的行为和保持自身的形象，在一定程度上抑制和弱化了其侵占上市公司资源的动机和能力。由此我们提出：

---

① 但马曙光等（2005）的研究却得出了相反的结论。

假设2a：相对于非政府控制的上市公司来说，政府控制的上市公司的掏空行为更加严重，并且政府层级愈低，掏空行为愈加严重，上市公司价值愈低。

自证券市场设立以来，国有企业改制上市一直是股票市场的焦点。我国公司治理研究主要关注于国有上市公司的治理问题，而较少关注家族上市公司的治理问题。但随着股票发行制度改革以及"国退民进"的推进，家族控制的上市公司已逐渐增多，家族控制上市公司的治理问题也开始被关注。控制性家族属于"企业家"还是"资本家"会影响其建立金字塔型股权结构的动机，即控制性家族的股权安排是出于机会主义动机还是经济效率动机，进而影响其是否侵占上市公司资源。对于企业家家族来说其侧重于经济效率动机，由于企业家是公司主营业务的创业者，更加注重实业经营和持续地专注于特定行业，并且更多地直接参与上市公司管理。而资本家家族则出于机会主义动机更多地进行资本运作活动并需要更多资金。但资本家由于其资本运作的风险因素无法获取更多银行贷款，更倾向攫取上市公司资源（万小妹，2008）。企业家公司由于企业家家族控股越多，越能激发其作为大股东的监督效应并努力从事主业的经营以提升公司绩效，而在资本家公司中的资本家家族则显示出掏空上市公司的意图，控制权比例越高，越有利于其从事掏空行为，大股东通过掏空行为剥削中小股东的可能性就越大（申明浩，2008）。对于并没有完全开放的资本市场，外资股东尤其是战略投资者的引入，引进了先进的管理经验和治理机制，并能减少控股股东的掏空行为，提升公司价值（张学勇，2010）。由此，我们提出：

假设2b：在非政府控制的上市公司中，企业家控制的上市公司更可能关注公司和家族的长远发展和声誉，其掏空动机弱于资本家控制的上市公司。

假设2c：相对于家族控制上市公司，外资控制上市公司具有先进的管理经验和治理机制，更加注重公司为股东创造价值，其掏空比例更低。

5.1.3 不同产权性质下终极控制权对掏空行为的影响

一些学者从第一大股东的角度来研究控制权对大股东的利益侵占或掏空行为的影响（李增泉等，2004；高雷等，2005；申明浩，2008）。根据控制权传导机制，第一大股东只是其实现对企业控制的中间环节，其持股比例不能代表最终控制人的利益，最终控制人才是实际掌握上市公司资源的主体，因此，通过终极控制人的控制权特征来研究掏空行为才能体现产权化改革的意义(程仲鸣,2010)。杨淑娥等(2009)指出金字塔股权结构引起低现金流权和高额控制权的非匹配,使得终极控制人有动机和能力通过金字塔股权结构从被控制的底层公司转移资源到自己手中,并且控制权与现金流权的偏离即超额控制程度越大,终极控股股东攫取私人收益的动机就越强烈。控制权比例越大,终极控股股东越有能力进行掏空行为获取控制权收益;现金流权比例越大,终极控股股东的"壕沟效应"显著降低(Yeh,2005;杨淑娥等,2009;)。Claessens等(2002)指出公司价值与控股股东的现金流权正相关,与控制权与现金流权的偏离即超额控制程度负相关。Almeida等(2006)指出当公司现金流量少而享有较大的投票权时,控股股东能够有效地控制公司的经营决策,而不占有全部的相应收益或承担全部的相应成本。

进一步地,也有学者认为持有较高的所有权比例[①]可被视作控股股东向外部投资者所作的放弃控制权私人收益的一种承诺(Gomes,2000;李增泉等,2004)。程仲鸣(2010)的研究表明:当终极控股股东的现金流权较低时,终极控股股东的投资活动只能获取与现金流权相对应的部分,而侵占行为则能够获取其全部收益;当现金流权达到一定程度时,基于对控制权共享收益过高损失的权衡,终极控股股东获取控制权收益的动机将大大减弱,利益侵占行为得到抑制。因此,控股股东现金流权比例对掏空行为同时具有壕沟效应和协同效应。在西方,许多文献为所有权比例的这种两面性提供了经验证据(Morck等,1988;Claessens等,2002)。由此我们提出:

假设3a:当终极控股股东控制权比例越大或控制权与现金流权的偏离即超额控制程度越大,其壕沟效应越强。现金流权比例具有双面性,即壕沟效应和协同效应,当现金流权比例较低时,终极控股股东倾向于侵占行为;当现金流权比例越大时,控股股东倾向于监督管理行为。

假设3b:在政府控制的上市公司中,政府控制级别越低,终极控制权各特征的壕沟效应越强。与资本家控制的上市公司相比,企业家控制公司的终极控制权各特征的壕沟效应较低。在外资控制的上市公司中终极控制权各特征则表现为协同效应。

---

① 需要说明是:许多学者(如李增泉等,2004;高雷,2006;申明浩,2008)都用第一大股东的持股比例作为所有权结构的代理变量来研究掏空行为,而实际上第一个股东持股比例与现金流权比例是两个不同的概念,在数值上也不等同。因此,本书将第一大股东持股比例与控股股东的现金流权比例都做了分析。

5.1.4 终极控制人变更对掏空行为的影响

在股权分置改革期间上市公司并购事件频繁，公司直接控制人（第一大股东），甚至终极控制人变更的事件屡见不鲜，公司直接或终极控制人的变更会带来公司控制权转移，引起公司资产重组等盈余管理行为，进而对公司的短期和长期业绩产生影响（谢梅等，2011）。当公司终极控制人变更，但公司国有性质不变时，中央、省、市等不同级别控制人之间相互转移上市公司控制权，并未改变上市公司国家控制的属性，其更多是出于解决辖区的产业整合、地方就业和组建大型国企集团等政治目标，提高公司业绩并不是其主要目标（白云霞等，2008）；此外，我国从计划经济走向市场经济的过程中，在政府权力配置上，经历从集权到分权的过程，地方政府获得了财政自主和经济管理等权力。分权的结果使得地方政府发展地方经济的积极性被调动起来，同时，地方政府竞争资源的动机也随之产生（Poncet，2004）。在某种程度上，上市公司的资源甚至类似于一种"免费午餐"。因此，政府有动机掏空上市公司，以实现其自身的政治目标（李增泉等，2004）。但是，当终极控制人国有产权性质发生变更，即由国有变为非国有控制人时，或者当非国有上市公司的控制人发生变更时，终极控制人通常会通过秘密方式转移核心和优质资产，转让上市公司的非核心资产部门。由于"壳"资源的稀缺性使得上市公司成为众多企业争夺的对象，当控制权争夺后，控股股东掏空上市公司利益的行为屡见不鲜；上市公司控制权转移后的董事变更比例、高级管理人员变更比例和控股股东在目标公司董事会中所占的席位比例与控股股东的掏空行为都显著呈正相关（石水平，2010）。但是，当控制权转移后，控股股东为了"壳"资源的稀缺性，稳定市场地位、提升公司价值、防范退市风险，在控制权转移后往往会支持公司。由此，我们提出：

假设4a：上市公司实际控制人的变更，引起公司资产重组等盈余管理行为，有利于控股股东实施掏空行为。

假设4b：当实际控制人变更后，与非政府控制公司相比，政府控制公司为了实现其政治目标，仍然会继续掏空上市公司；而非政府控制公司往往为了稳定市场地位和市场形象，提升公司价值，保护"壳"资源，转而支持上市公司。

5.2 研究设计与模型构建

5.2.1 样本选择与数据获取

我们以 2005~2010 年度沪深两地所有上市公司作为初选样本，然后对其执行如下筛选程序：剔除创业板类和金融类上市公司；剔除含 B 股或 H 股的上市公司；剔除被特别处理类公司；剔除数据缺失或数据异常类上市公司。此外，我们参考 LLS（1999）的控制权标准，删除了控制权小于 10% 的不存在终极控制人的样本公司①，经过筛选后共获取样本 6848 家，详见表 5-1 样本公司情况表。从表 5-1 可以看出，我国绝大多数上市公司都被政府控制。本书研究所需要的数据包括控股股东关联交易的资金占用数据和终极控制权数据，分别来自 CSMAR 中"关联交易数据库"和"股东研究数据库"，用于判断终极控制人产权属性所用到的上市公司历年财务报表来自巨潮资讯网公布的年报。

表 5-1　　　　　　　样本公司情况　　　　　　单位：家

年份	总数	政府控制			非政府控制		
		中央政府	省级政府	市级及以下政府	企业家	资本家	外资
2005	929	206	215	206	151	123	28
2006	903	198	207	208	145	119	26
2007	1105	233	242	223	253	120	34
2008	1163	236	243	225	295	131	33
2009	1244	246	249	214	358	130	44
2010	1504	268	266	244	538	133	55
合计	6848	1387	1422	1323	1740	756	220

---

① LLS 等（1999）、Julan Du 和 Yi Dai（2005）等认为存在终极控股股东的控制权比例应在 10% 及其以上，国内学者王鹏、周黎安（2006）、沈艺峰等（2008）、孙晓琳（2010）也认为 10% 是有效的控制标准，因此本文以 10% 作为控制权标准。

5.2.1.1 关联交易资金占用数据

图 5-1 是 2005~2010 年样本公司终极股东资金占用情况图。我们可以发现，上市公司资金占用情况与李增泉等（2004）和高雷等（2006）的研究结果一致，2005~2010 年关联交易资金占用总资金净流出的公司数量几乎都大于总资金净流入的公司数量，但总体来说，资金占用情况呈现下降趋势。我们认为，主要是由于 2005 年 8 月证监会开始着手清理上市公司控股股东资金占用问题，制度环境及公司治理机制的完善，加大了终极控制人实施掏空的成本，抑制了掏空行为，因此，2005 年以后各上市公司关联交易资金占用比例明显低于 2005 年。

图 5-1 结果显示样本上市公司经营性资金流出相对平稳，而非经营性资金流出变化较大，与总资金净流出类似。我们认为，关联销售和采购形成的应收账款属于经营性资金，更多的是公司日常生产经营范围，属于恶意资金占用可能性较小。控股股东往往会采用隐蔽或间接的非公允关联交易来转移上市公司利益，如通过寻找与上市公司形式上独立的第三方企业之间的非公允关联交易等，这也符合叶康涛（2007）和杨桦（2011）的观点。

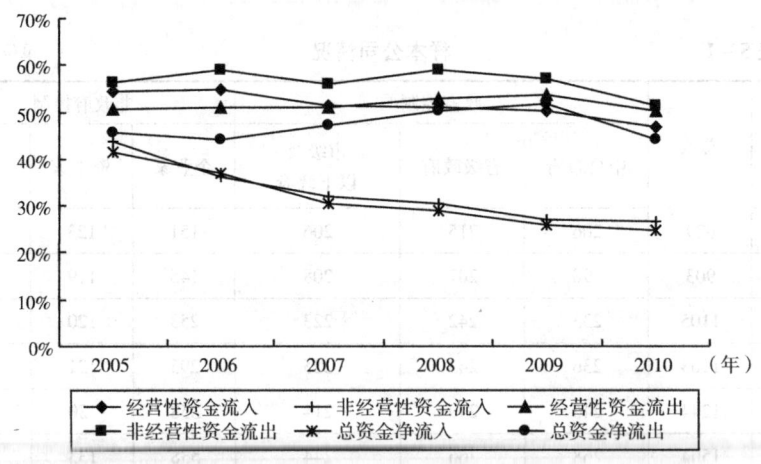

图 5-1 2005~2010 年上市公司关联交易资金流入流出情况

叶康涛等（2007）指出将"应收应付账款"纳入掏空指标可能会增大测量误差，降低有效性。这是因为应收账款主要源于关联销售和采购，属于经营性资金占用，很难判断应收账款一定属于恶意资金占用；而且股票收益与大股东占用应收账款之间不存在显著负相关，表明投资者并不认为大股东的经营性资金占用必然属于大股东恶意侵占。杨桦（2011）指出在后股权分置时代，上市公司关联交易的一个重要趋势是，控股股东、实际控制人通过更加隐蔽、间接的非公允关联交易来逃避监管、转移上市公司利益，如控股股东通过貌似"独立第三方"的附属企业或其他关联方来侵占上市公司利益。虽然监管部门认识到非公允关联交易的危害性，并制定了相关的法律法规用于约束非公允关联交易，但是在实践中具有不可操作性。因此，本书将控股股东占用非生产经营性资金作为实证分析中掏空行为的代理因变量，以控股股东占用的经营性和非经营性资金总额作为稳健性检验中掏空行为的代理因变量。

5.2.2.2 产权性质划分

长期以来，学者们没有意识到区分不同类型控制者的重要性，更没有系统地分析不同控制者之间的差异对代理关系和价值业绩等方面的影响，而是将不同类型控制者混为一谈。在众多公司治理文献中，股东之间的差别仅仅是从持股比例或法律特征来区分，没有追溯其终极控制人，而且甚至还模糊了股东分类。因此，根据上市公司终极控制人的特性进行产权属性划分已经成为必要。La Porta 等（1999）将终极控制人的形态分成五种类型：政府、家族或个人、股权分散的金融机构、股权分散的公司和其他。Faccio 等（2002）将其划分为六类：家族、公众持有的金融机构、国有、公众持有、交叉持股和混合控制。刘芍佳等（2003）按终极产权论将上市公司分为国家作为终极控股股东和非国有终极控股股东，同时，又把前者分为政府部门或机构直接控制和通过国有企业间接控制，把后者分为非政府控股的上市公司、未上市的集体企业与乡镇企业、未上市的国内民营企业和外资企业。夏立军等（2005）根据上市公司披露的终极控制人数据，将上市公司细分为中央政府控制、省级政府控制、市级政府控制、县级政府控制和非政府控制（民营、乡镇或外资资本控制）五种类型。孔鹏等（2005）对内地上市公司中的家族控制情况进行了专项研究，并将家族上市公司分为企业家和资本家两种类型。申明浩（2008）沿袭了孔鹏等的分类方法，将民营上市公司区分为资本家家族和企业家家族。本书参考以上学者，将终极控制人产权性质分为政府控制和非政府控制，其中政府控制又分为中央政府控制、省级政府控制、市级及以下政府控制；非政府控制又分为企业家控制、资本家控制、外资控制。

5.2.2 模型构建与变量定义

为了检验产权性质、终极控制权、控制人变更与掏空行为之间的关系，我们建立如下检验方程并使用 OLS 回归分析方法检验研究假设，估计模型的表达式为：

$$Tunl\_AR = \beta_0 + \beta_1 Top1 + \beta_2 Top1\_Sq + \beta_3 CF + \beta_4 CFR\_B + \beta_5 CFR\_Bsq \\ + \beta_6 Dived + \beta_7 Change + \sum_{i=8}^{n} \beta_i Ownership_i + \beta_{n+1} Size \\ + \beta_{n+2} Debt + \beta_{n+3} Roe + \beta_{n+4} Industry + \beta_{n+5} Year + \varepsilon$$

模型中涉及的变量定义、计量及预期情况如下及见表 5-2。

表 5-2　　　　　　　　　　变量定义与描述

类型		名称	变量计量
被解释变量	Tunl_AR	非经营性资金占用率	非经营性资金流出量减去流入量后除以总资产的比率
	Tunl_TR	总资金占用率	关联交易总资金流出量减去流入量后除以总资产的比率
解释变量	Gov	政府控制	若终极控制人为各级政府，Gov=1，否则为0
	Gov_C	中央政府控制	若终极控制人为中央政府，Gov_C=1，否则为0
	Gov_P	省级政府控制	若终极控制人为中央政府，Gov_P=1，否则为0
	Gov_S	市级及以下政府控制	若终极控制人为中央政府，Gov_S=1，否则为0
	EFB_C	企业家家族控制	若终极控制人为企业家，EFB_C=1，否则为0
	CFB_C	资本家家族控制	若终极控制人为资本家，CFB_C=1，否则为0
	For_C	外资控制	若终极控制人为外资，For_C=1，否则为0
	Change	实际控制人变更	若当年实际控制人变更，Change=1，否则为0
	CF	控制权比例	所有控制链中最低持股比例之和
	CFR_B	现金流权比例	控制链中持股比例之积后加总，然后减去其回归均值后的残差
	CFR_Bsq	现金流权比例的平方	现金流权残差的平方和
	Dived	超额控制	控制权比例减去现金流权比例初始值
	Top1	第一大股东持股比例	第一大股东持股比例减去回归均值后的残差
	Top1_Sq	第一大股东持股比例平方	第一大股东持股比例残差的平方和

续表

类型	名称		变量计量
控制变量	Size	公司规模	上市公司总资产的自然对数
	Debt	财务杠杆	上市公司总负债除以总资产
	ROE	收益水平	上市公司净资产收益率，等于净利润除以净资产
	Industry	行业虚拟变量	上市公司所处的行业，虚拟变量
	Year	年度虚拟变量	财务报告发布的年度，虚拟变量

5.2.2.1 被解释变量

Tunl_A 表示控股股东关联交易中的非经营性资金占用额，其值等于 CSMAR 关联交易数据库中"应收资金类"、"应收利润类"、"应收投资类"、"其他应收账款类"和"其他资产类"科目总额减去"应付资金类"、"应付利润类"、"应付负债类"、"其他应付账款类"和"其他负债类"科目总额；Tunl_B 表示控股股东关联交易中的经营性资金占用额，其值等于 CSMAR 关联交易数据库中"应收票据类"、"应收账款类"和"预付账款类"三个科目总额减去"应付票据类"、"应付账款类"和"预收账款类"三个科目总额；Tunl_T 表示控股股东关联交易中的总资金占用额，其值等于 Tunl_A 和 Tunl_B 之和。为了控制企业资产规模的影响，我们将 Tunl_A 和 Tunl_T 都除以总资产，得到 Tunl_AR 和 Tunl_TR，然后将 Tunl_AR 用于实证检验分析，而 Tunl_TR 用于稳健性检验分析。

5.2.2.2 解释变量

Change 是公司终极控制人变更虚拟变量，若公司当年终极控制人发生变更，Change 取值为 1，否则取值为 0。$Ownership_i$ 是公司产权性质的统称，根据不同研究目的，在实际检验中使用 Gov、Gov_C、Gov_P、Gov_S、EFB_C、CFB_C、For_C 这些哑变量中的一个或几个来替代模型中的 $Ownership_i$ 变量。若终极控制人为政府，那么 Gov 取值为 1，否则取值为 0；若终极控制人为中央政府，那么 Gov_C 取值为 1，否则取值为 0；若终极控制人为省级政府，那么 Gov_P 取值为 1，否则取值为 0；若终极控制人为市级及以下政府，那么 Gov_S 取值为 1，否则取值为 0；若终极控制人为企业家家族，那么 EFB_C 取值为 1，否则取值为 0；若终极控制人为资本家族，那么 CFB_C 取值为 1，否则取值为 0；若终极控制人为外资，那么 For_C 取值为 1，否则取值为 0。虽然本书对终极控制人的划分很难说完美，但比起以往研究在一定程度上减少了可能的内生性问题，具有一定进步。

Top1 和 Top1_Sq 分别是经过中心化处理后的第一大股东持股比例及其平方值，用以控制第一大股东持股比例对掏空行为的影响。由于同时将第一大股东持股比例及其平方项纳入模型会引起多重共线性问题，因此，对第一大股东持股比例进行中心化处理①。根据统计结果，第一大股东持股比例均值为 38.16%，因此，Top1 为第一大股东持股比例与其均值 38.16% 的差额，Top1_Sq 为 Top1 的平方值。

CF 表示终极控制人所占的控制权比例，其等于控制链的最低持股比例。如有多条控制链，则将各条控制链中所有最小持股比例加总。CFR 表示终极控制人所占的现金流权比例，其等于每条控制链的持股比例之积。如有多条控制链，则将各条控制链计算得到现金流权加总。此处，现金流权值则是中心化得到的残差值，CFR_Sq 为 CFR 的平方值。Dived 表示控制权减去现金流权初始值后的超额控制。

5.2.2.3 控制变量

为了控制其他因素对研究结果的影响，还设置了公司规模、财务杠杆、收益水平、行业和年度虚拟变量。Size 为公司总资产的自然对数，Debt 为公司总负债除以总资产，ROE 为公司净利润除以净资产，用以控制公司规模、财务杠杆和收益水平对掏空行为的影响。Industry 和 Year 分别为行业和年度虚拟变量，用以控制行业和年度对掏空行为的影响。

5.3 实证检验结果及分析

5.3.1 描述性统计和相关性分析

表 5-3 是变量的描述性统计结果。结果显示，控股股东非经营性资金占用率和总资金占用率的均值分别为 0.009 和 0.014，表现为控股股东对上

---

① 中心化处理是用实际观察值与回归估计值的差来代替实际观察值。中心化只是消除了一个变量的平方项和它本身之间的共线性而已，或者是两个变量和它们的积之间的共线性，对其他的共线性没有任何影响（夏立军等，2005；毕晓方等，2007）。

市公司的掏空行为。从表5-3还可以看出，上市公司所有权结构仍然相对集中，控制权和第一大股东持股比例都较大。根据LLS（1999）、胡国柳（2006）的控制权分类标准①，样本上市公司控制权的25%和75%分位值分别为26.92%和50.66%，说明约有50%的上市公司处于相对控制，而有25%公司处于绝对控制。绝大多数公司都存在超额控制，超额控制大于10%的比例不少于四分之一。另外，第一大股东持股比例均值和75%分位值分别为38.16%和49.85%，说明第一大股东持股比例居高不下，这些都表明我国上市公司股权的高度集中和实际控制人的超强控制。

表5-3 描述性统计分析

指标	极小值	25%分位	50%分位	75%分位	极大值	均值	标准差
非经营性资金占用率	-133.790	-0.0032	0.000	0.002	137.211	0.009	0.670
总资金占用率	-133.79	-0.0067	0.000	0.001	140.031	0.014	1.588
现金流权（%）	0.000	19.590	32.143	45.808	99.320	33.284	17.523
控制权（%）	10.060	26.920	40.117	50.658	100.000	39.431	15.643
两权偏离（%）	0.000	0.000	7.342	12.069	53.424	6.136	8.587
第1大股东持股比例（%）	0.000	25.640	39.024	49.848	95.950	38.164	15.532
总资产	0.0008	10.114	44.020	39.833	4434.663	46.582	148.496
资产负债率	0.002	0.340	0.553	0.625	138.378	0.525	1.969
净资产收益率（%）	-26.049	0.032	0.067	0.127	28.983	0.058	0.676

我们对变量进行了相关性分析，得到各变量之间的相关系数表，见表5-4。首先，关联交易资金占用变量Tunl_AR与Tunl_TR的相关性较强，因此，我们采用Tunl_AR进行实证分析，而采用Tunl_TR进行稳健性检验。其次，变量Gov、Gov_C、Gov_P、Gov_S与Tunl_AR之间存在正相关关系。这表明政府控制加重了上市公司的掏空行为，并且随着政府控制级别降低，掏空行为更严重。EFB_C、CFB_C与Tunl_AR之间也呈正相关关系，而For_C系数为负。最后，变量Change与Tunl_AR的相关系数是0.04，表示实际控制人的变更在一定程度上加剧了掏空行为。

---

① 胡国柳（2006）指出：当上市公司控制权>50%时，称为绝对控制；当20%<控制权≤50%时，称为相对控制；当控制权10%<控制权≤20%时，称为低度控制；当控制权<10%，称为无控制。

表 5 – 4 变量相关系数表

	Tunl_AR	Tunl_TR	Gov	Gov_C	Gov_P	Gov_S	EFB_C	CFB_C	For_C	Change	CFR_B	CFB_Bsq	Top1	Top1_sq	CF	Dived	Size	Debt
Tunl_TR	0.860																	
Gov	0.021	0.021																
Gov_C	0.011	0.012	0.409															
Gov_P	0.012	0.020	0.227	−0.141														
Gov_S	0.031	0.024	0.397	−0.247	−0.137													
EFB_C	0.007	0.007	−0.720	−0.294	−0.164	−0.286												
CFB_C	0.012	0.013	−0.435	−0.178	−0.099	−0.172	−0.206											
For_C	−0.045	−0.038	−0.225	−0.092	−0.051	−0.089	−0.106	−0.064										
Change	0.040	0.034	0.017	0.040	−0.020	−0.029	−0.041	0.065	0.034									
CFR_B	0.001	0.008	0.267	0.104	0.085	0.046	−0.102	−0.253	−0.038	−0.083								
CFB_Bsq	−0.001	−0.003	−0.016	0.002	0.026	−0.063	−0.022	0.055	0.001	0.006	0.323							
Top1	0.008	0.001	0.181	0.116	0.076	−0.029	−0.100	−0.158	−0.005	−0.047	0.723	0.320						
Top1_sq	−0.017	−0.015	0.036	0.037	0.040	−0.040	−0.043	−0.005	0.014	0.017	0.247	0.591	0.852					
CF	0.002	0.007	0.143	0.107	0.068	−0.048	−0.023	−0.198	0.013	−0.075	0.867	0.367	0.081	−0.061				
Dived	0.003	0.006	−0.272	−0.014	−0.080	−0.174	0.153	0.157	0.098	0.050	−0.451	0.000	0.255	0.162	0.043			
Size	0.044	0.035	0.241	0.134	0.155	0.002	−0.166	−0.118	−0.049	−0.042	0.190	0.115	−0.021	0.001	0.218	0.002		
Debt	−0.595	−0.499	−0.004	−0.005	−0.003	0.004	−0.029	0.013	0.062	0.056	−0.019	−0.010	−0.027	0.045	0.020	−0.009	−0.123	
ROE	−0.001	−0.003	−0.035	−0.009	−0.010	−0.027	0.039	0.000	0.001	0.003	0.039	0.018	0.044	0.020	0.008	0.002	0.040	−0.010

5.3.2 产权性质对掏空行为的影响分析

表5-5是对全体样本公司的多元回归分析结果。从模型[1]~[7]可见，Top1系数显著为正，而Top1_Sq的系数显著为负，这说明控股股东非经营性资金占用与第一大股东持股比例之间存在着显著倒"U"形关系。这印证了研究假设1，其结果与申明浩（2008）发现一致。从模型[1]得知，Tunl_AR与Gov显著正相关，这说明相对于非政府控制的公司来说，政府控制公司的掏空行为更加严重。从模型[2]可见，Tunl_AR与Gov_C、Gov_P、Gov_S正相关，三个系数依次增大，分别为0.021、0.023、0.027，这说明政府控制级别越低，控股股东的掏空行为越严重。从模型[2]~[7]可见，Gov_S系数都显著为正，这说明市级及以下控制公司的掏空行为显著高于其他任何公司；Gov_P系数都不显著，说明省级政府控制公司的掏空行为不具有显著性；Gov_C仅在模型[2]中在5%的水平下显著。因此，上述结果表明，与非政府控制的上市公司相比，政府控制上市公司的掏空行为更加严重，这主要是由市级及以下政府的掏空行为所引起的，这印证了假设2a。

表5-5 对全体样本公司的多元回归分析

变量	预期符号	[1]	[2]	[3]	[4]	[5]	[6]	[7]
Intercept	?	0.272***	0.266***	0.300***	0.279***	0.028	0.275***	0.280***
		4.964	4.688	5.203	4.784	1.347	4.592	4.798
Gov	+	0.185***						
		3.218						
Gov_C	+		0.021**		0.016*	0.017*	0.015**	0.013
			1.862		1.794	1.765	1.837	1.571
Gov_P	+		0.023*		0.016	0.014	0.016	0.017**
			1.739		1.440	1.344	1.436	1.828
Gov_S	+		0.027***		0.021**	0.013***	0.021**	0.021**
			3.847		2.188	3.208	2.193	2.156
EFB_C	+			0.015***	0.008*	0.005***	0.010**	0.008**
				2.747	1.857	4.257	1.964	1.831
CFB_C	+			0.018**	0.009	0.009**	0.012	0.016
				1.997	0.673	1.728	0.754	0.537

续表

变量	预期符号	[1]	[2]	[3]	[4]	[5]	[6]	[7]
For_C	+			-0.023	-0.014	-0.079	-0.015	-0.014
				-1.582	-0.856	1.393	-0.927	-0.861
Change	+					0.003*		
						1.755		
CF	+						0.011**	
							1.731	
CFR_B	+							0.022*
								1.585
CFR_Bsq	−							-0.031*
								-1.420
Dived	+						0.019	
							0.584	
Top1	+	0.014***	0.012***	0.021**	0.023***	0.017***	0.015	0.0011
		2.225	2.001	2.123	2.041	5.537	1.439	1.353
Top1_Sq	−	-0.023***	-0.019***	-0.032***	-0.038***	-0.022	-0.0016***	-0.013***
		-2.883	-2.892	-2.876	-2.917	-0.475	-2.977	-3.225
Size	+	0.014***	0.010	0.011	0.012	0.013***	0.009***	0.015***
		4.281	3.998	4.285	4.095	8.413	4.12	4.075
Debt	−	-0.081***	-0.082***	-0.080***	-0.076***	-0.094***	-0.083***	-0.078***
		-61.457	-61.454	-60.653	-61.296	-52.555	-61.274	-61.302
ROE	−	-0.021	-0.013	-0.022	-0.011	-0.023***	-0.016	-0.012
		-0.305	-0.321	-0.311	-0.302	-5.544	-0.302	-0.301
Industry	?	控制	控制	控制	控制	控制	控制	控制
Year	?	控制	控制	控制	控制	控制	控制	控制
Adj R^2		0.347	0.345	0.337	0.335	0.374	0.352	0.354
F − Value		123.485***	116.201***	101.213***	106.517***	124.547***	100.899***	100.966***
D − W		2.014	2.013	2.004	2.003	1.780	2.007	2.006
样本数		6848	6848	6848	6848	6848	6848	6848

注：各模型第二行均为 t 值，各模型均控制了 20 个证监会行业哑变量和 6 个年度哑变量。其中 *、**、*** 分别表示显著性水平 $p<0.10$、$p<0.05$、$p<0.01$。

从模型（3-7）可以看出，在非政府控制公司中 EFB_C 和 CFB_C 系数为正，这说明企业家控制与资本家控制公司也存在掏空行为；同时，通过观察二者的系数值大小，可以发现在掏空动机上，企业家控制的公司关注公司和家族的长远发展和声誉，其掏空动机弱于资本家控制的公司，与研究假设 2b 相一致。而 For_C 的系数为负，说明外资控制公司具有先进的管理经验和治理机制，更加注重公司为股东创造价值，转而会支持上市公司，这与研究假设 2c 有点偏颇。

从模型 [5] 可见，终极控制人变更情况变量 Change 与 Tunl_AR 在 10% 的水平下显著正相关，这表明终极控制人变更对公司掏空行为具有显著的正面影响，这可能是由于终极控制人发生变更后，控股股东往往会通过掏空行为秘密转移公司的优质资源和核心资产。从模型 [6]~[7] 可见，上市公司终极控制权各特征变量与 Tunl_AR 正相关，其中 CF、CFR_B 都通过了显著性检验。这说明实际控制人的控制权、现金流权和两权偏离都加剧了掏空行为。此外，我们还可以发现，CFR_Bsq 的系数为负，这也说明现金流权具有一定的协同效应，但是没有通过显著性检验。上述结果分别印证了假设 3a 和 4a。

进一步，从模型 [1]~[7] 可见，Tunl_AR 与 Size 正相关，与 Debt 和 ROE 负相关，说明较小的公司规模、较高的财务杠杆和收益水平都抑制了掏空行为。Size 在更多情况是显著正相关的，说明与小公司较小的资产存量和经营活动相比，大公司由于其公司规模较大和经营业务的复杂性，控股股东更容易逃避监管而攫取公司资源。Debt 在 1% 的水平下显著负相关，这表明公司的财务杠杆越大，控股股东越可能支持而不是掏空公司，高负债是较差公司治理的一种替代机制，这与 Friedman 等（2003）的实证检验一致。这是因为即使法律和制度环境对投资者保护较弱，由于公司贷款通常都有政府或银行的背后支持，存在负债的预算软约束。这不仅可以减少控股股东的债务逃避行为，而且鼓励了控股股东向公司投入新的私人资金，以便保持今后剥削小股东和得到合法的收益分享权。因此，负债成为控股股东支持公司的一种承诺，外部投资者也更愿意向公司提供资金（Friedman et al.，2003）。ROE 与 Tunl_AR 都负相关，但只有在模型 [5] 回归系数通过 5% 的显著性检验，这说明收益水平不显著影响控股股东的掏空行为。

5.3.3 不同产权性质下终极控制权对掏空行为的影响分析

为了进一步检验本书的研究假设，我们按照产权性质分组后再进行单独分析，详见表 5-6。考虑到 CFR_B 与 CF、Dived 的相关性较强，我们将分

表 5-6　对政府控制和非政府控制的样本公司的单独分析

变量	政府控制						非政府控制					
	中央政府控制		省级政府控制		市及以下控制		企业家控制		资本家控制		外资控制	
	[1]	[2]	[1]	[2]	[1]	[2]	[1]	[2]	[1]	[2]	[1]	[2]
Intercept	-0.127**	-0.122**	-0.102**	-0.010**	-0.024**	-0.024**	-0.003**	-0.004**	-0.037**	-0.027	-0.607*	-0.508
CF	0.019	0.027**	0.023*	0.031*	0.016**	0.041*	0.005**	0.016*	0.014	0.063**	-0.079	-0.263*
CFR_B	-0.030		-0.021*		-0.020		-0.011*		-0.023*		-0.108*	
CFR_Bsq		0.013		0.023*		0.055**		0.008*		0.069		-0.099
Top1	0.039**	0.054**	0.022	0.037	0.017	0.043	0.007**	0.006	0.040	0.043	0.022	0.027
Top1_Sq	-0.054	-0.067	-0.024	-0.046	-0.033***	-0.048**	-0.011*	-0.009	-0.042	-0.051	-0.021	-0.030
Size	0.034***	0.030***	0.024***	0.012**	0.092***	0.082***	0.032***	0.039***	0.013***	0.014***	0.093***	0.052***
Debt	-0.293***	-0.292***	-0.141***	-0.143***	-0.179***	-0.167***	-0.070***	-0.070***	-0.414***	-0.463***	-0.147***	-0.146***
ROE	0.032	0.033	-0.040**	-0.029**	-0.014**	-0.015**	0.024***	0.018***	-0.025**	-0.026**	-0.019	-0.017
Industry	控制	控制	控制	控制	控制	控制	控制	控制	控制	控制	控制	控制
Year	控制	控制	控制	控制	控制	控制	控制	控制	控制	控制	控制	控制
Adj R^2	0.093	0.090	0.084	0.083	0.203	0.204	0.032	0.031	0.081	0.088	0.104	0.099
F-Value	5.559***	5.593***	5.187***	5.121***	65.70***	65.78***	2.849***	2.766***	20.059**	19.982**	17.096***	17.065***
D-W	1.860	1.864	2.035	2.031	1.907	1.916	2.143	2.140	1.962	1.967	1.852	1.863
样本数	1383	1383	1416	1416	1319	1319	1725	1725	754	754	219	219

注：各模型均控制了 20 个证监会行业分类哑变量和 6 个年度哑变量。其中 *、**、*** 分别表示显著性水平 $p<0.10$、$p<0.05$、$p<0.01$。

两个方程进行回归分析。从表5-6可见，在政府控制公司中，变量CF、CFR_B和Dived的回归系数都为正，其中，中央政府控制公司的系数最小，省级政府控制公司的系数居中，市级及以下政府控制公司的系数最大。这说明政府控制公司的控制权、现金流权和超额控制都表现为壕沟效应，其中，超额控制的壕沟效应不显著，而现金流权的协同效应亦不显著，没有表现出监督管理作用。与资本家控制的公司相比，企业家控制公司的变量CF、CFR_B和Dived的回归系数为正且较小，这说明企业家控制公司的控制权、现金流权和超额控制的壕沟效应较资本家控制公司低。外资控制公司的控制权则表现为协同效应。上述结果印证了假设3b。但第一大股东的高持股比例并没有表现出协同效应，两权偏离的壕沟效应也不显著。

5.3.4 控制人变更对掏空行为的影响分析

为了检验终极控制人变更对掏空行为的影响，我们将不同产权性质下实际控制人变更的样本公司进行了重新整理，分别统计出控制人变更前1年、当年和变更后第1、第2和第3年的关联交易资金占用数据，然后将控制人变更当年和之后第1、2、3年的数据与变更前1年的数据进行配对，以检验控制人变更前后关联交易资金占用变化情况的显著性。由于需要统计到控制人变更后3年的数据，因此，本书只选择了2006~2007年控制人发生变更的样本公司，最终得到100家样本，分别是中央政府控制样本22家、省级政府控制样本14家、市级及以下政府控制样本18家、企业家控制样本公司21家、资本家控制样本公司20家、外资控制样本公司5家，分别采用两个独立样本和多个独立样本非参数检验方法进一步分析。

表5-7报告了样本公司在控制人变更后各年度非经营性资金占用的变化情况。从表5-7全样本公司结果来看，控制人变更后的第2年和第3年，关联交易资金占用有显著变化，并且与控制人变更当年相比，资金占用有显著增加，这说明控制人变更加剧了控股股东的掏空行为。但是，我们发现控制人变更后的掏空行为主要是由政府控制公司的显著增加引起的，政府控制公司的资金占用在控制人变更后的第1、2、3年都有了显著的增加，而非政府控制公司的掏空行为只在第2、3年通过10%的t检验，并且在金额上增加幅度也不大。从Wilcoxon符号秩检验结果来看，全样本公司和政府控制公司的Z值都显著，非政府控制公司的Z值显著性不是很好。此外，我们观察

控制人变更后第1年各样本公司的资金变化情况,发现全样本公司和非政府控制公司的资金占用变化分别为 -8682346547 和 -18942590640,结果均没有通过显著性 t 检验,而政府控制公司的资金变化为57861383,并在1%水平上通过了显著性检验。这说明控制人变更后,政府控制公司仍然继续侵占公司资源和掏空上市公司,而非政府控制公司在取得控制权后,为了彰显其对公司经营前景的信心,稳定市场地位和市场形象,提升公司价值,在控制人变更后第1年往往会注入大量的资金以维持公司发展,这印证了假设4b。

表5-7 分组样本公司控制人变更前后关联交易非经营性资金占用变化情况

样本类别	资金占用差异	均值	标准差	t值	秩均值（负）	秩均值（正）	Z
全部样本公司	(-1, 0)	23285201	136219742	1.709*	39.26	37.13	-2.384**
	(-1, 1)	-8682346547	87275730291	-0.995	45.07	35.70	-4.299***
	(-1, 2)	71291094	271543990	2.625**	46.19	38.25	-4.215***
	(-1, 3)	66564590	199899746	3.330***	47.81	34.61	-3.306***
政府控制样本	(-1, 0)	25987415	163032427	1.171	21.78	22.46	-1.914**
	(-1, 1)	57861383	122995576	3.437***	25.92	18.33	-4.339***
	(-1, 2)	107431356	353764665	2.232**	26.86	22.00	-3.181***
	(-1, 3)	94852572	248550417	2.804**	29.48	19.61	-2.906***
非政府控制样本	(-1, 0)	20113037	97462412	1.400	18.00	15.46	-1.42
	(-1, 1)	-18942590640	128678737623	-0.998	19.09	17.57	-1.367
	(-1, 2)	28865568	106836374	1.832*	19.93	16.50	-2.814**
	(-1, 3)	33356959	114299396	1.979*	19.14	14.85	-1.787*

注:(-1, 0)表示控制人变更当年相对于变更前1年关联交易非经营性资金占用的变化,(-1, 1)表示控制人变更后1年相对于变更前1年非经营性资金占用的变化,(-1, 2)、(-1, 3)依次类推。第二列至第四列为配对样本 t 检验结果,第五列至最后一列为配对样本 Wilcoxon 符号秩检验结果。*、**、*** 分别表示检验结果在10%、5%与1%水平下显著。

5.4 稳健性检验

为了使检验结果更加稳定和可靠,我们还进行了稳健性检验,其中包括四种方法:(1)为了考察本书结论是否源于本书所采用的控股股东资金占用指标,我们也采用了其他指标来测量控股股东占用资金状况,如控股股东非经营性占用资金年末总量、控股股东总资金占用总量（经营性资金占用总量加上非经营性资金占用总量①）、控股股东总资金占用率。综合而言，当我们采用不同指标来测度控股股东资金占用情况时，本书结论仍然成立。（2）为了避免因有效控制权选取标准不同对结论造成的影响，我们也参考苏坤和杨淑娥（2009）采用更严格的控制权标准20%筛选样本，重复上述检验过程，本书结论仍然成立。（3）我们还对样本按照控股股东非经营性资金占用率进行了1%和99%进行了截尾处理，本书结论仍然成立，这表明本书结论并非源于异常值影响。（4）我们也进行了分年度横截面回归，结果表明，在大部分年份里，本书结论仍然成立。限于篇幅，本书列示了控制人变更的关联交易总资金占用变化检验结果，详见表5-8。

表5-8 分组样本公司实际控制人变更前后关联交易总资金占用变化情况

样本类别	资金占用差异	均值	标准差	t值	秩均值（负）	秩均值（正）	Z
全部样本公司	(-1, 0)	24262358	158300290	1.533	44.40	41.00	-1.720**
	(-1, 1)	-8673237811	87276104241	-0.994	50.51	45.30	-2.383**
	(-1, 2)	113693036	376255989	3.022**	49.88	43.26	-4.128***
	(-1, 3)	116476623	330865810	3.520***	49.83	39.28	-3.894***
政府控制样本	(-1, 0)	35746530	190292125	1.380	24.66	24.19	24.19**
	(-1, 1)	80693706	180340370	3.288***	29.31	22.50	-2.749***
	(-1, 2)	184454370	490825386	2.762***	27.07	24.36	-3.834***
	(-1, 3)	178141191	423825399	3.089***	27.52	25.00	-3.900***
非政府控制样本	(-1, 0)	10780938	110168456	0.664	20.56	17.53	-0.279
	(-1, 1)	-18949592200	128676782402	-0.999	20.88	23.42	-0.338
	(-1, 2)	30625383	121040298	1.716*	22.44	21.25	-1.606*
	(-1, 3)	44087784	139130735	2.149*	21.71	18.00	-0.921

注：(-1, 0) 表示控制人变更当年相对于变更前1年关联交易非经营性资金占用的变化，(-1, 1) 表示控制人变更后1年相对于变更前1年非经营性资金占用的变化，(-1, 2)、(-1, 3) 依次类推。第二列至第四列为配对样本t检验结果，第五列至最后一列为配对样本Wilcoxon符号秩检验结果。*、**、*** 分别表示检验结果在10%、5%与1%水平下显著。

---

① 叶康涛（2007）在稳健性分析中也将大股东占用经营性资金也纳入掏空指标时，仍支持其结论。

5.5 本章小结

通过对 2005~2010 年沪深两市 6848 家上市公司的理论分析与实证检验，本书得出如下结论：第一，第一大股东持股比例与掏空行为之间呈显著倒"U"形关系，即较低的持股比例增强了其掏空动机，而当其持股比例超过某一临界值时表现为协同效应。第二，政府控制公司的掏空行为存在显著性差异，并且政府控制级别越低，掏空行为越严重；非政府控制公司中的资本家控制公司掏空比例高于企业家控制公司，而外资控制公司则体现为支持行为。第三，控股股东的控制权、现金流权和超额控制更多地体现出壕沟效应，而现金流权的协同效应不显著。在政府控制公司中，政府控制级别越低，终极控制权各特征的壕沟效应越强。与资本家控制的上市公司相比，企业家控制公司的终极控制权各特征的壕沟效应较低。在外资控制公司中终极控制权各特征则表现为协同效应。第四，上市公司实际控制人的变更，为控股股东实施掏空行为提供了机会。实际控制人变更后，政府控制公司为了实现其政治目标，仍然会继续掏空上市公司；而非政府控制公司往往为了稳定市场地位和市场形象，提升公司价值，保护"壳"资源，转而支持上市公司。

以上研究结果表明：集中的股权结构虽然提高了控股股东监督管理的动机和能力，在一定程度上降低了外部股东和经理之间的代理成本，但是，由于控股股东和外部股东的利益并非完全一致，控股股东也有能力和动机侵占外部股东的利益。政府控制尤其是市级及以下政府控制的掏空行为产生了正面影响，特别当实际控制人发生变更、控制权和超额控制越大时，控股股东的掏空行为更加严重，而企业家家族和外资控制有助于抑制掏空行为，并有可能在维持市场地位，提升公司价值情况下支持上市公司。研究结果的政策含义是，继续推进对市级及以下政府控制的上市公司的产权改革步伐，从根本上减少政府对上市公司的干预。健全和完善证券监管机制，实施公司分类分级监管，对控制人发生变更和存在超额控制的进行特别监管，把有限的监管资源集中到关联交易倾向大和掏空动机强的公司，可以起到防范于未然的作用。

6 董事会行为对终极股东掏空行为影响的实证检验

控股股东侵占上市公司资金的行为,是一种典型的利益侵占行为。在我国整体法律环境比较薄弱的环境下,控股股东的利益侵占程度更大,并且方式更为直接。Denis & McConnell(2003)指出有效的公司治理机制能够促使那些持有个人私利的公司控制者在做出决策时能以公司所有权的利益最大化为目标,从而减少控股股东的掏空行为。段云等(2011)指出现代企业是一系列契约的集合体,而处于核心地位的董事会是公司内部治理结构中众多委托代理链条指向的一个共同结合点,同时处于委托人、受托人和第三方的地位,扮演着利益代表者、资源控制者、利益协调者的角色,发挥着战略决策、经营管理、监督检查的功能。因此,无论以英美为代表的股东利益至上公司治理模式,还是以德日为代表的利益相关者公司治理模式,董事会治理水平的高低都是决定公司治理水准高低的核心要素。

本章仍围绕掏空这一主题,考察在终极股东控制下,公司治理机制中董事会行为的变化,以及董事会行为对终极股东掏空行为的影响两大问题。我们参考了于东智(2003)、段云等(2009)和蒋神州(2011)的研究方法,分别从独立性、羊群行为和勤勉三个角度来刻画董事会行为,试图弄清中国上市公司董事会行为在公司治理中的特点与效用,为抑制控股股东掏空行为提供经验证据。

6.1 理论分析与研究假设

6.1.1 终极股东控制、董事会独立性与掏空行为

控股股东除了拥有其股权带来的较多的投票权外,其对公司的控制权还

体现在掌握着董事会席位的多少和对总经理任命的影响，可以通过占有更多的董事会席位和控制总经理的人选，强化自己的控制权；由于我国"一股独大"和内部人控制的存在，上市公司董事会相对于控股股东的独立性普遍较差（刘红娟等，2004）。由于我国上市公司股权集中度较高，普遍存在大股东，大股东往往会利用自己在股东大会上高投票权控制股东大会，由此控制董事会的组成与结构，所以我国上市公司的董事会不可能像西方学者研究的董事会那样拥有较强的独立性，也不可能独立地拥有较高的权力（段云和王福胜，2009）。如果公司的大股东可以影响公司的董事会成员构成，那么出于自身利益的考虑，大股东将尽量多地安排自己选派的董事会成员，尽可能地减少非自己选派的董事会成员。同时，公司大股东的控制能力越强，这种趋势将表现得越明显。

证监会 2001 年在《关于在上市公司建立独立董事制度的指导意见》对上市公司独立董事人数和比例做出了明确要求，在 2002 年 6 月 30 日前，上市公司董事会成员中应当至少包括 2 名独立董事；在 2003 年 6 月 30 日前，上市公司董事会成员中应当至少包括 1/3 的独立董事。这就决定了控股股东在法律允许的范围内，利用控制权优势，选择代表自己意愿的董事成员进入董事会，从而减少了非自己选派董事、外部董事和独立董事的比例，进一步增强了对董事会的控制能力。组织理论认为，董事会规模越大，那么成员之间讨论和协调的过程将越长，达成统一决议的难度加大。如果存在大股东控制，那么将对董事会形成超强的控制，就可以有效降低代理成本。另外，控股股东由于控制权的优势，可能安排更多代表自身利益的管理者进入董事会，那么在董事会决议中则会通过更符合自身利益的决议，降低了董事会的独立性。特别当终极股东存在侵占公司资源等掏空行为时，就可以利用董事会的控制权优势，帮助其达到掏空上市公司的目的，并且终极股东的控制能力越强，越有利于其掏空。

综上所述，我们提出假设：

假设 1a：当公司存在终极股东控制时，公司董事会的独立性随着大股东控制权比例的增加而降低。

假设 1b：在终极股东控制下，董事会独立性的降低进一步加剧了控股股东的掏空行为。

6.1.2 终极股东控制、董事会羊群行为与掏空行为

由于我国根深蒂固的关系文化，必将影响上市公司董事会成员的决策行为，在一定程度上增加了委托代理成本。如果上市公司的一项决策不科学，或者某一董事成员意见与董事会决议相左，将遭到其他董事会成员的反对意见，破坏了董事会成员的和谐关系，理性的董事将不愿为此付出巨大的关系成本。因此，在董事会决策中放弃其真实意见，与其他董事保持一致言论，从而导致了董事会群体决策中的羊群行为。另外，在终极股东控制下董事会成员中来自同一大股东利益集团的董事会成员将占较大比例，代表中小股东利益的董事成员人数较少，独立董事比例被控制在最低限内，形成了关系紧密的关系格局和鲜明的权力格局。紧密联系的董事成员之间的利益有可能趋于一致，造成了一些董事在董事会决策时不发表自己意见，而产生"搭便车行为"。还有就是董事会成员彼此的专业背景、权力、信息来源等差异，导致董事会成为一些董事的"一言堂"，董事会决策出现羊群行为。由于董事羊群行为和"搭便车"现象的存在，任何影响与董事会关系的举措都会被谨慎考虑，使得董事在决策时放弃自己的私人信息。特别是当终极股东有掏空意愿时，这样的决策也容易得到通过。

蒋神州（2011）指出，我国上市公司的董事会成员会依赖于群体心理，出现羊群行为效应。理性的董事不会按照他自己的信息和信念行事，他会担心与众不同行为会影响其在董事会中的人事关系，从而损害自己在董事会内的声誉。因为，在董事会决策中，只有少数董事投反对票，那么这样的董事在其他董事眼里是不成熟的。退一步来说，即便他们的决策是对了，那么这只会让其他董事更确信他的鲁莽，但如果在短期内他是不成功的，他将不会得到什么同情。另外，由于大股东选派自己的董事进入董事会，董事会内部形成了紧密的关系格局和利益团体，相关联的董事成员之间的利益有可能趋于一致，这就造成了部分董事在董事会决策时不发表自己意见，而产生"搭便车行为"。在大股东控制下，由于羊群行为和"搭便车"现象的存在，任何影响与董事长关系的举措都会谨慎考虑，这将使得董事在决策时放弃自己的私人信息。如果董事会有掏空意愿时，这样的决策也容易得到通过。另外，因为公司治理中行政干预的存在，经理人市场难以有效发挥作用，职务或岗位是一种资产专用性投资，领取报酬的董事需要继续依赖于现有职务来

维系自己的收益,一旦离开,个人收入将面临不确定的风险,因此,领取报酬董事更多会附和董事会决策,羊群效应更容易形成,掏空也就越严重。

上市公司作为优质企业,职工薪酬和福利制度通常也较高,董事会职务作为一种资产专用性投资,直接影响了董事成员的高薪酬。如果出现董事离职时,其收入就会面临不确定的风险。公司内部高管出任董事时一般不领报酬,特别是集团内部的人出任上市公司董事时都是不领报酬的。其实,除了独立董事外,其他董事即使领报酬一般也很少。只是考虑董事勤勉工作,通常是给一点补偿费用。与西方社会文化不同,在我国公司治理中董事会行为存在一定差异:中国的董事会决策是专制与集权高度统一下的"一言堂",西方是专制与分权相统一下的"主观能动性";中国董事会讲人伦等级与重礼治,西方董事会重能力与讲法治。因此,过高的报酬会影响董事的独立公正立场,在董事会决议中附和董事会决策,更容易出现羊群行为,监管职能将受到限制,掏空也就越严重。Fama & Jensen(1983)指出,董事成员把董事会作为提高其专家声誉的工具,从上市公司领取一定的报酬,将影响其客观性和独立性。相比未领取报酬的董事而言,其对公司高管人员的监督和制约作用将减弱。因此,在董事会中未领取报酬的董事人数越多,其对公司的监督作用越强,越能够发挥激励机制对掏空行为的抑制作用。

综上所述,我们提出:

假设2a:当公司终极股东控制权比例增加时,控股股东自己选派的董事成员意愿增加,越容易形成利益团体,董事成员的羊群行为更加显著。

假设2b:在终极股东控制下,董事会羊群效应越显著,控股股东的掏空行为越严重。

6.1.3 终极股东控制、董事会勤勉与掏空行为

我国新《公司法》第一百四十八条规定,董事应具备职位所需技能,并基于善意为公司最大利益勤勉尽责地履行其职责。我们认为,董事会是公司权力机关决策的执行机构和经营决策机构,董事会应依据股东大会决议行事,单个董事应在法定范围内依据或董事会的决议从事经营活动。因此,我们可认定董事依据股东大会决议行事或依据董事会的合法决议而行事,则其不应承担责任。反之,董事应承担责任。

有能力进行决策并不等于董事会成员真正利用其能力进行决策,但董事

会成员的勤勉程度是保证其决策能力真正发挥的重要条件。董事会成员是否真正发挥其能力，是一个心理程度因素，我们无法通过对决策者个体的心理状况的描述来界定其是否真正努力。但是，董事会成员是否真正利用其能力进行决策，还是可以找到相关替代变量的，如董事会成员是否亲自出席董事会会议[①]、董事会决议的复杂程度与决议报告长短[②]等，在事实上都表明了其参与决策的勤勉程度。在大股东控制下，董事会内紧密的关系格局和权力格局，使得董事会成员利益捆绑在一起，导致在董事会决策时容易出现羊群行为和"搭便车"效应，影响了董事会成员的勤勉尽责地履行职责。

学者们对董事会勤勉持有两种理论观点：一种认为董事经常会面可能会更好地履行他们的职责，使管理层依照股东要求行事。董事会应每月举行一次整日会议，每年举行一次3日左右的战略磋商会议。另一种认为，在有限的董事会议时间内，董事会与管理当局之间不太可能有高质量和高效的思想交流，更多的时间浪费在人际关系中。Jensen（1976）认为大部分会议用于讨论日常经营事务，CEO几乎总是为董事会制订日程表，限制了外部董事进行有意义地控制经理的机会。因此，董事会并不是非常有效的。董事会行为可能相对被动，经常在出现问题时被迫从事高频率的活动，因此，董事会会议只是为了解决公司问题的一个"灭火器"，而不是用于事前改进公司治理的一项措施。所以，更高频率的董事会活动可能是公司对较差绩效所做出的反应。于东智（2003）认为，董事会的作用在危机期间将变得更加重要。当公司绩效下降时，董事会的活动可能更加频繁以应付出现的问题。运营状况良好公司的董事会行为应该相对不积极和展示更少的冲突。在这样的公司中，董事会在规则的运营中履行他们的职责。

---

① 董事会成员缺席董事会会议的原因可能有两条：一是客观原因，如因公务出差、因病等不能参加会议；二是主观原因。即因董事会决策事项过于敏感，部分或个别董事因而回避参加（尤其是内部董事）。从董事会会议所披露的信息看．我们无法分清董事会成员缺席会议的根本原因到底是什么，但经验表明，出现缺席的大多数情况主要是主观因素造成的。如哈药集团第三届董事会第十五次会议、三九医药2004年第九、十次董事会等，缺席的人要么出国在外，要么干脆辞职。董事在缺席会议时有两种不同的表现，一部分董事委托其他董事行权，而另外一部分董事没有进行委托行权（自动弃权）。一般来说，如果董事之间没有矛盾，且该董事对董事会决议没有异议的话，他在不能亲自出席董事会的情况下往往会委托别的董事代为表决；或者反过来说，未出席董事会、又未委托其他董事代为行权，在很多情况下是董事回避某些敏感议题、或者决策团队出现不和谐的表现。

② 其中董事会决策复杂程度与报告长短很难估算，较少研究。

有效合约理论认为，在市场压力下，公司可以通过各种治理机制减少其委托代理成本。董事会勤勉是董事会积极监管的代理变量，可以与内部所有权机制共同有效地规范公司治理和监管经营。在终极股东控制下，董事会内部密不可分的关系格局和独特的权力格局，使得董事会成员利益捆绑在一起，导致在董事会决策时容易产生"搭便车"效应，影响了董事会成员勤勉尽责地履行职责。徐叶琴（2009）的研究发现，上市公司董事会会议频率与高级管理层等内部人的所有权之间呈反比关系。当公司内部人的所有权比例越大，那么年度内董事会的会议频率就越低，意味着董事的勤勉责任越低。

综上所述，我们提出：

假设3a：当公司终极股东控制权比例增加时，控股股东自己选派的董事成员意愿增加，越容易形成利益团体，存在搭便车效应，董事成员的勤勉程度更低。

假设3b：在终极股东控制下，董事会越不勤勉，控股股东的掏空行为越严重。

6.2 实证研究设计

6.2.1 样本选择与数据来源

由于本章研究所需要的董事会行为数据需要通过下载上市公司年报手工收集，工作量较大，因此，本章的研究在第5章的研究样本的基础上，选择2009~2010年在沪深两市发行的A股非金融类上市公司为研究样本，同时剔除终极控制权比例在10%以下、在此期间被ST或PT、含B股或H股、剔除数据缺失或数据异常类上市公司，最终得到均衡有效样本2748家。

本章研究所需要的数据包括控股股东关联交易中资金占用数据、终极控制权数据和董事会特征数据，分别来自CSMAR中"关联交易数据库""股东研究数据库"和"治理结构研究数据库"；同时，终极控制人产权属性、董事会成员缺席会议次数、董事会成员缺席会议时的委托行权次数等数据，则通过巨潮资讯网公布的上市公司历年财务年报进行手工收集、计算、判断等。数据分析所需要的工具包括SPSS17.0软件和Excel2003。

6.2.2 变量定义

6.2.2.1 掏空行为变量

我们继续采用第5章的变量定义，以 Tunl_A 表示控股股东关联交易中非经营性资金占用额，Tunl_T 表示控股股东关联交易中总资金占用额；为了控制企业资产规模的影响，仍然将 Tunl_A 和 Tunl_T 都除以总资产，得到 Tunl_AR 和 Tunl_TR，然后将 Tunl_AR 用于实证检验分析，而 Tunl_TR 用于稳健性检验分析。

6.2.2.2 董事会行为变量

本书借鉴了于东智（2003）、段云等（2009）和蒋神州（2011）的研究方法，选择了从以独立董事比例作为独立性代理变量，以调整后董事会会议次数或出勤率作为勤勉度代理变量，以领取报酬董事比例作为羊群行为代理变量来描述董事会行为，并进一步研究。

非独立董事比例（Indep_Bd），其值等于非独立董事人数除以全部董事人数。在大股东控制下，控股股东将会选派自己的非独立董事进入董事会，而独立董事由于《公司法》规定，具有一定的稳定性，因此我们以非独立董事比例作为董事会行为独立性的代理变量。

非独立董事比例（Indep_Bd）=（董事总人数 - 独立董事总人数）÷董事总人数

领取报酬董事比例（Bd_Pay），即上市公司中领取报酬的董事人数比例，作为董事会羊群行为的代理变量①。蒋神州（2011）指出在上市公司中领取报酬的董事由于需要继续依赖于现有职务来维系自己的收益，一旦离开，个人收入将面临不确定的风险，因此，任何与董事长意见相左的举措都会谨慎考虑，从而采取羊群行为。并且，当领取报酬董事的人数越多，羊群行为效应越明显。

领取报酬董事比例（Bd_Pay）= 领取报酬董事人数÷董事总人数

---

① 吕国生（2008）指出，董事会会议赞成票比例（Non_Agre），即该上市公司年度内所有董事会会议赞成票比例的均值，可以作为董事会羊群行为的代理变量。但是，由于上市公司年报中暂未披露董事会会议赞成票信息，而只在董事会决议公告中披露，该指标数据的获取工作量较大，因此，本书采用该指标。

董事会会议出席率（Br_Meet）①，即公司董事会成员年度内出席例会的比率，作为董事会成员勤勉的代理变量。董事会会议分为例会和临时会议，其中，例会是指定期召开的会议，比如一季一次或一月一次。由于每个董事成员的勤勉程度不同，可以考虑董事会成员参会表决的参与程度来表示董事会的勤勉程度。王斌（2007）强调用董事会成员缺席比例调整董事会会议，即董事会会议次数乘以最大缺席比例，采用调整后的董事会会议次数来代表董事会成员的勤勉程度，比简单地用董事会开会次数更合理。同时，排除以通讯方式、书面议案形式召开的会议次数，这是因为以通讯方式、书面议案形式召开的董事会会议效果甚微。

Br_Meet =（年度内董事会会议次数 − 年度内董事缺席人次 − 委托行权人次②）÷（年度内董事会会议次数③ × 董事会人数）

6.2.2.3 终极控制权变量

Ownership$_i$ 是公司产权性质的统称，根据不同研究目的，在实际检验中使用 Gov、Gov_C、Gov_P、Gov_S、EFB_C、CFB_C、For_C 这些哑变量中的一个或几个来替代模型中的 Control$i$ 变量。若终极控制人为政府，那么 Gov 取值为1，否则取值为0；若终极控制人为中央政府，那么 Gov_C 取值为1，否则取值为0；若终极控制人为省级政府，那么 Gov_P 取值为1，否则取值为0；若终极控制人为市级及以下政府，那么 Gov_S 取值为1，否则取值为0；若终极控制人为企业家家族，那么 EFB_C 取值为1，否则取值为0；若终极控制人为资本家家族，那么 CFB_C 取值为1，否则取值为0；若终极控制人为外资，那么 For_C 取值为1，否则取值为0。虽然本书对终极控制人的划分很难说完美，但比起以往研究在一定程度上减少了可能的内生性问题，具有一定进步。

---

① 胡晓阳等（2005）指出董事会会议中更影响公司绩效的可能是董事会非正常会议次数，其采用另一个指标来反映公司董事会的特殊行为。按照《公司法》的要求和公司章程的规定，公司董事会的决策范围受到一定限制，对于一些关系公司经营发展的重大事项，必须通过公司股东大会，或者召开公司临时股东大会审议通过。因此，股东大会次数反映了董事会做出的关于公司经营发展的重大努力。他们采用上市公司期间股东大会的会议次数来反映公司董事会行为的努力程度，以公司召开的股东大会次数作为反映董事会重大作为的替代指标。

② 董事在缺席会议时通常有两种情况：一部分董事委托其他董事行权，视为委托行权；另一部分董事既不出席，也没有进行委托行权，视为自动弃权（王斌等，2007）。

③ 该值等于董事会会议次数扣除以通讯方式、书面议案形式召开的董事会会议次数。

CF 表示终极控制人所占的控制权比例,其等于控制链中最低持股比例。如有多条控制连,则将各条控制链中所有最小持股比例加总。CFR 表示终极控制人所占的现金流权比例,其等于每条控制链中持股比例之积。如有多条控制链,则将各条控制链计算得到的现金流权加总。Dived 表示控制权减去现金流权初始值后的超额控制。

6.2.2.4 控制变量

为了更准确地分析董事会行为与掏空行为之间的关系,我们控制了可能对掏空行为产生影响的公司治理因素,如董事长与总经理两职兼任情况(Sept_Two)、董事会持股比例(Hold_Bd)、年度内股东大会召开次数(TimeS_Gd)等。同时,还设置了公司规模、财务杠杆、收益水平、行业和年度虚拟变量。Size 为公司总资产的自然对数,Debt 为公司总负债除以总资产,ROE 为公司净利润除以净资产,用以控制公司规模、财务杠杆和收益水平对掏空行为的影响。Industry 和 Year 分别为行业和年度虚拟变量,用以控制行业和年度对掏空行为的影响。

各类变量定义与描述对比详见表 6-1。

表 6-1 变量定义与描述

类型	名称		变量计量
掏空行为变量	Tunl_AR	非经营性资金净流率	非经营性资金流出量减去流入量后除以总资产的比率
	Tunl_TR	关联交易总资金净流率	关联交易总资金流出量减去流入量后除以总资产的比率
董事会行为变量	Indep_Bd	非独立董事比例	(董事总人数 - 独立董事总人数) ÷ 董事总人数
	Bd_Pay	领取报酬董事比例	领取报酬董事人数 ÷ 董事总人数
	Br_Meet	董事会会议出席率	(年度内董事会会议出席人次 - 年度内董事缺席人次 - 委托行权人次) ÷ (年度内董事会会议次数 × 董事会人数)
控制权变量	Gov	政府控制	若终极控制人为各级政府,Gov=1,否则为 0
	Gov_C	中央政府控制	若终极控制人为中央政府,Gov_C=1,否则为 0
	Gov_P	省级政府控制	若终极控制人为中央政府,Gov_P=1,否则为 0
	Gov_S	市级及以下政府控制	若终极控制人为中央政府,Gov_S=1,否则为 0
	EFB_C	企业家家族控制	若终极控制人为企业家,EFB_C=1,否则为 0

续表

类型	名称		变量计量
控制权变量	CFB_C	资本家家族控制	若终极控制人为资本家，CFB_C=1，否则为0
	For_C	外资控制	若终极控制人为外资，For_C=1，否则为0
	CF	控制权比例	所有控制链中最低持股比例之和
	CFR	现金流权比例	控制链中持股比例之积后加总
	Dived	超额控制	控制权比例减去现金流权比例初始值
控制变量	Top1	第一大股东持股比例	第一大股东持股比例
	Sept_Two	董事长与总经理两职兼任	若董事长与总经理两职兼任，则为1，否则为2
	Hold_Bd	董事会持股比例	董事会持股比例×10000
	TimeS_Gd	年度内股东大会召开次数	年度内股东大会召开次数
	Size	公司规模	上市公司总资产的自然对数
	Debt	财务杠杆	上市公司总负债除以总资产
	ROE	收益水平	上市公司净资产收益率，等于净利润除以净资产
	Industry	行业虚拟变量	上市公司所处的行业，虚拟变量
	Year	年度虚拟变量	财务报告发布的年度，虚拟变量

6.2.3 实证模型

为了检验终极股东控制对董事会行为的影响，我们建立如下检验方程并使用 OLS 回归分析方法检验研究假设，估计模型的表达式为：

$$Bd\_Behav_{1,2,3} = \beta_0 + \beta_1 Gov + \beta_2 CF + \beta_3 CFR + \beta_4 Dived + \sum_{i=5}^{n} \beta_i Ownership_i$$
$$+ \beta_{n+1} Size + \beta_{n+2} Debt + \beta_{n+3} Roe + \beta_{n+4} Industry + \beta_{n+5} Year + \varepsilon$$

为了检验董事会行为、终极控制权与掏空行为之间的关系，我们建立如下检验方程并使用 OLS 回归分析方法检验研究假设，估计模型的表达式为：

$$Tunl\_AR = \beta_0 + \beta_1 Bd\_Behav_{1,2,3} + \beta_2 CF + \beta_3 CFR + \beta_4 Dived + \beta_{n+1} Sept\_Two$$
$$+ \beta_{n+2} Hold\_Bd + \beta_{n+3} Times\_Gd + \beta_{n+4} Size + \beta_{n+5} Debt + \beta_{n+6} ROE$$
$$+ \beta_{n+7} Industry + \beta_{n+8} Year + \varepsilon$$

其中，$Bd\_Behav_{1,2,3}$ 为董事会行为变量，分别用非独立董事比例（Indep_Bd）、领取报酬董事比例（Bd_Pay）、董事会会议出席率（Br_Meet）来代替；$Ownership_i$ 为产权性质变量。模型中涉及的其他变量定义、计量及预期情况见表 6-1。

6.3 实证研究及分析

6.3.1 样本总体分析

6.3.3.1 样本公司的总体描述性分析

表 6-2 为样本公司的描述性统计分析,从掏空指标可以看出,非经营性资金占用率和总资金占用率均值分别为 0.0221 和 0.0252,50% 分位值都是 0,说明我国上市公司的资金占用情况仍占多数情况;这两个指标的极大值与极小值都一样,表明经营性资金占用额为 0,即非经营性资金占用情况更加普遍。

表 6-2　　　　　　　　　描述性统计分析

统计项目	掏空指标		董事会指标					
	非经营性资金占用率	总资金占用率	非独立董事比例	董事会会议出席率	领取报酬董事比例	董事长和总经理两职兼任	董事会持股比例	股东大会次数
均值	0.0221	0.0252	0.6361	0.8903	0.7557	0.3159	0.0061	2.8460
标准差	1.8016	1.8147	0.0524	0.0568	0.1931	0.3997	0.0151	1.4711
极小值	-133.79	-133.79	0.2000	0.0740	0.2500	0	0.0000	1
25%分位	-0.0035	-0.0072	0.6250	0.8033	0.5833	0	0.0000	2
50%分位	0.0000	0.0000	0.6667	0.8467	0.7778	0	0.0021	3
75%分位	0.0018	0.0009	0.6667	0.9033	1.0000	1	0.0050	4
极大值	126.125	126.125	0.9091	1.0000	1.0000	1	0.0748	10
均值	33.3868	39.4968	6.1100	0.8281	37.6083	56.9265	0.4661	0.0707
标准差	17.1542	15.5476	8.5582	0.2371	15.3185	183.6704	2.2722	0.3513
极小值	0.5304	10.0600	0.0000	0.0207	0.0000	0.0208	0.0017	-14.5113
25%分位	19.7400	27.0000	0.0000	0.6608	25.2400	11.1912	0.3191	0.0362
50%分位	31.5700	38.6000	0.0000	1.0000	36.1700	21.5587	0.4748	0.0787
75%分位	45.8300	50.7400	11.8230	1.0000	49.0300	47.2350	0.6223	0.1288
极大值	92.0000	100.000	53.4240	1.0000	86.4900	4434.6825	0.9987	8.3960

从董事会指标来看，在许多上市公司的董事会中，非独立董事比例都超过半数，我国董事会大股东和"内部人"控制较为严重，而绝大多数公司独立董事比例基本不超过三分之一，仅仅是为了满足《关于在上市公司建立董事制度的指导意见》的有关规定。在董事会勤勉方面，董事会成员出席会议比例的均值为0.8503，有待进一步提高[①]。此外，扣除通过通讯方式召开的会议次数后，董事会会议召开次数为5.67次，远低于中国百强上市公司平均董事会会议次数7.99次，这说明我国上市公司董事会怠于敬业。根据国际上通行的标准，董事每年出席董事会会议的比率不能低于75%，低于75%的董事会会议出席率则"明显"属于没有尽到董事的勤勉责任。在样本上市公司中，竟然有7%的董事会会议出席率是低于75%；有25%的企业董事会会议出席率在75%~85%，不算"明显"失职，但却属于出席率比较低的；董事能很好尽到其勤勉责任、董事会会议出席率在95%以上的企业比例明显低于三分之一。从领取报酬董事比例来看，我国上市公司中有75%的董事从上市公司领取报酬，也有近四分之一董事是"零薪酬"[②]。上市公司董事会持股比例普遍偏低，近75%的董事会持股比例不超过5%，股权激励效果甚微。

从控制权指标可见，我国有四成的上市公司第一大股东持股比例小于30%，其持股比例不高，却控制了整个上市公司，甚至部分第一大股东以不到10%的持股比例控制了整个上市公司。这些上市公司的董事会被第一大股东把持，存在较为严重的"小股东控制"问题。同时，随着全流通下部分大股东的逐步退出，部分上市公司的股权已极大分散，出现了没有实际控制人的情况，可能出现"内部人控制"风险。因此，上交所建议第一大股东持股比例低于30%的上市公司，董事会中独立董事的比例应当超过二分之一，尝试通过独立董事的力量来避免公司治理出现问题。

---

① 根据统计，中国百强上市公司平均的董事会会议次数为7.99次，董事会会议出席率为88%（鲁桐，孔杰等，2007）。

② 皮海洲（2009）指出，某些董事或董事长的"零薪酬"只是表象，只不过是不在本公司领薪而已，实际上，董事或董事长在其他单位，甚至在其他更多的单位领取了薪酬，甚至领取到了更高的薪酬。董事不在本公司领取薪酬，对上市公司而言，并不是一件好事。董事不在上市公司领取薪酬，首先就表明了董事不能与上市公司同甘苦共患难，上市公司的利益甚至与董事的切身利益毫无关系。特别有的董事还在外身兼数职，对于这样的董事，他更不会以公司利益为重，一心一意要把本公司的事情做好。

6.3.3.2 样本公司的董事会行为分析

（1）按照年度进行统计分析

从表6-3描述性统计分析可以看出，我国上市公司董事会治理情况有所改进，具体表现为：非独立董事比例指标和董事长和总经理两职兼任指标都逐年降低，说明董事独立性逐渐增强；董事会会议出席率和股东大会次数指标，反映出董事会勤勉程度有一定程度提高；董事会持股比例和领取报酬董事比例也逐年增加，说明董事与上市公司关系更加密切，更加关注上市公司利益。但是，由于我国上市公司董事会的"一言堂"现象和董事"搭便车"行为，将会导致领取报酬董事越多，羊群行为越明显。

表6-3　2009~2010年样本上市公司董事会情况描述性分析

年份	指标	非独立董事比例	董事会会议出席率	领取报酬董事比例	董事长和总经理两职兼任	董事会持股比例	股东大会次数
2010	均值	0.633	0.887	0.763	0.307	0.0062	2.917
	中数	0.667	0.905	0.778	0.000	0.0029	3.000
	最小值	0.200	0.700	0.250	0.000	0.0000	1.000
	最大值	0.875	1.000	1.000	1.000	0.0075	10.000
	标准差	0.055	0.059	0.192	0.429	0.0172	1.467
2009	均值	0.636	0.878	0.754	0.315	0.0060	2.722
	中数	0.667	0.875	0.778	0.000	0.0021	2.000
	最小值	0.429	0.074	0.286	0.000	0.0000	0.000
	最大值	0.909	1.000	1.000	1.000	0.0073	10.000
	标准差	0.051	0.065	0.196	0.389	0.0139	1.450

（2）按照是否存在掏空进行组间分析

从表6-4可以看出，除了股东大会召开次数之外，掏空组样本公司与非掏空组样本公司的非独立董事比例、董事会会出席率、领取报酬董事比例、董事长和总经理两职兼任情况、董事会持股比例都有显著性差异。非掏空组样本公司的董事会在独立性、勤勉度、持股比例方面都显著高于掏空组样本公司。此外，非掏空组样本公司领取报酬董事比例（0.7874）也显著高于掏空组（0.7837），非掏空组样本公司股东大会次数（3.002）也大于掏空组样本公司（2.843），但是结果没有通过显著性检验，即Sig.为0.281，大于10%的显著性水平。

表 6-4　按照是否存在掏空分组进行 Mann – Whitney U 检验

样本分组	掏空为1否则为0	均值	秩均值	秩和	Mann – Whitney U	
					Z	Sig.
非独立董事比例	0	0.6381	1932.14	3645941.5	-2.226	0.026
	1	0.6341	1860.19	3541794.5		
董事会会议出席率	0	0.9093	1846.93	3485158	-2.757	0.006
	1	0.8713	1944.63	3702578		
领取报酬董事比例	0	0.7874	1738.11	3279819.5	-8.929	0.000
	1	0.7437	2052.48	3907916.5		
董事长和总经理两职兼任	0	0.3201	1951.81	3683072.5	-4.701	0.000
	1	0.3110	1840.68	3504663.5		
董事会持股比例	0	0.0064	1703.5	3214509.5	-11.38	0.000
	1	0.0052	2086.78	3973226.5		
股东大会次数	0	3.0021	1896.41	3578525	-1.324	0.281
	1	2.8432	1895.59	3609211		

其中："1"，即存在掏空组样本书 1504 个，"0"，即不存在掏空组样本数为 1244 个。

(3) 按照控制权进行分组分析

从表 6-5 可以看出，上市公司控制权的大小对董事会成员是否出席董事会、以及董事长和总经理两职兼任情况没有显著性影响；除此之外，绝对控制公司的非独立董事比例、董事会持股比例均高于控制权较低的公司，即控制权对上市公司董事会结构和持股情况具有显著性影响；而领取报酬董事比例和股东大会次数则不具有规律性，表明控制权对羊群行为的作用方向（正向或负向）不具有一致性。

表 6-5　按照控制权分组进行 Kruskal – Wallis 检验

样本分组	控制权分组	均值	标准差	秩均值	Kruskal – Wallis 检验	
					卡方	Sig.
非独立董事比例	控制权 > 50%	0.6505	0.5404	1807.78	18.331	0.000
	20% < 控制权 ≤ 50%	0.6351	0.5137	1949.47		
	控制权 ≤ 20%	0.6303	0.5521	1803.12		

续表

样本分组	控制权分组	均值	标准差	秩均值	Kruskal - Wallis 检验	
					卡方	Sig.
董事会会议出席率	控制权 >50%	0.9091	1.0567	1891.59	2.094	0.351
	20% < 控制权≤50%	0.8813	1.0422	1909.68		
	控制权≤20%	0.8793	1.1036	1823.33		
领取报酬董事比例	控制权 >50%	0.7992	0.1930	1703.68	62.031	0.000
	20% < 控制权≤50%	0.7513	0.2011	1933.63		
	控制权≤20%	0.7381	0.1978	2181.33		
董事长和总经理两职兼任	控制权 >50%	0.2908	0.0142	1917.08	1.307	0.520
	20% < 控制权≤50%	0.3301	0.0147	1889.97		
	控制权≤20%	0.3013	0.0152	1876.48		
董事会持股比例	控制权 >50%	0.0061	0.0043	1740.98	33.231	0.000
	20% < 控制权≤50%	0.0068	0.0048	1944.58		
	控制权≤20%	0.0053	0.0042	2013.21		
股东大会次数	控制权 >50%	2.7011	1.4709	1992.83	15.510	0.000
	20% < 控制权≤50%	2.8978	1.5811	1875.54		
	控制权≤20%	3.0142	1.4327	1761.71		

其中："1"，即高控制权组样本数 681 个；"2"，即中控制权组样本数 1673 个；"3"，即低控制权组样本数 384 个。

（4）按照产权性质进行分组分析

从表 6-6 可以看出，不同产权性质的上市公司董事会特征存在明显差异：政府控制公司非独立董事比例均高于非政府控制公司，表明政府控制公司的董事会独立性明显低于非政府控制公司；非政府控制公司的董事会会议出席率和股东大会召开次数均值基本高于政府控制公司，说明非政府控制公司的高管（包括董事会）勤勉程度更高，更勤勉于工作和会议；在董事会持股比例方面，家族企业董事会持股比例最高，尤其是资本家控制的公司；在领取报酬董事比例方面，政府控制公司常见于集团公司，董事领取报酬的渠道和去处更多，因此，在上市公司领取报酬董事比例相对非政府控制公司较低。在董事长和总经理两职兼任方面，政府控制公司比例显著高于非政府控制公司，这主要是由于我国大型国有独资公司，按《企业法》注册的不设董事会，实行总经理负责制，按《公司法》注册的董事会也未必真正发挥作用，由于董事长和总经理的职能经常相混，规定董事长为法人代表，公司往往成了董事长负责制，与总经理负责制类似，都是一人负责制。

表6-6 按照产权性质分组进行 Kruskal – Wallis 检验

样本公司按照产权性质分组	指标	均值	Kruskal – Wallis 检验 卡方	Kruskal – Wallis 检验 Sig.	指标	均值	Kruskal – Wallis 检验 卡方	Kruskal – Wallis 检验 Sig.
中央控制	非独立董事比例	0.6381	10.229	0.069	董事长和总经理两职兼任	0.3092	329.577	0.000
省级控制		0.6401				0.3018		
市及以下控制		0.6365				0.2376		
企业家控制		0.6335				0.2312		
资本家控制		0.6324				0.3381		
外资控制		0.6326				0.2018		
中央控制	董事会会议出席率	0.8875	36.259	0.000	董事会持股比例	0.0052	780.558	0.000
省级控制		0.8929				0.0065		
市及以下控制		0.8811				0.0059		
企业家控制		0.8959				0.0061		
资本家控制		0.8920				0.0072		
外资控制		0.8858				0.0056		
中央控制	领取报酬董事比例	0.6284	694.619	0.000	股东大会次数	2.8198	71.175	0.000
省级控制		0.6917				2.7176		
市及以下控制		0.7735				2.5702		
企业家控制		0.8526				3.0851		
资本家控制		0.7958				2.9538		
外资控制		0.7632				3.0081		

其中：中央控制组样本数514个，省级控制组样本数515个，市及以下控制组样本数458个，企业家控制组样本数896个，资本家控制组样本数263个，外资控制组样本数99个。

6.3.2 相关性分析

我们对变量进行了相关性分析，得到各变量之间的相关系数表，如表6-7所示，结果显示：

（1）非经营性资金占用率（Tunl_AR）、总资金占用率（Tunl_TR）与非独立董事比例（Indep_Bd）、领取报酬董事比例（Bd_Pay）之间具有弱显著

6 董事会行为对终极股东掏空行为影响的实证检验

表 6-7　相关性分析

	Tunl_AR	Tunl_TR	Indep_Bd	Br_Meet	Bd_Pay	CFR	CF	Dived	Sept_Two	Hold_Bd	TimeS_Gd	Size	Debt
Tunl_TR	0.908**												
	0.000												
Indep_Bd	0.007*	0.006*											
	0.087	0.095											
Br_Meet	−0.002**	−0.002**	0.058**										
	0.011	0.013	0.000										
Bd_Pay	0.031*	0.031*	−0.205**	−0.001									
	0.053	0.054	0.000	0.968									
CFR	−0.028	−0.026	0.075**	−0.026	0.090**								
	0.085	0.087	0.000	0.114	0.000								
CF	0.022	0.020	0.051**	−0.016	0.118**	0.366**							
	0.179	0.178	0.002	0.318	0.000	0.000							
Dived	0.019	0.017	0.063**	−0.010	−0.037*	−0.427**	0.078**						
	0.248	0.248	0.000	0.542	0.023	0.000	0.000						
Sept_Two	0.008*	0.007*	0.072**	−0.011	−0.136**	−0.011	−0.004	0.022					
	0.027	0.023	0.000	0.505	0.000	0.481	0.800	0.176					
Hold_Bd	−0.006**	−0.006**	−0.062**	0.030	0.290**	0.123**	0.039*	−0.186**	−0.225**				
	0.010	0.009	0.000	0.065	0.000	0.000	0.016	0.000	0.000				

续表

	Tunl_AR	Tunl_TR	Indep_Bd	Br_Meet	Bd_Pay	CFR	CF	Dived	Sept_Two	Hold_Bd	TimeS_Gd	Size	Debt
TimeS_Gd	-0.026	-0.023	0.007	0.152**	0.069**	0.032*	0.049**	0.021	-0.020	0.092**			
	0.111	0.112	0.680	0.000	0.000	0.046	0.003	0.188	0.219	0.000			
Size	0.016	0.015	-0.037*	-0.059**	-0.101**	0.191**	0.236**	0.036*	0.144**	-0.217**	0.085**		
	0.314	0.338	0.023	0.000	0.000	0.000	0.000	0.027	0.000	0.000	0.000		
Debt	-0.276**	-0.270**	-0.012	0.016	-0.044**	-0.015	-0.023	-0.011	0.022	-0.034*	0.035*	-0.132**	
	0.000	0.000	0.457	0.323	0.007	0.359	0.156	0.491	0.171	0.039	0.029	0.000	
ROE	-0.001*	-0.001*	-0.005	0.005	0.019	0.036*	0.061**	0.034*	-0.034*	0.030	0.047**	0.069**	-0.013
	0.039	0.038	0.779	0.782	0.233	0.026	0.000	0.035	0.036	0.065	0.003	0.000	0.422

注：表中第二行表示 Sig.值。** 表示在 0.01 水平下通过显著性双尾检验，* 表示在 0.05 的水平下通过显著性双尾检验。

性正相关关系,与董事会会议出席率(Br_Meet)之间呈弱显著性负相关,相关系数均不超过0.3,初步符合了理论分析与研究假设;

(2) 非独立董事比例(Indep_Bd)与现金流权(CFR)、控制权(CF)、两权偏离(Dived)之间都呈正相关关系,并且都通过了1%的显著性检验,这表明终极股东的控制权与非独立董事比例之间呈正比例关系,也说明董事会的独立性之间随着控制权的增加而降低;

(3) 领取报酬董事比例(Bd_Pay)与现金流权(CFR)、控制权(CF)之间呈正相关关系,并通过了显著性检验,这表明终极股东的控制权越大,董事会越容易出现羊群行为,但与两权偏离(Dived)之间呈负相关关系,但没有通过显著性检验;

(4) 董事会会议出席率(Br_Meet)与现金流权(CFR)、控制权(CF)、两权偏离(Dived)之间都呈负相关关系,但结果都未通过显著性检验,这表明终极股东的控制权与董事会会议出席率之间关系不太显著,控制权并不是影响董事会勤勉的有效因素;

(5) 现金流权(CFR)与控制权(CF)、两权偏离(Dived)之间相关性较强并且显著,因此,在研究中需要分开进行分析,否则将会导致多重共线性问题;

(6) 董事长与总经理两职兼任情况(Sept_Two)、董事会持股比例(Hold_Bd)、资产负债率(Debt)、ROE等因素也对终极股东的资金占用产生了显著性影响,因此,需要将他们纳入方程,作为控制变量。

6.3.3 终极股东控制对董事会独立性的影响

6.3.3.1 全样本回归分析

表6-8是对董事会独立性多元回归分析的结果,采用全体样本公司进行分析,并且采用虚拟变量法控制了20个行业哑变量和2个年度哑变量。从模型[1]可见,政府控制属性对董事会独立性产生了显著性影响,政府控制哑变量(Gov)的系数显著为0.006,说明政府控制类公司的非独立董事比例指标(Indep_Bd)显著大于非政府控制公司,即在政府控制公司中董事会的独立性较低。从模型[2]~[3]可见,非独立董事比例指标(Indep_Bd)与现金流权(CFR)、控制权(CF)、两权偏离(Dived)之间都显著性正相关,都通过了1%的显著性检验,这证实了假设1a,即公司董事会的独

表6-8 董事会独立性的多元回归分析（被解释变量为 Indep_Bd）

Model	Intercept	Gov	CFR	CF	Dived	Size	Debt	ROE	Adj R²	F - Value	D - W
[1]	0.690***	0.006***				0.002	-0.004	-0.002	0.021	3.224***	1.994
	39.119	3.092				2.969	-1.094	-0.491			
[2]	0.675***		0.025***	0.020***	0.042***	0.0012*	-0.005	-0.0018	0.025	3.780***	1.997
	38.894		4.871	3.503	4.128	1.523	-0.940	0.355			
[3]	0.676***					0.0014*	-0.004	-0.001	0.026	3.779***	1.988
	38.950					1.7343	-0.937	-0.266			
样本数	2748				Industry			Year		控制	

注：各模型第二行均为t值，各模型均控制了20个证监会行业哑变量和2个年度哑变量。其中*、**、***分别表示显著性水平 $p < 0.10$, $p < 0.05$, $p < 0.01$。

立性随着终极股东控制权比例的增加而降低,终极股东的控制权与董事会的独立性之间成反比例关系。

董事会独立性也受到了公司规模的影响,非独立董事比例指标(Indep_Bd)与董事会规模(Size)之间呈显著性正相关,表明随着董事会规模扩大,公司非独立董事比例增加,董事会独立性随之降低。根据鲁桐和孔杰等(2007)研究结果,我国百强企业董事会的平均规模是 11.45 人,比全体上市公司的董事会平均规模(9~10 人)要高一些,这反映出它们资产规模大。不过,要是相比美国公司的资产规模和其董事会规模来说,可以说这些公司的董事会规模还是有些偏大。根据《关于在上市公司建立独立董事制度的指导意见》的要求,上市公司董事会成员中应当至少包括三分之一的独立董事。公司大股东会尽可能地利用自己的控制能力减少非自己选派的董事,将会把独立董事比例控制到最低[①]。李东明等(1999)也曾发现,当第一大股东为国有资产管理局时,国有法人股东倾向于采取较大的董事会规模,但存在较少的总经理兼职大股东单位的现象,而在其他类别大股东的上市公司中董事会规模会较小,但总经理在控股股东单位兼职的情况和双重兼职的董事比例则较多,这可能是由于民营或家族企业的创业者或其家庭对公司的掌控。

6.3.3.2 按照产权性质进行分组回归分析

我们从表 6-8 中发现,在政府控制公司中董事会的独立性比非政府控制公司的董事会更低。为进一步检验产权性质对董事会独立性的影响,我们按照产权性质分组对政府控制的上市公司和非政府控制的上市公司再进行单独分析,详见表 6-9 统计分析结果。

首先,我们观察现金流权(CFR)、控制权(CF)、两权偏离(Dived)三个指标所有系数的符号,发现除了两权偏离(Dived)的符号不具有一致性外,所有结果的系数基本验证了董事会的独立性随着控制权的增加而降低。这是因为当公司存在大股东控制时,公司大股东在选派的外部董事比例随着大股东持股比例的增加而增加;同时,由于散户在公司治理中存在"搭便车"行为,他们没有动力来选派公司董事,因此,公司内部董事也往往大

[①] 鲁桐等(2007)也指出根据董事会实践,董事会构成的"三三制"原则,即执行董事、非执行董事(扣除独立董事)和独立董事各占三分之一的标准来衡量,是执行董事低于三分之一,非执行董事高于三分之一,而独立董事正好三分之一。

表6-9 董事会独立性的分组回归分析（被解释变量为 Indep_Bd）

变量	政府控制									非政府控制			
	中央政府控制		省级政府控制		市级		市级及以下控制		企业家控制		资本家控制		外资控制	
	[1]	[2]	[1]	[2]	[1]	[2]	[1]	[2]	[1]	[2]	[1]	[2]
Intercept	0.892***	0.899***	0.609***	0.607***	0.624***	0.623***	0.682***	0.702***	0.588***	0.587***	0.678***	0.748***
	23.189	23.436	15.237	15.162	13.397	13.383	16.92	17.127	10.349	10.232	8.782	6.885
CFR	0.024*		0.031*		0.036***		0.029***		0.024		0.021**	
	1.627		1.773		2.347		6.794		1.488		1.872	
CF		0.028*		0.024*		0.031*		0.028***		0.023		0.010
		1.715		1.711		1.754		5.587		1.314		1.332
Dived		0.060**		−0.018		0.084***		0.099**		−0.036		−0.037
		2.537		−0.604		2.753		5.754		−0.932		−0.536
Size	0.015***	0.015***	0.022	0.031	0.041	0.034	−0.013*	−0.020	0.023	0.026	−0.014	−0.015
	6.183	6.597	0.895	1.028	0.735	0.653	−1.854	−1.469	0.735	0.759	−1.237	−0.997
Debt	−0.020*	−0.025*	0.031	0.034	−0.018**	−0.011*	0.022	−0.012	0.017	0.032	−0.005	−0.009
	−1.652	−1.694	0.909	0.902	−2.102	−1.946	1.326	−1.371	1.192	1.181	−1.436	−1.156
ROE	0.023	0.031	0.027***	0.026***	0.014	0.009	−0.011	−0.014	−0.017	−0.015	0.012	0.008
	0.399	0.216	2.803	2.757	0.682	0.623	−0.250	−0.202	−0.599	−0.571	0.876	0.715
Industry	控制	控制	控制	控制	控制	控制	控制	控制	控制	控制	控制	控制
Year	控制	控制	控制	控制	控制	控制	控制	控制	控制	控制	控制	控制
Adj R²	0.118	0.126	0.019	0.022	0.062	0.066	0.057	0.062	0.051	0.058	0.067	0.071
F−Value	4.884***	5.043***	3.564***	3.569**	5.803***	2.845***	3.771***	3.889***	3.771***	1.956***	4.732***	3.746***
D−W	1.754	1.762	1.939	1.937	1.949	1.935	1.914	1.910	1.914	1.915	1.896	1.876
样本数	514	514	515	515	458	458	896	896	263	263	99	99

注：各模型均控制了20个证监会行业分类哑变量和2个年度哑变量。其中 *、**、*** 分别表示显著性水平 $p<0.10$、$p<0.05$、$p<0.01$。

多由大股东选派，且公司内部董事比例随着大股东持股比例的增加而增加；排除政策变化因素对独立董事的干扰后，公司独立董事比例不随大股东持股比例的变化而变化（段云等，2007）。

其次，我们观察现金流权（CFR）、控制权（CF）、两权偏离（Dived）三个指标所有系数值，结果显示：(1) 政府控制公司的现金流权（CFR）、控制权（CF）两个指标的回归系数基本都大于非政府控制公司，这表示控制权效应对政府控制公司的作用更大；(2) 在政府控制公司中，中央控制公司的指标系数小于省级控制公司，更小于市级及以下政府控制公司，这说明控制权的效应随着政府控制级别增加而效果更不显著，这可能是由于国有大股东与其控股上市公司有着较好的人员分开，但可能从另一面反映了相对国有法人股东和其他类别股东，国有大股东对上市公司较弱的控制力（刘红娟等，2004）；而在非政府控制公司中，企业家控制公司的控制权效应大于资本家，更大于外资控制公司，这也说明企业家家族公司更加重视对上市公司的控制权效应；(3) 两权偏离（Dived）的作用方向不具有一致性，其在省级政府控制、资本家控制、外资控制公司中的作用与中央控制、市级及以下政府控制、企业家控制三者的作用正好相反。

最后，我们观察现金流权（CFR）、控制权（CF）、两权偏离（Dived）三个指标所有系数的显著性，结果显示：控制权在企业家控制公司中的作用最显著，其次为政府控制公司，控制权在资本家控制和外资控制公司中的作用不太显著。

6.3.3.3 按照控制权进行分组回归分析

表 6 - 10 是按照控制权分组对董事会独立性进行回归分析，结果证实了控制权越高的公司，董事会独立性越差。从表 6 - 10 可见，控制权≤20%组的公司，现金流权（CFR）、控制权（CF）、两权偏离（Dived）三个指标的系数都为正，并且最小的系数，表示非独立董事比例（Indep_Bd）受控制权的影响最小，但是，显著性却不是很强。而控制权＞50%组的公司，现金流权（CFR）、控制权（CF）、两权偏离（Dived）三个指标的系数分别是 0.046、0.044、0.046，并且都通过了显著性检验，这说明在高控制权公司中，董事会的独立性最差。在绝对控制上市公司中，董事会的决议不被通过的概率极低，与董事会决议不一致的声音，将得不到赞同，因此，独立董事也将放弃其否定意见，转而与董事会决议保持一致。

表 6—10　董事会独立性的分组回归分析（被解释变量为 Indep_Bd）

变量	控制权 >50%			20% < 控制权 ≤50%			控制权 ≤20%		
	[1]	[2]	[3]	[1]	[2]	[3]	[1]	[2]	[3]
Intercept	0.719***	0.733***	0.732***	0.672***	0.663***	0.662***	0.677***	0.671***	0.664***
	19.457	20.174	19.618	30.439	30.301	30.425	10.842	9.872	9.681
Gov	−0.001			0.007***			0.016***		
	−0.563			3.490			2.530		
CFR		0.046**			0.031**			0.020**	
		3.001			2.347			2.764	
CF			0.044*			0.054			0.014
			1.827			1.154			1.503
Dived			0.046**			0.027**			0.026
			2.344			2.294			1.390
Size	0.046***	0.035***	0.037***	0.021	0.018	0.022	0.011	0.024	0.017
	3.168	2.900	2.890	1.223	1.379	1.471	1.232	1.479	1.224
Debt	0.023	0.019	0.021	0.033***	0.039***	0.029***	−0.031	−0.021	0.033
	1.102	1.671	1.661	−2.167	−2.036	−2.028	−1.231	−1.321	1.418
ROE	−0.014	−0.011	−0.012	0.022	0.016	0.021	0.018	0.021	0.017
	0.546	0.560	0.562	0.885	0.582	0.523	0.785	0.768	0.975
Industry	控制	控制	控制	控制	控制	控制	控制	控制	控制
Year	控制	控制	控制	控制	控制	控制	控制	控制	控制
Adj R²	0.059	0.068	0.067	0.023	0.020	0.022	0.031	0.030	0.034
F – Value	3.510***	3.890***	3.743***	3.156***	2.892***	2.810***	3.216***	2.912***	3.144***
D – W	1.998	2.008	2.006	1.931	1.920	1.919	1.976	1.945	1.926
样本数	781	781	781	1673	1673	1673	384	384	384

注：各模型第二行均为 t 值，各模型均控制了 20 个证监会行业哑变量和 2 个年度哑变量。其中 *、**、*** 分别表示显著性水平 $p < 0.10$，$p < 0.05$，$p < 0.01$。

6.3.4 终极股东控制对董事会羊群行为的影响

6.3.4.1 全样本回归分析

表6-11是对董事会羊群行为多元回归分析的结果，采用全体样本公司进行分析，并且采用虚拟变量法控制了20个行业哑变量和2个年度哑变量。从模型 [1] 可见，政府控制属性对董事会羊群行为产生了显著性影响，政府控制哑变量（Gov）的系数显著为0.132，说明在政府控制公司中董事会羊群行为显著大于非政府控制公司，即政府控制公司的董事会更容易产生羊群行为，这是因为在政府控制公司中，董事会成员之间具有浓厚的政治关系和校友关系等关系格局，在上市公司中董事会治理多了一些行政性治理和关系治理色彩，而在政府控制公司中行政性派遣现象更是加剧了董事们在决策时碍于关系，放弃其独立判断，采取羊群行为。从模型 [2]～[3] 可见，领取报酬董事比例指标（Bd_Pay）与现金流权（CFR）、控制权（CF）、两权偏离（Dived）之间都呈正相关关系，但只有控制权（CF）通过了1%的显著性检验，这基本证实了假设2a，终极股东的控制权与董事会羊群行为之间呈正相关关系。当公司终极股东控制权比例增加时，控股股东自己选派的董事成员意愿增加，越容易形成利益团体，董事成员的羊群行为更加显著。此外，董事会羊群行为也受到了公司规模的影响，董事会羊群行为与董事会规模（Size）之间呈显著性负相关，表明随着董事会规模扩大，公司董事人数增加，董事成员决议的一致性可能受到了影响，导致羊群行为的发生也随之降低。

6.3.4.2 按照产权性质进行分组回归分析

我们从表6-11中发现，在政府控制公司中董事会的羊群行为比非政府控制公司的董事会更显著。为进一步检验产权性质对董事会羊群行为的影响，我们按照产权性质分组对政府控制的上市公司和非政府控制的上市公司再进行单独分析，详见表6-12统计分析结果。

首先，我们观察现金流权（CFR）、控制权（CF）、两权偏离（Dived）三个指标所有系数的符号，发现除了两权偏离（Dived）的符号不具有一致性外，所有结果的系数基本验证了董事会的羊群行为随着控制权的增加也增加。这是因为，当公司存在大股东控制时，大股东往往会利用自己在股东大会上的高投票权控制股东大会，将尽量多地安排自己选派的董事会成员，尽

表 6-11 董事会羊群行为的多元回归分析（被解释变量为 Bd_Pay）

Model	Intercept	Gov	CFR	CF	Dived	Size	Debt	ROE	Adj R^2	F-Value	D-W
[1]	0.855***	0.132***				-0.009	-0.004***	-0.024	0.135	23.676***	1.967
	13.971	20.506				-1.061	-2.821	-1.291			
[2]	1.077***		0.060			-0.013***	-0.008***	-0.012	0.048	7.041***	1.925
	16.967		1.235			-4.429	-3.428	1.376			
[3]	1.067***			0.105***	0.092	-0.011***	-0.005***	0.014	0.045	7.665***	1.932
	16.851			2.059	1.516	-3.862	-3.446	1.601			
样本数	2748				Industry		控制		Year	控制	

注：各模型第二行均为 t 值，各模型均控制了 20 个证监会行业哑变量和 2 个年度哑变量。其中 *、**、*** 分别表示显著性水平 $p<0.10$、$p<0.05$、$p<0.01$。

6.5.4

6 董事会行为对终极股东掏空行为影响的实证检验

表 6-12　董事会羊群行为的分组回归分析（被解释变量为 Bd_Pay）

变量	政府控制						非政府控制					
	中央政府控制		省级政府控制		市级及以下控制		企业家控制		资本家控制		外资控制	
	[1]	[2]	[1]	[2]	[1]	[2]	[1]	[2]	[1]	[2]	[1]	[2]
Intercept	0.405***	0.386***	1.047***	1.027***	0.763***	0.770***	0.799***	0.624***	0.137	0.767	1.154**	1.846**
	3.059	2.918	7.876	7.762	4.706	4.769	6.765	5.31	0.714	1.378	2.501	3.762
CFR	0.193**		0.127*		0.138**		0.123		0.196**		0.251	
	2.122		1.724		2.106		1.584		1.923		0.872	
CF		0.152**		0.190		0.181*		0.054**		0.119*		0.211
		1.948		1.067		1.765		1.925		1.687		0.621
Dived		0.552*		0.435		0.712*		0.440**		0.530**		0.732
		1.675		1.404		1.709		1.903		1.901		0.811
Size	-0.013**	-0.017**	-0.015**	-0.023**	0.014	0.021	-0.023	-0.014**	0.024***	0.030***	-0.018	-0.015
	-1.979	-2.320	-2.453	-2.128	0.485	0.580	-0.505	-2.419	2.706	3.308	-1.089	-0.607
Debt	-0.012	-0.011	-0.087**	-0.085**	0.023	0.020	-0.056**	-0.060**	-0.059***	-0.061**	-0.009	-0.012
	-0.284	-0.259	-2.074	-2.068	1.245	1.060	-2.140	-2.310	-2.841	-2.998	-1.444	-1.298
ROE	-0.012	-0.021	0.025	0.020	-0.012	-0.016	-0.016	-0.012	-0.041	-0.036	-0.018	0.017
	-0.210	-0.683	0.798	0.693	-0.122	-0.195	-1.080	-1.202	-0.839	-1.294	-0.876	1.015
Industry	控制	控制	控制	控制	控制	控制	控制	控制	控制	控制	控制	控制
Year	控制	控制	控制	控制	控制	控制	控制	控制	控制	控制	控制	控制
Adj R²	0.079	0.085	0.109	0.119	0.112	0.118	0.118	0.113	0.086	0.106	0.152	0.161
F-Value	2.497***	2.497***	4.574***	4.799***	4.412***	4.480***	4.336***	6.580***	2.531***	2.844***	2.980***	3.206***
D-W	2.019	2.036	1.922	1.901	1.850	1.836	1.858	1.882	2.011	2.021	1.497	1.576
样本数	514	514	515	515	458	458	896	896	263	263	99	99

注：各模型均控制了 20 个证监会行业分类虚变量和 2 个年度哑变量。其中 *、**、*** 分别表示显著性水平 $p<0.10$、$p<0.05$、$p<0.01$。

可能地减少非自己选派的董事会成员，形成了紧密的关系格局和鲜明的权力格局。董事会成员之间保持"一团和气"，表现为在董事会决策中董事长说了算，董事会和股东大会成了大股东的"一言堂"，董事会羊群行为显著（王斌，2007）。

其次，我们观察现金流权（CFR）、控制权（CF）、两权偏离（Dived）三个指标所有系数值，结果显示：（1）在外资控制公司中各个指标系数值最大，但其结果都没有通过显著性检验，这并不意味着在外资控制中领取报酬董事的人数最多，羊群行为比例最高；（2）各指标系数值大小没有严格的一致性，不过粗略可以反映出政府控制公司的指标系数值稍大于非政府控制公司，这也说明在政府控制公司中董事会羊群行为更为显著。储小平（2000）指出家族企业董事会治理具有相当的制度效率。但是，家族治理的先天局限性，在家族企业中也存在着紧密的裙带关系和集权情结等，也造成了董事会羊群行为，制约企业可持续成长。有鉴于此，不少家族企业不约而同进行着"管理革命"，以制度规范化逐步淡出家族制。

最后，我们观察现金流权（CFR）、控制权（CF）、两权偏离（Dived）三个指标所有系数的显著性，发现大多数指标系数没有通过显著性检验（如Dived）或者显著性不强，尤其是外资控制公司都没有通过显著性检验。我们认为这主要是指标选择的问题，董事是否在上市公司领取更多报酬受到《公司法》和集团公司薪酬委员会政策影响，而与公司控制权大小的紧密性不大。

6.3.4.3 按照控制权进行分组回归分析

表6-13是按照控制权分组对董事会羊群行为进行回归分析，从中可见，董事会羊群行为并不随着控制权的增加也显著增加。在控制权≤20%组的公司中，现金流权（CFR）、控制权（CF）、两权偏离（Dived）三个指标的系数都为正，并且都通过了显著性检验，这有悖于假设2a中董事会羊群行为随着控制权比例增加而增加。我们认为这主要是指标选择的问题，在低控制权公司中，无论内部董事和外部董事，都代表其股东的利益行使管理权和监督权，倾向于在上市公司领取报酬，造成领取报酬董事比例较高，但这并不意味着董事会羊群行为就显著。而在控制权>50%组、20%<控制权≤50%组的公司中，现金流权（CFR）、控制权（CF）、两权偏离（Dived）三个指标的系数也都为正，但大多没有通过显著性检验。

表 6-13　董事会羊群行为的分组回归分析（被解释变量为 Bd_Pay）

变量	控制权>50% [1]	控制权>50% [2]	控制权>50% [3]	20%<控制权≤50% [1]	20%<控制权≤50% [2]	20%<控制权≤50% [3]	控制权≤20% [1]	控制权≤20% [2]	控制权≤20% [3]
Intercept	0.925***	1.244***	1.158***	0.698***	0.867***	0.879***	0.507***	0.554**	0.621***
	9.491	10.361	9.428	8.743	10.323	10.478	2.333	2.497	2.893
Gov	0.208***			0.112***			0.075***		
	-15.775			14.737			3.748		
CFR		0.085*			0.021			0.053***	
		1.696			1.587			2.283	
CF			0.277*			0.092			0.295**
			1.663			1.501			1.812
Dived			0.043			0.109**			0.127***
			0.667			1.833			1.745
Size	-0.003	-0.023***	-0.025***	-0.013	-0.005	-0.003	0.017*	0.011	0.021*
	-0.583	-4.124	-4.424	-1.533	-1.213	-0.803	1.671	1.071	1.892
Debt	-0.049	-0.046	-0.034	-0.231	-0.004**	-0.004***	-0.065***	-0.071***	-0.067***
	-1.243	-1.291	-0.968	-1.221	-2.734	-2.776	-3.091	-3.301	-3.212
ROE	-0.191	-0.258***	-0.251***	-0.081	0.076	0.077	0.014	-0.011	-0.008
	-1.471	-3.811	-3.705	-1.254	-0.765	-0.774	-0.781	-0.462	-0.772
Industry	控制	控制	控制	控制	控制	控制	控制	控制	控制
Year	控制	控制	控制	控制	控制	控制	控制	控制	控制
Adj R²	0.194	0.122	0.129	0.105	0.037	0.042	0.082	0.095	0.078
F-Value	17.536***	6.515***	6.676***	11.684***	3.453***	3.794***	2.415***	2.004***	2.966***
D-W	1.951	1.787	1.801	1.895	1.876	1.886	2.121	2.145	2.013
样本数	781	781	781	1673	1673	1673	384	384	384

注：各模型第二行均为 t 值，各模型均控制了 20 个证监会行业哑变量和 2 个年度哑变量。其中 *、**、*** 分别表示显著性水平 $p < 0.10$，$p < 0.05$，$p < 0.01$。

6.3.5 终极股东控制对董事会勤勉的影响

6.3.5.1 全样本回归分析

表 6-14 是对董事会勤勉多元回归分析的结果,采用全体样本公司进行分析,并且用虚拟变量法控制了 20 个行业哑变量和 2 个年度哑变量。从模型 [1] 可见,政府控制属性对董事会成员的勤勉程度产生了显著性影响,政府控制哑变量(Gov)的系数显著为 -0.008(Sig. 为 -4.308),说明政府控制公司的董事会成员勤勉责任明显低于非政府控制公司,董事会会议出席率明显较低。

从模型 [2]~[3] 可见,董事会会议出席率(Br_Meet)与现金流权(CFR)、控制权(CF)、两权偏离(Dived)之间都呈负相关关系,但只有现金流权(CFR)没有通过显著性检验,这基本证实了假设 3a,终极股东的控制权与董事会勤勉之间呈负相关关系。当公司终极股东控制权比例增加时,控股股东自己选派董事成员的意愿增加,越容易形成利益团体,容易产生"搭便车"现象,导致董事成员的勤勉程度更低,这与徐叶琴(2009)研究发现一致。

此外,董事会规模(Size)的系数为正,并且通过 5% 的显著性检验,这说明董事会勤勉与公司规模呈正相关关系,这与徐叶琴(2009)的研究结论一致。组织理论指出,规模越大的群体在决策上所需花费的时间越多。Steiner(1972)认为,随着组织规模的增大,用于协调过程的损失迅速增长。因此,对于一个给定的产出水平来说,规模更大的组织需要投入更多的时间。对于公司董事会规模而言,Lipton & Lorsch(1992)认为最优的董事会规模是 7~9 人,同时 Yermack(1996)的研究表明董事会规模和公司价值负相关。由此,我们认为公司规模可能是影响董事会行为的因素之一。另外,大公司通常在高度复杂的信息环境中运营,需要应对更复杂、更繁多的问题,所以董事会的行为预期会随公司规模的增大而增加。

6.3.5.2 按照产权性质进行分组回归分析

我们从表 6-14 中发现,在政府控制公司中董事会勤勉责任低于非政府控制公司。为进一步检验产权性质对董事会勤勉责任的影响,我们按照产权性质分组对政府控制的上市公司和非政府控制的上市公司再进行单独分析,详见表 6-15 统计分析结果。

表 6-14　董事会勤勉的多元回归分析（被解释变量为 Br_Meet）

Model	Intercept	Gov	CFR	CF	Dived	Size	Debt	ROE	Adj R^2	F-Value	D-W
[1]	0.951***	-0.008***				0.011	-0.021	0.002	0.167	28.157***	2.013
	53.572	-4.308				1.074	-1.202	0.716			
[2]	0.967***		-0.018			0.009**	-0.018	0.003	0.144	27.761***	2.008
	55.234		-1.329			2.441	-1.027	1.023			
[3]	0.968***			-0.023**	-0.012*	0.012**	-0.031	0.003	0.152	26.508***	2.001
	55.255			-2.203	-1.762	2.569	-1.028	0.964			
样本数	2748				Industry		控制			Year	控制

注：各模型第二行均为 t 值，各模型均控制了 20 个证监会行业哑变量和 2 个年度哑变量。其中 *、**、*** 分别表示显著性水平 p<0.10，p<0.05，p<0.01。

表 6-15　董事会勤勉的分组回归分析（被解释变量为 Br_Meet）

变量	政府控制						非政府控制					
	中央政府控制		省级政府控制		市级及以下控制		企业家控制		资本家控制		外资控制	
	[1]	[2]	[1]	[2]	[1]	[2]	[1]	[2]	[1]	[2]	[1]	[2]
Intercept	1.048***	1.046***	0.896***	0.895***	0.853***	0.861***	0.918***	0.919***	0.937***	0.951***	1.119***	1.141***
	29.872	29.756	25.706	25.632	18.052	18.037	20.634	20.25	16.921	17.137	8.431	8.571
CFR	-0.015		-0.028		-0.019		-0.010		-0.007		-0.017	
	-1.581		-1.451		-1.289		-1.059		-1.207		-1.554	
CF		-0.061***		-0.066***		-0.058*		-0.030**		-0.053***		-0.007
		-2.491		-2.468		-1.666		-1.991		-2.556		-1.211
Dived		-0.044*		-0.024**		-0.012		0.007		-0.032**		-0.008
		-1.761		-1.962		-1.394		1.678		-1.861		-1.451
Size	0.016***	0.023***	0.042	0.029	0.083	0.045	0.011	0.025	-0.022	-0.03	-0.009	-0.010
	3.681	3.539	1.097	1.161	1.297	1.299	0.931	1.040	-1.532	-1.453	-1.513	-1.589
Debt	-0.019*	-0.017	-0.006**	-0.002**	-0.012	-0.009	-0.035	-0.052	-0.023*	-0.036*	-0.103	-0.098
	-1.737	-1.730	-2.047	-2.051	-1.471	-1.459	-1.508	-1.516	-1.871	-1.848	-1.067	-1.045
ROE	0.024	0.045	-0.028**	-0.021**	0.021	0.015	0.072	0.054	0.015	0.023	0.061	0.055
	1.315	1.346	-2.473	-2.495	0.918	0.971	0.743	0.837	0.921	0.908	1.104	0.936
Industry	控制	控制	控制	控制	控制	控制	控制	控制	控制	控制	控制	控制
Year	控制	控制	控制	控制	控制	控制	控制	控制	控制	控制	控制	控制
Adj R^2	0.214	0.203	0.164	0.150	0.257	0.216	0.118	0.107	0.161	0.178	0.157	0.164
F-Value	8.908***	8.567***	6.747***	6.499***	9.853***	9.461***	7.073***	6.796***	4.091***	4.148***	2.192***	2.193***
D-W	2.098	2.090	1.937	1.935	2.108	2.101	2.021	2.012	2.001	2.007	2.462	2.432
样本数	514	514	515	515	458	458	896	896	263	263	99	99

注：各模型均控制了 20 个证监会行业分类哑变量和 2 个年度哑变量。其中 *，**，*** 分别表示显著性水平 $p<0.10$，$p<0.05$，$p<0.01$。

首先，我们观察现金流权（CFR）、控制权（CF）、两权偏离（Dived）三个指标所有系数的符号，发现除了在资本家控制公司中两权偏离（Dived）的符号不具有一致性外，所有结果的系数都为负，基本验证了董事会勤勉责任随着控制权的增加而降低。这是因为，当公司存在大股东控制时，控股股东自己选派董事成员的意愿增加，越容易形成利益团体，董事成员"搭便车"意愿增强，导致董事会会议出席率更低。其中，企业家控制公司中两权偏离（Dived）系数为正，我们认为随着现金流权与控制权分离程度的提高，终极股东的掏空动机就越会强烈，其他股东的利益更可能受到侵害，在这种情况下，年度内董事会会议次数增加，有利于对决策事项进行更深入细致的讨论、调查和研究，有利于对那些可能分裂其他股东利益的决策产生积极的消除甚至遏制作用（牛建波等，2007）。

其次，我们观察现金流权（CFR）、控制权（CF）、两权偏离（Dived）三个指标所有系数值，结果显示：（1）政府控制公司的现金流权（CFR）、控制权（CF）、两权偏离（Dived）三个指标的回归系数绝对值基本都大于非政府控制公司，这表示控制权效应对政府控制公司的作用更大，即控制权越大，政府控制公司董事会出席率较非政府控制公司董事会低，这主要是因为政府控制公司董事会缺乏勤勉责任和存在"搭便车"现象；（2）粗略来看，在政府控制公司中，中央控制公司的指标系数绝对值大于省级控制公司，更大于市级及以下政府控制公司，这说明控制权的效应随着政府控制级别增加而效果更显著；而在非政府控制公司中，企业家控制和外资控制公司的控制权效应都较低，这也说明企业家家族和外资控制公司的董事会勤勉责任更大。

最后，我们观察现金流权（CFR）、控制权（CF）、两权偏离（Dived）三个指标所有系数的显著性，发现除外资控制公司各指标值不显著之外，大多数指标系数都通过显著性检验，这表明控制权对董事会会议出席率的影响具有统计上的显著性意义。

6.3.5.3 按照控制权进行分组回归分析

表6-16是按照控制权分组后对董事会勤勉进行的回归分析，结果显示控制权太高和太低都影响了董事会会议出席率。从表6-16可见，在控制权≤20%组和控制权>50%组的公司中，现金流权（CFR）、控制权（CF）、两权偏离（Dived）三个指标的系数都是显著为负，并且其绝对值都大于

表 6-16　董事会勤勉的分组回归分析（被解释变量为 Br_Meet）

变量	控制权>50% [1]	[2]	[3]	20%<控制权≤50% [1]	[2]	[3]	控制权≤20% [1]	[2]	[3]
Intercept	0.990***	1.002***	0.997***	0.949***	0.959***	0.959***	0.911***	0.936***	0.909***
	29.287	29.934	28.998	41.507	42.347	42.308	15.301	15.555	14.278
Gov	-0.008**			-0.006***			-0.009*		
	-2.019			-2.931			-1.747		
CFR		-0.027			-0.005			-0.023*	
		-1.402			-1.361			-1.744	
CF			-0.017*			-0.014			-0.084**
			-1.776			-1.355			-1.854
Dived			-0.031*			0.025			-0.066**
			-1.703			1.470			-1.870
Size	0.022	0.033**	0.024*	0.051	0.052*	0.042*	0.031	0.018	0.047
	1.385	1.965	2.013	0.982	1.649	1.629	1.382	1.065	1.090
Debt	0.009	-0.007	-0.011	0.0021	0.032	0.022	-0.013	-0.008	-0.011
	1.121	-1.184	-1.121	1.054	0.726	0.726	-1.476	-1.515	-1.461
ROE	0.015*	0.022	0.030	0.008	0.012	0.017	0.012	0.009	0.011
	1.800	1.164	1.139	0.642	0.875	1.139	1.008	1.117	1.137
Industry	控制	控制	控制	控制	控制	控制	控制	控制	控制
Year	控制	控制	控制	控制	控制	控制	控制	控制	控制
Adj R²	0.136	0.103	0.112	0.166	0.153	0.144	0.233	0.218	0.229
F-Value	7.261***	7.087***	6.833***	19.085***	18.701***	18.003***	5.825***	7.087***	5.546***
D-W	1.952	1.962	1.960	2.038	2.040	2.047	2.275	2.284	2.259
样本数	781	781	781	1673	1673	1673	384	384	384

注：各模型第二行均为 t 值，各模型均控制了 20 个证监会行业哑变量和 2 个年度哑变量。其中 *、**、*** 分别表示显著性水平 $p<0.10$，$p<0.05$、$p<0.01$。

20%＜控制权≤50%组的公司指标系数绝对值，这表明20%＜控制权≤50%组公司的董事会勤勉责任和程度最高，我们认为原因在于控制权比例过高公司董事会中存在"一言堂"和"搭便车"现象，控制权较低组公司董事会由于终极股东掏空成本较大，其掏空动机较小；而20%＜控制权≤50%组公司由于终极股东的掏空动机强烈，其他股东的利益更可能受到侵害，在这种情况下，年度内董事会会议次数增加，有利于对决策事项进行更深入细致的讨论、调查和研究，导致了相对较高的董事会出席率。

6.3.6 终极股东控制、董事会行为与掏空行为

6.3.6.1 全体样本下回归分析

表6-17是全体样本下董事会行为、终极控制权对掏空行为的多元回归分析结果，通过虚拟变量法控制了20个行业哑变量和2个年度哑变量。

从模型[1]~[3]可见，非独立董事比例（Indep_Bd）系数为正，印证了假设1b，但其显著性不强，即在终极股东控制下，控制权比例增加，非独立董事比例（Indep_Bd）增加，则独立董事比例降低，其结果是董事会独立性的降低进一步加剧了控股股东的掏空行为，这也说明独立董事在抑制终极股东掏空行为中具有一定作用；领取报酬董事比例（Rd_Pay）系数也为正，并均在5%的水平下通过了显著性检验，印证了假设2b，即当公司终极股东控制权比例增加时，控股股东自己选派的董事成员意愿增加，越容易形成利益团体，董事成员的羊群行为更加显著。董事会羊群效应越显著，控股股东的掏空行为越严重；蒋神州（2011）研究也发现，领取报酬的董事数量与资金占用上存在弱的正相关关系，这是因为领取报酬的董事数量越多，他们在博弈中较容易放弃自己私人信息，加大其决策的后验概率，而采取羊群行为的可能性加大。但由于羊群行为的形成与博弈人数量之间没有显著的相关关系，董事会出席率（Br_Meet）系数为负，印证了假设3b，但其显著性也不强，即当公司终极股东控制权比例增加时，控股股东自己选派董事成员的意愿增加，越容易形成利益团体，董事成员的勤勉程度更低。董事会成员勤勉责任越低，控股股东的掏空行为就越严重。

从模型[2]~[3]可见，掏空指标（Tunl_AR）与现金流权（CFR）、控制权（CF）、两权偏离（Dived）之间都显著性正相关，都通过了1%和5%的显著性检验，与第五章的研究结果相一致，这表明终极股东的掏空动机随

表 6-17　全体样本下董事会行为对掏空回归分析的多元回归分析（被解释变量为 Tunl_AR）

	Intercept	Indep_Bd	Bd_Pay	Br_Meet	CFR	CF	Dived	Sepr_Two	Hold_Bd	TimeS_Gd	Size	Debt	ROE	Adj R2	F-Value	D-W
[1]	-0.114	0.006*	0.053***	-0.005**				0.023**	-0.021***	0.015***	0.024***	-0.152***	-0.054***	0.172	6.698***	2.216
	-0.750	1.663	1.978	-1.854				2.335	-7.553	4.421	5.471	-447.16	-3.658			
[2]	-0.128	0.037*	0.066**	-0.014*	0.108***			0.032**	-0.014***	0.015***	0.028***	-0.208***	-0.050***	0.163	6.510***	2.222
	-0.844	1.695	2.429	-1.753	3.644			2.268	-6.671	4.427	6.055	-447.80	-3.607			
[3]	-0.132	0.033	0.070***	-0.019		0.154***	0.060**	0.027**	-0.032***	0.015***	0.030***	-0.176***	-0.047***	0.186	6.331***	2.235
	-0.870	1.347	2.578	-1.209		4.733	1.832	2.157	-7.030	4.567	6.318	-448.42	-3.442			
样本数	2748						Industry			控制			Year			控制

注：各模型第二行均为 t 值，各模型均控制了 20 个证监会行业哑变量和 2 个年度哑变量。其中 *、**、*** 分别表示显著性水平 $p < 0.10$、$p < 0.05$、$p < 0.01$。

着终极股东控制权比例的增加而显著性增加。

此外，在控制变量方面，我们发现董事会持股比例（Hold_Bd）、财务杠杠（Debt）有助于抑制终极股东的掏空动机；相反，董事长与总经理两职兼任（Sept_Two）、企业规模（Size）均加剧了终极股东的掏空动机。

6.3.6.2 按照产权性质进行分组回归分析

我们按照产权性质进行分组，进一步检验了董事会行为、终极控制权对掏空行为的多元回归分析结果，检验中仍然通过虚拟变量法控制了20个行业哑变量和2个年度哑变量，得到的表6-18是政府控制公司分组检验结果，表6-19是非政府控制公司分组检验结果。

从表6-18中，我们可以发现：（1）在政府控制公司中，非独立董事比例（Indep_Bd）、领取报酬董事比例（Bd_Pay）两个指标系数为正，董事会出席率（Br_Meet）系数为负，基本符合了我们的研究假设。只不过，在中央控制公司中董事会出席率（Br_Meet）系数为正，我们觉得这正是对董事会勤勉的另一种解释，即更高频率的董事会活动可能是公司对较差绩效所做出的反应，当公司绩效下降时，董事会的活动可能更加频繁以应付出现的问题（于东智，2003）。（2）从非独立董事比例（Indep_Bd）、领取报酬董事比例（Bd_Pay）、董事会出席率（Br_Meet）三个指标系数绝对值观察，市级及以下政府控制公司的掏空行为受到的影响更大，即随着控制权比例的增加，市级及以下政府控制公司董事会的独立性和勤勉度更低，羊群行为更严重，导致终极股东掏空行为更严重，省级政府控制公司次之，中央政府控制公司掏空行为受到的影响最小，掏空比例最低，这与第五章的研究结果也一致。（3）我们观察现金流权（CFR）、控制权（CF）、两权偏离（Dived）三个指标系数值，结果显示随着政府控制级别的降低，控制权效应更加显著，掏空行为更加严重，即控制权对市级及以下政府控制公司掏空行为的影响更加显著。

接着，我们从表6-19中发现：（1）在非政府控制公司中，非独立董事比例（Indep_Bd）、领取报酬董事比例（Bd_Pay）两个指标系数也为正，董事会出席率（Br_Meet）系数也为负，基本也符合了我们的研究假设。（2）从非独立董事比例（Indep_Bd）、领取报酬董事比例（Bd_Pay）、董事会出席率（Br_Meet）三个指标系数绝对值观察，资本家控制公司的掏空行为受到的影响更大，即随着控制权比例的增加，资本家控制公司董事会的独立性和勤勉度更

表 6-18 政府控制组样本董事会行为对掏空的多元回归分析

变量	中央政府控制			省级政府控制			市级及以下控制		
	[1]	[2]	[3]	[1]	[2]	[3]	[1]	[2]	[3]
Intercept	-0.156**	-0.177***	-0.178***	-0.107*	-0.124**	-0.123**	-0.213**	-0.190*	-0.189*
	-2.346	-2.668	-2.662	-1.834	-2.142	-2.120	-2.008	-1.793	-1.783
Indep_Bd	0.045**	0.031**	0.041	0.044**	0.034**	0.052**	0.155**	0.129**	0.131**
	1.949	1.859	1.057	1.723	1.951	1.907	2.397	1.995	2.010
Bd_Pay	0.009*	0.007*	0.007	0.013*	0.008*	0.007	0.050***	0.041**	0.040**
	1.840	1.599	1.596	1.669	1.755	1.668	2.618	2.140	2.108
Br_Meet	0.015*	0.009*	0.008	-0.072*	-0.065*	-0.056*	-0.109*	-0.112*	-0.102*
	1.722	1.708	1.208	-1.760	-1.708	-1.721	-1.674	-1.657	-1.682
CFR		0.036***	0.036**		0.052***	0.057***		0.069***	0.072***
		2.910	2.469		4.424	4.262		3.243	3.110
CF			0.032*			0.035			0.056
			1.727			1.282			1.164
Dived		-0.027	-0.014		0.039	0.050		0.021	0.009
		-1.589	-1.580		1.368	1.372		0.941	1.064
Sept_Two		-0.052	-0.031		-0.010	-0.044		-0.018	-0.011
		-1.630	-1.624		-0.765	-0.817		-0.688	-0.723
Hold_Bd	-0.023			0.027			0.012		
	-1.446			1.041			1.289		
	-0.061			-0.023			-0.021		
	-1.158			-0.541			-1.453		

续表

变量	中央政府控制			省级政府控制			市级及以下控制		
	[1]	[2]	[3]	[1]	[2]	[3]	[1]	[2]	[3]
TimeS_Gd	-0.033*	-0.024**	-0.009**	0.062	0.055	0.043	0.023	0.011	0.024
	-1.812	-1.960	-1.959	1.338	1.189	1.162	1.153	1.317	1.324
Size	0.006***	0.008***	0.007***	0.008***	0.011***	0.009***	0.011***	0.020***	0.012***
	3.188	3.970	3.923	3.532	4.438	4.486	3.110	3.342	3.348
Debt	-0.055***	-0.061***	-0.051***	-0.075***	-0.078***	-0.068***	-0.153***	-0.157***	-0.147***
	-4.631	-5.096	-5.091	-6.161	-6.492	-6.491	-11.937	-12.286	-12.267
ROE	0.012***	0.011***	0.020***	-0.029***	-0.015***	-0.027***	-0.021**	-0.010*	-0.018*
	3.507	3.370	3.363	-3.225	-2.955	-2.969	-2.148	-1.886	-1.871
Industry	控制	控制	控制	控制	控制	控制	控制	控制	控制
Year	控制	控制	控制	控制	控制	控制	控制	控制	控制
Adj R^2	0.188	0.197	0.190	0.125	0.148	0.159	0.194	0.205	0.211
F-Value	3.326***	3.527***	3.412***	4.516**	5.118**	4.971**	6.368***	6.593***	6.382***
D-W	2.092	2.068	2.060	1.977	1.973	1.947	1.966	1.973	1.971
样本数	514	514	514	515	515	515	458	458	458

注：各模型均控制了20个证监会行业分类哑变量和2个年度哑变量。其中 *、**、*** 分别表示显著性水平 $p<0.10$、$p<0.05$、$p<0.01$。

表 6-19 非政府控制组样本董事会行为对掏空的多元回归分析

变量	企业家控制			资本家控制			外资控制		
	[1]	[2]	[3]	[1]	[2]	[3]	[1]	[2]	[3]
Intercept	-0.044**	-0.041*	-0.038*	-0.121	-0.128	-0.129	-0.053	-0.056	-0.059
	-1.978	-1.850	-1.711	-0.991	-1.037	-1.043	-1.121	-1.172	-1.272
Indep_Bd	0.047**	0.035**	0.045**	0.122*	0.126*	0.125	-0.045	-0.051	-0.049
	1.797	1.822	1.860	1.670	1.694	1.585	-1.547	-1.453	-1.437
Bd_Pay	0.022**	0.011	0.017*	0.025*	0.026*	0.026**	0.053*	0.049*	0.052*
	1.892	1.608	1.776	1.665	1.712	1.861	1.901	1.785	1.845
Br_Meet	-0.026*	-0.034*	-0.037*	-0.075**	-0.074**	-0.073*	-0.039	-0.041	-0.043
	-1.628	-1.642	-1.760	-1.923	-1.902	-1.890	-1.501	-1.467	-1.418
CFR		0.004*			0.013**			0.023	
		1.803			1.915			1.643	
CF			0.003*			0.014**			0.019
			1.727			1.817			1.510
Dived			0.014*			0.009			0.088
			1.695			1.149			1.507
Sept_Two	0.022	0.025	0.033	0.018	0.016	0.023	-0.032**	-0.034**	-0.024**
	1.150	1.243	1.286	0.795	0.822	0.823	-2.131	-2.034	-2.432
Hold_Bd	-0.023**	-0.062***	-0.011	-0.043	-0.032	-0.012	-0.009	-0.021	-0.011
	-2.519	-2.702	-3.024	-1.194	-1.292	-1.279	-0.887	-0.874	-0.863

续表

变量	企业家控制 [1]	企业家控制 [2]	企业家控制 [3]	资本家控制 [1]	资本家控制 [2]	资本家控制 [3]	外资控制 [1]	外资控制 [2]	外资控制 [3]
TimeS_Gd	-0.051	-0.042	-0.0038	-0.032	-0.043	-0.028	0.031	0.024	0.019
	-0.822	-0.910	-0.886	-0.675	-0.719	-0.721	1.235	1.324	1.386
Size	0.042**	0.033**	0.017*	0.025	0.016	0.023	0.016	0.027	0.018
	2.038	2.042	1.715	1.373	1.404	1.378	0.908	1.201	0.861
Debt	-0.041***	-0.032***	-0.034***	-0.107***	-0.112***	-0.121***	-0.092***	-0.080***	-0.089***
	-2.890	-2.987	-2.849	-12.891	-12.822	-12.784	-3.219	-3.018	-3.036
ROE	0.008	0.007	0.011	-0.012	-0.018	-0.015	-0.087	-0.078	-0.089
	0.608	0.599	0.630	1.378	1.448	1.453	-1.508	-1.519	-1.459
Industry	控制	控制	控制	控制	控制	控制	控制	控制	控制
Year	控制	控制	控制	控制	控制	控制	控制	控制	控制
Adj R^2	0.173	0.164	0.168	0.211	0.223	0.208	0.201	0.209	0.207
F-Value	2.477***	2.430***	2.415***	7.063**	6.818**	6.581***	2.562***	2.844***	2.217***
D-W	1.872	1.874	1.868	2.014	2.012	2.009	2.008	2.016	2.005
样本数	896	896	896	263	263	263	99	99	99

注：各模型均控制了20个证监会行业分类哑变量和2个年度哑变量。其中*、**、***分别表示显著性水平 $p<0.10$、$p<0.05$、$p<0.01$。

低,羊群行为更严重,导致终极股东掏空行为更严重,企业家控制公司掏空行为受到的影响最小,掏空比例最低;外资控制公司指标系数的显著性都不强,我们认为这可能是样本容量太小所致。(3) 我们观察现金流权(CFR)、控制权(CF)、两权偏离(Dived)三个指标系数值,结果显示,外资控制公司的掏空行为最严重,资本家次之,企业家控制公司掏空行为最低,但是外资控制公司的掏空行为没有通过显著性检验。

此外,在控制变量方面,从表6-18和表6-19,我们都发现董事会持股比例(Hold_Bd)、财务杆杠(Debt)有助于抑制终极股东的掏空动机;相反,董事长与总经理两职兼任(Sept_Two)、企业规模(Size)均加剧了终极股东的掏空动机。

6.3.6.3 按照控制权进行分组回归分析

我们按照控制权比例进行分组,进一步检验了董事会行为、终极控制权对掏空行为的多元回归分析结果,详见表6-20,检验中仍然通过虚拟变量法控制了20个行业哑变量和2个年度哑变量。

从表6-20可见,(1) 非独立董事比例(Indep_Bd)、领取报酬董事比例(Bd_Pay)两个指标系数为正,董事会出席率(Br_Meet)系数为负,基本符合了我们的研究假设。(2) 在20% <控制权≤50%组公司中董事会出席率(Br_Meet)系数为正,我们觉得这正是对董事会勤勉的另一种解释,即更高频率的董事会活动可能是公司对较差绩效所做出的反应,当公司绩效下降时,董事会的活动可能更加频繁以应付出现的问题(于东智,2003)。(3) 我们发现在20% <控制权≤50%组公司中,非独立董事比例(Indep_Bd)、领取报酬董事比例(Bd_Pay)、董事会出席率(Br_Meet)三个指标系数绝对值最大,我们觉得这是由于高控制权的"利益趋同"效应和低控制权的高掏空成本所导致的,当控制权介于20%~50%时,终极股东更倾向于掏空行为。(4) 我们观察现金流权(CFR)、控制权(CF)、两权偏离(Dived)三个指标系数值,也发现在20% <控制权≤50%组公司中,控制权对终极股东掏空行为的作用最显著。

此外,在控制变量方面,我们仍然发现董事会持股比例(Hold_Bd)、财务杆杠(Debt)有助于抑制终极股东的掏空动机;相反,董事长与总经理两职兼任(Sept_Two)、企业规模(Size)均加剧了终极股东的掏空动机。

6 董事会行为对终极股东掏空行为影响的实证检验

表 6-20 按照控制权分组下董事会行为对掏空的多元回归分析

变量	控制权>50% [1]	控制权>50% [2]	控制权>50% [3]	20%<控制权≤50% [1]	20%<控制权≤50% [2]	20%<控制权≤50% [3]	控制权≤20% [1]	控制权≤20% [2]	控制权≤20% [3]
Intercept	-0.038	-0.025	-0.030	-0.207***	-0.187***	-0.187***	-0.141	-0.135	-0.121
	-0.797	-0.529	-0.619	-6.303	-5.270	-5.250	-0.870	-0.868	-0.764
Indep_Bd	0.038*	0.032	0.031	0.132*	0.126*	0.136*	0.096	0.090	0.081
	1.697	1.194	1.168	1.701	1.689	1.685	1.045	0.974	0.987
Bd_Pay	0.027***	0.021***	0.025***	0.021	0.024	0.027	0.032	0.027	0.023
	2.663	2.689	2.566	1.302	1.209	1.199	0.892	0.990	0.994
Br_Meet	-0.054*	-0.052*	-0.062*	0.112	0.108	0.102	-0.109	-0.113	-0.110
	-1.858	-1.786	-1.804	1.121	1.084	1.084	-1.189	-1.143	-1.107
CFR		0.037***			0.039***			0.053	
		2.897			4.101			1.654	
CF			0.024			0.041***			0.120
			1.176			3.195			1.151
Dived			0.045***			0.037***			0.023
			2.730			2.860			1.199
Sept_Two	0.044	0.032	0.037	0.031	0.024	0.021	0.034	0.026	0.023
	1.111	1.003	1.052	1.128	1.058	1.058	1.280	1.291	1.251
Hold_Bd	-0.020	-0.032	-0.019	-0.021	-0.018	-0.016	-0.031	-0.021	-0.018
	-1.030	-1.303	-1.393	-1.208	-1.294	-1.250	-1.341	-1.221	-1.290

续表

变量	控制权>50%			20%<控制权≤50%			控制权≤20%		
	[1]	[2]	[3]	[1]	[2]	[3]	[1]	[2]	[3]
TimeS_Gd	−0.023	−0.025	−0.031	−0.029	−0.021	−0.018	0.032	0.021	0.033
	−0.627	−0.525	−0.525	−0.772	−0.790	−0.796	0.578	0.580	0.561
Size	0.022**	0.013**	0.017**	0.007***	0.019***	0.009***	0.018**	0.012**	0.010*
	1.873	2.089	1.994	7.676	7.811	7.796	1.802	1.970	1.884
Debt	−0.047***	−0.050***	−0.043***	−0.084***	−0.076***	−0.080***	−0.108***	−0.105***	−0.115***
	−5.075	−5.375	−5.245	−17.232	−16.794	−16.761	−9.082	−10.688	−10.684
ROE	−0.018	−0.028	−0.017	0.034	0.023	0.014	−0.022	−0.018	−0.021
	−1.033	−1.062	−1.176	1.472	1.471	1.476	−1.204	−1.146	−1.151
Industry	控制	控制	控制	控制	控制	控制	控制	控制	控制
Year	控制	控制	控制	控制	控制	控制	控制	控制	控制
Adj R²	0.104	0.111	0.123	0.116	0.123	0.127	0.269	0.273	0.281
F−Value	4.881***	5.026***	4.891***	11.492***	11.768***	11.409***	6.023***	5.770***	5.778***
D−W	1.986	1.994	1.990	1.934	1.944	1.952	1.689	1.656	1.671
样本数	781	781	781	1673	1673	1673	384	384	384

注：各模型均控制了2个证监会行业分类变量和2个年度哑变量。其中*、**、***分别表示显著性水平 $p<0.10$、$p<0.05$、$p<0.01$。

6.3.7 稳健性检验

为了使检验结果更加稳定和可靠，我们还进行了稳健性检验，其中包括四种方法：(1) 为了考察本书结论是否源于本书所采用的控股股东资金占用指标，我们也采用了其他指标来测量控股股东占用资金状况，如控股股东非经营性占用资金年末总量、控股股东总资金占用总量（经营性资金占用总量加上非经营性资金占用总量）以及控股股东总资金占用率。综合而言，当我们采用不同指标来测度控股股东资金占用情况时，本书结论仍然成立。(2) 为了避免因有效控制权选取标准不同对结论造成的影响，我们也参考苏坤和杨淑娥（2009）采用更严格的控制权标准20%筛选样本，重复上述检验过程，本书结论仍然成立。(3) 我们还对样本按照控股股东非经营性资金占用率进行了1%和99%进行了截尾处理，本书结论仍然成立，这表明本书结论并非源于异常值影响。(4) 我们也进行了分年度横截面回归，结果表明，在大部分年份里，本书结论仍然成立。

6.4 本章小结

本章的研究在第5章的研究样本的基础上，选择2009~2010年在沪深两市2748家公司作为研究对象，研究了终极控制权、董事会行为对掏空行为的影响。通过研究，我们发现：

第一，我国董事会大股东和"内部人"控制较为严重，而绝大多数公司独立董事比例基本不超过三分之一，仅仅是为了满足《关于在上市公司建立董事制度的指导意见》的有关规定；董事会会议召开次数和董事会成员出席会议比例较低，远低于中国百强上市公司的平均水平；在我国上市公司中有四分之三董事从上市公司领取报酬，也有近四分之一董事是"零薪酬"，并且上市公司董事会持股比例普遍偏低，股权激励效果甚微。

第二，不存在掏空行为的上市公司在董事会在独立性、勤勉度、持股比例方面都显著高于存在掏空的上市公司。上市公司控制权的大小对董事会成员是否出席董事会和董事长和总经理两职兼任情况没有显著性影响，对董事会结构和持股情况具有显著正相关影响，而对领取报酬董事比例和股东大会次数则不具有规律性。非政府控制公司董事会在独立性、董事会会议出席率和股东大会次数均值基本高于政府控制公司，说明非政府控制公司的高管（包括董事会）努力程度更高，更勤勉于工作和会议。

第三，非独立董事比例指标（Indep_Bd）与现金流权（CFR）、控制权（CF）、两权偏离（Dived）之间都显著性正相关，都通过了1%的显著性检验，说明董事会的独立性随着终极股东控制权比例的增加而降低，终极股东的控制权与董事会的独立性之间成反比例关系。政府控制属性对董事会独立性产生了显著性影响，即在政府控制公司中董事会的独立性较低；在政府控制公司中，中央控制公司的指标系数小于省级控制公司，更小于市级及以下政府控制公司，这说明控制权的效应随着政府控制级别增加而作用降低；控制权在企业家控制公司作用最显著，其次为政府控制公司。

第四，领取报酬董事比例指标（Bd_Pay）与现金流权（CFR）、控制权（CF）、两权偏离（Dived）之间都呈正相关关系，但只有控制权（CF）通过了1%的显著性检验，终极股东的控制权与董事会羊群行为之间呈正相关关系。当公司终极股东控制权比例增加时，控股股东自己选派的董事成员意愿增加，越容易形成利益团体，董事成员的羊群行为更加显著。这是因为当公司存在大股东控制时，大股东往往会利用自己在股东大会上高投票权控制股东大会，将尽量多地安排自己选派的董事会成员，尽可能地减少非自己选派的董事会成员，形成了紧密的关系格局和鲜明的权力格局。董事会成员之间保持"一团和气"，表现为在董事会决策中董事长说了算，董事会和股东大会成了大股东的"一言堂"，董事会羊群行为显著（王斌，2007）。

政府控制属性对董事会羊群行为产生了显著性影响，即在政府控制公司中董事会更容易产生羊群行为，这是因为在政府控制公司中，董事会成员之间具有浓厚的政治关系和校友关系等关系格局，上市公司的董事会治理多了一些行政性治理和关系治理色彩，而在政府控制公司中行政性派遣现象更是加剧了董事们在决策时碍于关系，放弃且独立判断，采取羊群行为。

但是，我们观察现金流权（CFR）、控制权（CF）、两权偏离（Dived）三个指标所有系数的显著性，发现大多数指标系数没有通过显著性检验（如Dived）或者显著性不强，尤其是外资控制公司都没有通过显著性检验。我们认为这主要是指标选择的问题，董事是否在上市公司领取报酬更多受到《公司法》和集团公司薪酬委员会政策影响，而与公司控制权大小紧密性不大。

第五，董事会会议出席率（Br_Meet）与现金流权（CFR）、控制权（CF）、两权偏离（Dived）之间都呈负相关关系，但两权偏离（Dived）没有通过显著性检验，说明终极股东的控制权与董事会勤勉之间成负相关关系。当公司终极股东控制权比例增加时，控股股东自己选派的董事成员意愿增加，越容易形成利益团体，董事成员的勤勉程度更低，这与徐叶琴（2009）的研究发现一致。

政府控制属性对董事会成员的勤勉程度产生了显著性影响，政府控制公司的董事会成员勤勉责任明显低于非政府控制公司，董事会会议出席率明显较低；在政府控制公司中，中央控制公司的指标系数绝对值大于省级控制公司，更大于市级及以下政府控制公司，这说明控制权的效应随着政府控制级别增加而效果更显著；而在非政府控制公司中，企业家控制和外资控制公司的控制权效应都较低，这也说明企业家家族和外资控制公司的董事会勤勉责任更大；除了外资控制公司各指标值不显著以外，大多数指标系数都通过显著性检验，这表明控制权对董事会会议出席率的影响具有统计上的显著性意义。

第六，非独立董事比例（Indep_Bd）系数为正，印证了假设1b，但其显著性不强，即在终极股东控制下，控制权比例增加，非独立董事比例（Indep_Bd）增加，则独立董事比例降低，其结果是董事会独立性的降低进一步加剧了控股股东的掏空行为，这也说明独立董事在抑制终极股东掏空行为上具有一定作用；领取报酬董事比例（Bd_Pay）系数也为正，并均在5%的水平下通过了显著性检验，印证了假设2b，即当公司终极股东控制权比例增加时，控股股东自己选派董事成员的意愿增加，越容易形成利益团体，董事成员的羊群行为更加显著。董事会羊群效应越显著，控股股东的掏空行为越严重；蒋神州（2011）的研究也发现，领取报酬的董事数量与资金占用上存在弱的正相关关系，这是因为领取报酬的董事数量越多，他们在博弈中较容易放弃自己私人信息，加大其决策的后验概率，而采取羊群行为的可能性加大。但由于羊群行为的形成与博弈人数量之间没有显著的相关关系；董事会出席率（Br_Meet）系数为负，印证了假设3b，但其显著性也不强，即当公司终极股东控制权比例增加时，控股股东自己选派董事成员的意愿增加，越容易形成利益团体，董事成员的勤勉程度更低。董事会成员勤勉责任越低，控股股东的掏空行为就越严重。在中央控制公司中董事会出席率（Br_Meet）

系数为正,我们觉得这正是对董事会勤勉的另一种解释,即更高频率的董事会活动可能是公司对较差绩效所做出的反应,当公司绩效下降时,董事会的活动可能更加频繁以应付出现的问题(于东智,2003)。

在政府控制公司中,市级及以下政府控制公司的掏空行为受到的影响更大,即随着控制权比例的增加,市级及以下政府控制公司董事会的独立性和勤勉度更低,羊群行为更严重,导致终极股东掏空行为更严重,省级政府控制公司次之,中央政府控制公司掏空行为受到的影响最小,掏空比例最低。在非政府控制公司中,资本家控制公司的掏空行为受到的影响更大,即随着控制权比例的增加,资本家控制公司董事会的独立性和勤勉度更低,羊群行为更严重,导致终极股东掏空行为更严重,企业家控制公司的掏空行为受到的影响最小,掏空比例最低;外资控制公司指标系数的显著性都不强,我们认为这可能是样本容量太小所致。

7 制度环境对终极股东掏空行为影响的实证检验

La Porta et al.（2000）和 Dyck & Zingale（2004）等人的研究指出，终极控股股东的掏空行为以及投资者保护程度往往是与各国（地区）的产权制度、法律保护环境等制度因素显著相关，法律对投资者的保护可以减少控制权的私人收益，降低控股股东对小股东的利益侵害。在我国资本市场上，由于缺乏保护小股东利益的法律机制，大股东控制更多地导致了侵害小股东利益的掏空现象的发生。近几年来，随着我国股权分置改革完成、民营企业迅猛发展和证券市场逐步完善，进入证券市场的上市公司也越来越多。相对于国外的上市公司，我国上市公司的终极控制人更加复杂，现金流量权和控制权结构更集中。既有的证据表明，公司的股权结构不仅影响到大股东侵占小股东利益的能力，还会影响到大股东侵占小股东利益的动机。以我国上市公司的经验数据为基础，李增泉等（2004）、贺建刚和刘峰（2005）、唐清泉等（2005）、叶康涛等（2007）等分别从资金侵占、关联资产收购、股权结构、独立董事等多个角度提供了股权结构影响控股股东掏空行为的证据。本章研究旨在通过考察上市公司所处地区的制度环境，从市场化进程、政府干预程度和法治水平三个角度研究制度环境对终极股东掏空行为的影响。

7.1 理论分析与研究假设

7.1.1 市场化进程与掏空行为

我国属于经济转轨国家，也是经济高速发展的国家，在这个发展过程中，一方面，由于采取了从沿海、沿江逐步向内地，从东部地区逐步向中部、西部地区的发展战略，形成了地区间经济、法律等诸方面的差异，根据樊纲、王小鲁和朱恒鹏（2011）的研究，中国不同地区的法律环境等方面存在明显差异，而且由于经济的高速发展，与之相应的配套法律法规也逐步发展，处于不断地变迁完善之中。另一方面，在我国深化国有企业改革过程中，市场配置资源功能退化，政府干预了企业经营行为，影响了资源要素的分配，这就导致了政府可能由于政治业绩或地方经济保护和支持原因，存在寻租行为；并且，由于不同产权性质，企业寻租能力不同，所以从政府所获得的支持和保护也不同。各地区要素禀赋、产业结构以及国有企业比重等转型起点不同，各地施政条件千差万别。因此，随着市场经济发展，我国市场化改革和进程也随之进一步深化，但是各个地区的市场化进程却存在较大差异。

由于我国经济发展不平衡，不同地区的上市公司面临着不同的经济发展环境，衡量经济发展环境的一个重要标准是市场化程度。通常，在经济发达地区，市场化程度就高，表现为：政府对市场干预少；非国有经济发展迅速，在当地经济总量中占有较大比重；产品市场和要素市场发育程度高；市场中介组织发育良好，法律制度环境好。而另外一些地区，政府往往向企业寻租，给企业造成额外负担，同时会影响企业融资、投资和正常生产经营决策，导致市场的扭曲。由于较高的市场化程度与较少的政府干预以及较高的法治水平联系在一起，可以预期，在一个市场化进程较快的地区，上市公司中小股东受到的利益侵害程度也会相对较轻，控股股东因控制层级而进行的盈余管理程度也会有所减弱（王妍玲，2010）。

进一步地，市场化进程快的地区，表明资源和要素流通性快，市场上将会产生大量中介组织，并且发育程度较高，这就提高了信息透明度，致使终极控股股东的行为更多地暴露在"阳光"下，终极控股股东进行利益侵占的成本较高，这在一定程度上会遏制其掏空上市公司的行为。处于不同市场化程度的上市公司，因侵占成本的差异和投资者保护水平不同，终极控股股东超额控制对掏空行为的影响也会存在差异（李濬湘，2010）。李凯（2010）的研究表明，地方政府控制公司易受到政府的干预，市场化程度与政府干预呈反向关系，相对于中央政府控制公司而言，市场化进程对地方政府控制公司的影响更大。具体来说，当市场化程度提高时，地方政府控制公司受到的政府干预会减少，其减少幅度要大于同地区的中央政府控制公司，则地方政府控制公司的会计稳健性会提高，其提高幅度要大于同地区的中央政府控制公司。当市场化程度提高时,地方政府控制公司因过错受到法律惩罚的可能性会增加,其增加幅度要大于同地区的中央政府控制公司,则地方政府控制公司的会计稳健性会提高,其提高幅度要大于同地区的中央政府控制公司。因此,我们提出:

假设1:上市公司所处地区的市场化程度越高,终极股东实施掏空行为的成本越高,抑制了其掏空动机。

7.1.2 政府干预与掏空行为

在我国上市公司中政府控制公司比例仍较高(刘芍佳等,2003),政府对企业的干预仍然普遍存在。政府作为上市公司股东有着特殊的目标函数,在一定程度上影响了政府作为股东的经营行为。这是由于政府作为企业股东具有多重目标,其不仅具有市场经济主体的责任,以提高企业绩效和增加上市公司价值为经济目标,还具有负担地方财政收入和解决地方就业等政治目标。政府官员为了在政治升迁零和博弈中脱颖而出,在某种情况下,政府的经济目标和政治目标将发生矛盾,政府将动用其政治权优势让企业偏离经济效率目标转而实现其个人政治目标。只有经济目标与政治目标激励相容时,政府才会减少对国有上市公司的行政干预,放权让有经营才能的经营者实现经济效率目标(王建峰,2008)。正是由于政府存在追求非经济效率目标,受到政府干预程度较高的企业将不再依照市场经济规律运行,导致企业经营效率下降;但是,为了达到证券监管部门在财务监管方面的要求,企业信息披露将变得不透明,使投资者蒙受损失。

伴随着我国证券市场的发展,我国《证券法》等有关法律相继制定、颁布和实施。但是,由于政府作为有关法律的制定和执行主体,导致有关法律并不能有效地对政府行为进行规范和产生实质性影响,因此,也就使得投资者保护流于形式上。最终,政府和法律的因素交织在一起,构成了中国上市公司所处治理环境的主要特征。对于不同地区的上市公司来说,虽然其所处的国家大环境是一样的,但其所处地区的市场化进程、政府干预程度、法治水平却相差甚大,很不平衡(樊纲和王小鲁,2011)。因此,可以预期,在一个政府干预程度较低的地区,政府将会更少地将其社会性负担转嫁到其控制的上市公司中,也更可能会约束自身的行为,减少对上市公司中小股东的利益侵害。

政府对企业的干预除了通过直接拥有企业的股份方式外,还有其他众多的手段,例如,制定具有差别待遇的产业政策;在具有竞争性的领域掌握着大量经济资源,形成对其他企业的挤出效应;在特殊行业设立多重审批机构;乱摊派和行政收费等加重其他企业负担等。显而易见,在政府干预程度严重的地区,大多数经济资源浪费在为了获取高收益的项目的寻租行为上,导致企业经营绩效显著低于政府干预程度较低地区的企业。高雷等(2006)研究发现,政府对企业的干预越多,企业就越有可能为政府实现政治目标服务,加剧终极股东对上市公司的掏空。因此,我们提出:

假设2:上市公司所处地区的政府干预越少,则终极股东掏空行为发生概率越低,公司价值越高。

7.1.3 法律环境与掏空行为

近年来,以 La Porta 等为代表的经济学家将法律引入了公司治理的研究领域,指出一个地区法律对投资者利益保护程度会对控股股东的利益侵占行为产生影响。例如,La Porta et al. (2000) 研究发现,大陆法系国家以当事人是否遵守法律条文来判断关联交易和掏空行为,而普通法系国家以关联交易是否公平对待小股东来判断掏空行为,并且实施举证责任倒置制度。因此,普通法系可以更有效地抑制控股股东利益侵占行为。La Porta et al. (2000) 对不同法系国家的股利政策研究表明,在投资者保护较强的普通法系国家中,当企业面临的投资机会较少时,倾向于高现金股利政策;而在投资者保护较弱的国家中,企业将不发放股利,可能投资于低效率项目。可见,法律对投资者的保护有助于降低与自由现金流相关的代理成本,减少控股股东对中小股东的利益侵害。Dyck & Zingales (2004) 分析了39个国家的大额股票交易,并以投资者权利、信息披露和执法程度这三个指标来代表法律制度,发现较强的投资者保护有助于降低控制权的私人收益。总之,La Porta 等学者的一系列研究使人们逐渐认识到一国的法律体系对其公司治理以及投资者保护具有重要影响。在投资者保护较弱的大陆法系国家,资本市场发展规模较小,上市公司的股权集中度较高并且公司价值较低,较弱的法律保护和执行机制使得控制性股东更容易侵害小股东的利益。

在我国的资本市场上,我国对投资者保护的有关法律缺乏,投资者利益保护成为空头支票;同时,我国有关法律的可操作性差,以及司法制度安排不合理，投资者难以获得司法帮助和救济；此外，我国民事法律暂缺乏惩罚性赔偿，对控股股东的惩戒效力较低；这就说明了我国上市公司控股股东利用控制权优势肆意侵害中小股东利益的法律成本和法律风险较低，加剧了掏空行为发生的概率。樊纲和王小鲁（2011）指出，虽然我国上市公司所处的国家大环境是一样的，但是对不同地区的上市公司来说，但其所处地区的市场化程度、政府干预程度、法治水平仍存在很大差异性和不平衡性。这主要是由于经历了从计划经济向市场经济转轨的过程，各地区不同的政策、地理、交通、历史等因素，造成了市场化进程、政府干预程度和法治水平出现较大的差异。上市公司所处的治理环境会对公司治理效率产生影响，上市公司所处地区的市场化进程越快、政府干预越少、法治水平越高，控股股东对中小股东的利益侵害行为更可能受到约束，则公司价值越高（夏立军等，2005）。因此，我们提出：

假设3：上市公司所处地区的法治水平越高，则法律对投资者的保护力越强，终极股东实施掏空行为的法律成本越高，也抑制了其掏空动机。

7.2 实证研究设计

7.2.1 样本选取与数据来源

7.2.1.1 样本选择与数据来源

本章研究在样本选择上仍然沿用第五章的样本公司，即 2005~2010 年间在沪深两地发行 A 股的非金融类上市公司，剔除了创业板、含 BNH 股、期间被 ST 或 PT、数据缺失或异常、终极控制权小于 10% 等上市公司，最终得到 6848 个观测样本。

本章统计分析所需要的数据包括终极股东关联交易的资金占用数据、终极控制权数据、制度环境数据和控制变量中部分财务数据。其中终极股东资金占用数据来自深圳国泰安信息技术有限公司（CSMAR）数据库中"关联交易数据库"，终极控制权数据来自"股东研究数据库"，控制变量中财务数据来自"财务宝宝数据库"，而制度环境数据来自樊纲和王小鲁等（2011）编制的《中国市场化指数：各地区市场化相对进程2011年报告》一书中各地区市场化进程数据及其子数据。此外，用于分析判断上市公司终极控制人产权性质所需要的财务报告则来自中国证监会指定信息披露网站——巨潮资讯网（http://www.cninfo.com.cn/）公布的上市公司历年财务报告。数据分析所需要的工具包括SPSS17.0软件和Excel2003。

7.2.1.2 制度环境数据

对于中国各地区制度环境差异一直缺乏一个有效且可靠的计量方法，单纯依据地理位置进行划分还不足以刻画各地区的转型进度差异，在一定程度上制约了经济与金融研究学者的进一步研究。樊纲等（2003）的开拓性研究弥补了这一遗憾，使用"主因素分析法"为基本计量方法构造了相对可靠且客观的中国各地区市场化进程相对指数①，可分解为5个方面，共23个分指标，各分指标在指数中的权重，不依赖于"专家评分"等主观因素确定，而是主要使用"主因素分析法"为基本计量方法构造而成。具体来说，市场化进程指数所包含的五个大方面都是转型经济的重要方面，具体包括：政府与市场的关系；非国有经济的发展；产品市场的发育程度；要素市场的发育程度；市场中介组织发育和法律制度环境。

自从樊纲等（2003）给出中国各地区2001年的市场化进程相对指数以来，他们一直致力于该指数的更新与完善，并且定期公布以后各年度的更新指数。因此，本章研究所需要的2005~2010年制度环境数据是根据樊纲和王小鲁等（2011）编制《中国市场化指数：各地区市场化相对进程2011年报告》一书中各地区市场化进程数据及其子数据构建而成。樊纲和王小鲁（2003）根据大量的统计和调查资料，采用主成分因素法编制出中国各地区1999年和2000年市场化相对进程指标，共分解为五个方面：政府与市场的关系、非国有经济的发展、产品市场的发育程度、要素市场的发育程度、市场中介发育和法律制度环境。我们选择用"政府与市场的关系"代表各地区的政府干预程度，用"市场中介发育和法律制度环境"代表各地区法治发展水平，用各地区市场化相对进程总得分来代表各地区市场化进程，从而获得各地区制度环境数据。

---

① 樊纲等（2003）指出，市场化进程是指中国从计划经济向市场经济转型的体制改革过程，不是简单的一项规章制度的变化，而是一系列经济、社会、法律、乃至政治体制的变革。这里的"相对"是指，由于经济学理论和经济实践并没有给出一个100%市场化的模式和范例，市场经济本身也是一个不断发展、演进、变化的制度，很难找到一个绝对的参照系。因此，市场化指数并不表示市场化的绝对程度，而是表示各个省份在市场化进程过程中同市场化程度最高和最低的省份相比的相对位置，是一个"相对指数"。

表7-1是2010年我国各地区制度环境数据。由于樊纲和王小鲁等（2011）只统计了1999~2009年各地区市场化指数，并暂未编制2010年各地区的市场化指数，因此我们参考樊纲和王小鲁（2011）统计方法，以2005~2009年数据为基础，采用算术平均法①计算得到2010年各地区市场化指数，表7-1为2010年我国各地区市场化指数、政府干预指数、法治水平指数三个指标得分。

表7-1　　　　　　　　2010年各地区制度环境指数

省份	市场化指数	政府干预指数	法治水平指数	省份	市场化指数	政府干预指数	法治水平指数	省份	市场化指数	政府干预指数	法治水平指数
北京	9.49	9.17	10.91	浙江	11.07	9.90	14.51	海南	6.34	8.00	4.08
天津	9.19	9.02	9.93	安徽	7.48	9.71	5.93	重庆	7.91	8.91	5.88
河北	7.02	8.54	5.33	福建	9.07	9.80	7.09	四川	7.35	9.22	6.00
山西	5.93	6.81	4.89	江西	7.13	8.29	4.87	贵州	5.34	6.62	3.76
内蒙古	6.17	6.73	4.72	山东	8.67	8.90	7.16	云南	5.85	7.88	4.62
辽宁	8.37	8.45	7.21	河南	7.41	8.54	5.15	陕西	5.32	7.07	4.95
吉林	6.70	7.87	5.34	湖北	7.27	8.93	5.85	甘肃	4.95	6.61	3.91
黑龙江	6.01	8.02	5.54	湖南	7.10	7.80	4.71	青海	3.89	5.42	2.75
上海	10.83	9.94	16.07	广东	10.49	10.23	12.22	宁夏	5.56	6.54	4.00
江苏	10.36	10.38	12.21	广西	6.18	8.81	4.24	新疆	5.23	6.09	4.80
西藏	2.30	-1.68	3.11								

在表7-1中，市场化指数越大代表市场化进程越快，政府干预指数越大代表政府干预越少，法治水平指数越大代表法治水平越高。从表7-1可

---

① 樊纲等（2011）指出，在计算指数的过程中，一个重要的问题是如何决定各指标的权重。在第一个和第二个报告中，我们采用了主成分分析法（principle component analysis）生成各指标的权重，并以此权重进行加权平均计算指数。这样做的好处是根据数据本身的特征决定不同变量在指数中的权重，具有客观性，而不是根据主观评价决定权重。但随着时间的推移，各变量的权重必然发生变化，而这将影响指数跨时间维度的可比性。此外，根据某些国际研究经验，在组成一个指数的变量较多而且覆盖比较全面时，采用主成分分析法计算加权平均和采用简单算术平均所得到的结果没有显著的差别。在第三个报告中，我们对两种方法的计算结果进行了对比，发现两个结果确实非常接近。绝大多数省、自治区、直辖市市场化排序没有变化，少数发生变化的也只有一两位的变化。这一结果表明在数据常规变动的情况下，两种计算方法不会导致重大的差别。根据这个结果，从第三个报告开始，我们采用算术平均法计算指数，此次报告亦是如此。这样也就避免了今后因改变权重而影响指数可比性的问题。

见，市场化进程最快和最慢的分别是浙江和西藏，政府干预程度最强和最弱的分别是西藏和江苏，法治水平最高和最低的分别是上海和青海。进一步可见，浙江的市场化进程得分11.07是西藏得分2.30的近五倍，江苏的政府干预得分10.38是倒数第二名青海得分的5.42的近两倍，上海的法治水平得分16.07是青海得分2.75的五倍多。2010年西藏的政府干预指数为-1.68，并且发现西藏地区过去5年的政府干预指数一直都是负数，这表示西藏地区政府干预程度相对较高。以上结果说明2010年我国各地区公司治理环境差异明显。

表7-2是2005~2010年我国各地区制度环境指数均值，图7-1是2005~2010年我国各地区制度环境指数均值图。结果显示：在2005~2010年，市场化指数在稳步提高中，法治水平指数有了较大的提高，而政府干预指数相对平稳，总体变化程度不大，这说明近年来，我国上市公司所处的外部治理环境产生较为明显的进步和改善，必然影响着上市公司的经营活动。

表7-2　　　　2005~2010年各地区制度环境指数均值

指标	2005年	2006年	2007年	2008年	2009年	2010年	总体
市场化指数	7.871	8.351	8.856	8.590	8.954	8.732	8.601
政府干预指数	8.945	9.021	9.188	8.889	8.756	9.089	8.982
法治水平指数	6.957	7.489	8.649	9.708	11.494	9.171	9.078

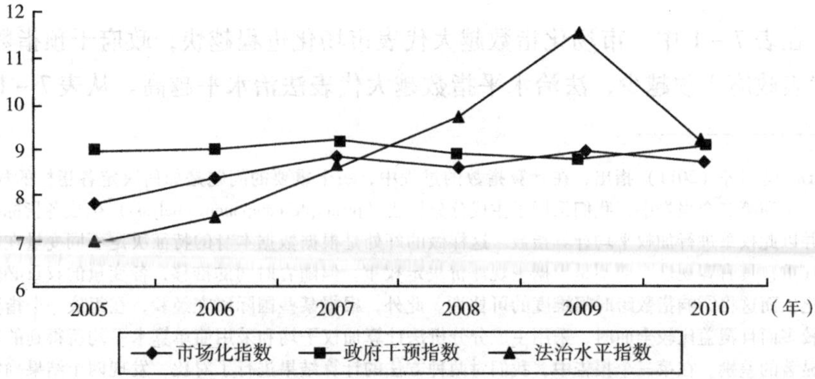

图7-1　2005~2010年各地区制度环境指数均值

7.2.2 变量定义

7.2.2.1 掏空行为变量

参考第五章变量定义，Tunl_A 表示控股股东关联交易中非经营性资金占用额，Tunl_T 表示控股股东关联交易中总资金占用额。为了控制企业资产规模的影响，我们将 Tunl_A 和 Tunl_T 都除以总资产，得到 Tunl_AR 和 Tunl_TR，然后将 Tunl_AR 用于实证检验分析，而 Tunl_TR 用于稳健性检验分析。

7.2.2.2 制度环境变量

Index_Tal 是制度环境指数的统称。根据不同研究目的，我们在检验方程中分别用 Index_Mar、Index_Gov 和 Index_Law 三个变量来代替 Index_Tal。我们将樊纲和王小鲁（2011）提供的各地区市场化相对进程得分、政府与市场的关系得分以及市场中介发育和法律制度环境得分，分别作为本书中各地区的市场化指数、政府干预指数以及法治水平指数，从而获得各地区治理环境数据。即 Index_Mar、Index_Gov 和 Index_Law 分别用公司注册地所在省、自治区或直辖市的市场化指数、政府干预指数以及法治水平指数来衡量。

7.2.2.3 终极控制权变量

$Ownership_i$ 是公司产权性质的统称，根据不同研究目的，在实际检验中使用 Gov、Gov_C、Gov_P、Gov_S、EFB_C、CFB_C、For_C 这些哑变量中的一个或几个来替代模型中的 $Control_i$ 变量。若终极控制人为政府，那么 Gov 取值为 1，否则取值为 0；若终极控制人为中央政府，那么 Gov_C 取值为 1，否则取值为 0；若终极控制人为省级政府，那么 Gov_P 取值为 1，否则取值为 0；若终极控制人为市级及以下政府，那么 Gov_S 取值为 1，否则取值为 0；若终极控制人为企业家家族，那么 EFB_C 取值为 1，否则取值为 0；若终极控制人为资本家家族，那么 CFB_C 取值为 1，否则取值为 0；若终极控制人为外资，那么 For_C 取值为 1，否则取值为 0。

CF 表示终极控制人所占的控制权比例，其等于控制链中最低持股比例。如有多条控制连，则将各条控制链中所有最小持股比例加总。CFR 表示终极控制人所占的现金流权比例，其等于每条控制链中持股比例之积。如有多条控制链，则将各条控制链计算得到现金流权加总。Dived 表示控制权减去现金流权初始值后的超额控制。

7.2.2.4 控制变量

为了控制其他因素对研究结果的影响,还设置了公司规模、财务杠杆、收益水平、行业和年度虚拟变量。Size 为公司总资产的自然对数,Debt 为公司总负债除以总资产,ROE 为公司净利润除以净资产,用以控制公司规模、财务杠杆和收益水平对掏空行为的影响。Industry 和 Year 分别为行业和年度虚拟变量,用以控制行业和年度对掏空行为的影响。

7.3.3 实证模型

为了检验制度环境、终极控制权与掏空行为之间的关系,我们建立如下检验方程并使用 OLS 回归分析方法检验研究假设,估计模型的表达式为:

$$Tunl\_AR = \beta_0 + \beta_1 Index\_Tal_{1,2,3} + \beta_2 CFR + \beta_3 CF + \beta_4 Dived$$
$$+ \sum_{i=4}^{m} \beta_i Ownership_i + \beta_{n+1} Size + \beta_{n+2} Debt$$
$$+ \beta_{n+3} Roe + \beta_{n+4} Industry + \beta_{n+5} Year + \varepsilon$$

其中,$Index\_Tal_{1,2,3}$ 为制度环境变量,分别用市场化指数($Index\_Mar$)、政府干预指数($Index\_Gov$)、法治水平指数($Index\_Law$)来代替;$Ownership_i$ 为产权性质变量。模型中涉及的其他变量定义、计量及预期情况见表 7-3。

表 7-3 变量名称、代码及其描述

类型		名称	变量计量
掏空行为变量	Tunl_AR	非经营性资金净流率	非经营性资金流出量减去流入量后除以总资产的比率
	Tunl_TR	关联交易总资金净流率	关联交易总资金流出量减去流入量后除以总资产的比率
制度环境变量	Index_Mar	市场化指数	市场化相对进程得分
	Index_Gov	政府干预指数	政府与市场的关系得分
	Index_Law	法治水平指数	市场中介发育和法律制度环境得分
控制权变量	Gov	政府控制	若终极控制人为各级政府,Gov = 1,否则为 0
	Gov_C	中央政府控制	若终极控制人为中央政府,Gov_C = 1,否则为 0
	Gov_P	省级政府控制	若终极控制人为中央政府,Gov_P = 1,否则为 0
	Gov_S	市级及以下政府控制	若终极控制人为中央政府,Gov_S = 1,否则为 0

续表

类型		名称	变量计量
控制权变量	EFB_C	企业家家族控制	若终极控制人为企业家，EFB_C = 1，否则为 0
	CFB_C	资本家家族控制	若终极控制人为资本家，CFB_C = 1，否则为 0
	For_C	外资控制	若终极控制人为外资，For_C = 1，否则为 0
	CF	控制权比例	所有控制链中最低持股比例之和
	CFR	现金流权比例	控制链中持股比例之积后加总
	Dived	超额控制	控制权比例减去现金流权比例初始值
控制变量	Top1	第一大股东持股比例	第一大股东持股比例
	Sept_Two	董事长与总经理两职兼任	若董事长与总经理两职兼任，则为 1，否则为 2
	Hold_Bd	董事会持股比例	董事会持股比例 × 10000
	TimeS_Gd	年度内股东大会召开次数	年度内股东大会召开次数
	Size	公司规模	上市公司总资产的自然对数
	Debt	财务杠杆	上市公司总负债除以总资产
	ROE	收益水平	上市公司净资产收益率，等于净利润除以净资产
	Industry	行业虚拟变量	上市公司所处的行业，虚拟变量
	Year	年度虚拟变量	财务报告发布的年度，虚拟变量

7.3 实证研究及分析

7.3.1 样本公司的总体描述性分析

表 7-4 列示了主要变量的描述性统计结果。从掏空指标可以看出，非经营性资金占用率和总资金占用率均值分别为 0.009 和 0.014，50% 分位值都是 0，说明在上市公司中，关联交易资金占用情况仍较普遍。在制度环境三个指标中，极大值与极小值差距甚大，法治水平指数极大值和极小值分别为 19.89 和 0.18，政府干预指数的极小值为 -4.60，这主要是由西藏自治区

政府干预程度较大所致，这也意味着我国各地区制度环境差异较大。从控制权指标看，我国只有近四分之一上市公司的控制权小于30%，现金流权小于30%的却高达一半以上，这表示不少上市公司终极控制人用少量的现金流权控制了上市公司较多的投票权，可能存在着"小股东控制"等问题。

表7-4　　　　　　　　　　描述性统计分析

指标分类	指标	均值	标准差	极小值	25%分位	50%分位	75%分位	极大值
掏空行为	非经营性资金占用率	0.009	0.670	-133.790	-0.0032	0.000	0.002	137.211
	总资金占用率	0.014	1.588	-133.79	-0.0067	0.000	0.001	140.031
制度环境	市场化指数	8.601	2.016	0.380	7.110	8.770	10.420	11.800
	政府干预指数	8.982	1.436	-4.660	8.490	9.210	9.896	10.650
	法治水平指数	9.078	4.486	0.180	5.250	7.370	12.390	19.890
终极控制权	现金流权	33.284	17.523	0.000	19.590	32.143	45.808	99.320
	控制权比例	39.431	15.643	10.060	26.920	40.117	50.658	100.000
	两权偏离	6.136	8.587	0.000	0.000	7.342	12.069	53.424
控制变量	总资产（亿元）	46.582	148.496	0.0008	10.114	44.020	39.833	4434.663
	资产负债率	0.525	1.969	0.002	0.340	0.553	0.625	138.378
	ROE	0.058	0.676	-26.049	0.032	0.067	0.127	28.983

7.3.2　相关性分析

表7-5是主要变量的相关系数矩阵。相关性分析表明，Tunl_AR与Index_Mar、Index_Gov、Index_Law均显著负相关，说明市场化指数、政府干预指数、法制水平指数越高，终极股东发生掏空行为的概率和资金侵占程度越小。Index_Mar、Index_Gov与Index_Law三者之间强显著性正相关，因此，需要单独进行研究。Tunl_AR与CFR、CF、Dived三者之间呈显著性负相关，说明控制权、现金流权和超额控制越高，终极股东发生掏空行为的概率越大，这与前面研究结果一致。企业规模（Size）与Tunl_AR显著性正相关，财务杠杠（Debt）和成长性（ROE）与Tunl_AR均显著性负相关。

表 7-5　　相关性分析

变量	Tunl_AR	Tunl_TR	Index_Mar	Index_Gov	Index_Law	CFR	CF	Dived	Size	Debt
Tunl_TR	0.860**									
	0.000									
Index_Mar	-0.007*	-0.012								
	0.045	0.317								
Index_Gov	-0.007*	-0.008	0.816**							
	0.071	0.521	0.000							
Index_Law	-0.013*	-0.017	0.891**	0.593**						
	0.290	0.148	0.000	0.000						
CFR	0.002*	0.015	0.020	0.034**	0.018					
	0.027	0.205	0.097	0.006	0.131					
CF	0.002**	0.007*	0.030*	0.033**	0.034**	0.871**				
	0.001	0.074	0.014	0.007	0.005	0.000				
Dived	0.003*	0.006	0.016	-0.002	0.026*	-0.452**	0.043**			
	0.030	0.552	0.182	0.884	0.032	0.000	0.000			
Size	0.044**	0.035	0.025*	-0.006	0.047**	0.194**	0.218**	0.002		
	0.018	0.836	0.039	0.619	0.000	0.000	0.000	0.899		
Debt	-0.595**	-0.499	-0.056**	-0.037**	-0.070**	-0.055**	-0.027*	-0.009	-0.123**	
	0.000	0.194	0.000	0.002	0.000	0.000	0.000	0.505	0.000	
ROE	-0.001**	-0.003	0.058**	0.052**	0.050**	0.036**	0.045**	0.008	0.041**	-0.010**
	0.000	0.833	0.000	0.000	0.000	0.003	0.000	0.508	0.001	0.000

注：表中第二行表示 Sig. 值，** 表示在 0.01 的水平下通过显著性双尾检验，* 表示在 0.05 的水平下通过显著性双尾检验。

7.3.3 制度环境对终极股东掏空行为的影响

7.3.3.1 全体样本回归分析

表7-6是全体样本下制度环境对掏空行为的多元回归分析结果。根据相关性分析结果,模型[1]~[2]、模型[3]~[4]、模型[5]~[6]分别是检验市场化指数、政府干预指数、法治水平指数对掏空行为的影响,在模型中都加入了六个产权性质变量,以及控制了企业规模、财务杠杠、成长性、行业和年度等变量。

表7-6 全体样本下制度环境对掏空行为的多元回归分析

变量	预期符号	[1]	[2]	[3]	[4]	[5]	[6]
Intercept	?	0.093***	0.083***	0.086***	0.086***	0.086***	0.080***
		5.289	4.777	4.800	4.763	4.610	4.586
Gov_C	+	0.012**	0.023**	0.018**	0.013**	0.008**	0.011**
		1.741	1.778	1.755	1.723	1.860	1.826
Gov_P	+	0.035*	0.026*	0.016**	0.012	0.023*	0.016*
		1.653	1.647	1.765	1.568	1.674	1.673
Gov_S	+	0.037**	0.029***	0.024**	0.017**	0.022***	0.018***
		2.490	2.602	2.495	2.525	2.691	2.715
EFB_C	+	0.019***	0.015***	0.021***	0.017***	0.023***	0.026***
		3.263	2.990	3.170	3.123	3.309	3.256
CFB_C	+	0.035	0.032	0.034	0.030*	0.036	0.029
		1.614	1.420	1.438	1.694	1.542	1.495
For_C	+	−0.007	−0.006	−0.004	−0.005	−0.008	−0.007
		−1.530	−1.409	−1.491	−1.420	−1.601	−1.526
Index_Mar	−	−0.093**	−0.089**				
		−2.513	−2.208				
Index_Gov	−			−0.086	−0.083		
				−1.439	−1.392		
Index_Law	−					−0.028*	−0.027*
						−1.692	−1.661

续表

变量	预期符号	[1]	[2]	[3]	[4]	[5]	[6]
CFR	+	0.012		0.013		-0.017**	
		1.552		1.543		-2.092	
CF	+		0.035***		0.023***		0.018***
			2.641		2.588		2.592
Dived	+		0.012*		0.015**		0.019*
			1.947		1.958		1.935
Size	+	0.023***	0.015***	0.014***	0.023***	0.017***	0.033***
		3.875	3.438	3.620	3.549	3.571	3.503
Debt	-	-0.051**	-0.064**	-0.047*	-0.043*	-0.052*	-0.063**
		-1.991	-1.808	-1.764	-1.763	-1.768	-1.768
ROE	-	-0.015***	-0.014***	-0.012***	-0.022***	-0.025***	-0.009***
		-6.928	-6.920	-6.895	-6.888	-6.967	-6.958
Industry	?	控制	控制	控制	控制	控制	控制
Year	?	控制	控制	控制	控制	控制	控制
Adj R^2		0.064	0.053	0.073	0.081	0.072	0.043
F-Value		5.475***	5.315***	5.373***	5.234***	5.377***	5.239***
D-W		1.835	1.787	1.635	1.874	1.934	1.774
样本数		6848	6848	6848	6848	6848	6848

注：各模型第二行均为 t 值，各模型均控制了 20 个证监会行业哑变量和 6 个年度哑变量。其中 *、**、*** 分别表示显著性水平 $p<0.10$、$p<0.05$、$p<0.01$。

从模型 [1]~[2] 可见，Tunl_AR 与 Index_Mar 之间负相关，且通过了 5% 的显著性检验，这说明市场化程度越高的地区，终极股东发生掏空行为的概率越小；从模型 [3]~[4] 可见，Tunl_AR 与 Index_Gov 之间负相关，这说明政府干预程度越低的地区，终极股东发生掏空行为的概率越小，但是结果没有通过显著性检验，我们觉得这主要是因为 2005~2010 年各地区政府干预程度相对较平稳，变化不大所致。从模型 [5]~[6] 可见，Tunl_AR 与 Index_Law 之间负相关，但只通过了 10% 的显著性检验，这说明法治水平越高的地区，终极股东发生掏空行为的概率越小。从模型 [1]~[6] 中 Index_Mar、Index_Gov、Index_Law 三个指标的系数绝对值来看，Index_Mar 系数绝对值最大，说明市场化进程对掏空行为的抑制作用最大，这是因为市场化指数是根据樊纲等（2011）的市场化进程总分来计量的缘故；排除显著性之后，法治水平对终极股东掏空行为的抑制作用最低，这可能是由于我国政府的政治权优势，使得相关法律制度对政府控制公司制约作用不大所致。

从模型 [1]~[6] 中 CFR、CF、Dived 三个指标系数来看，三个指标系数都为正，并且基本通过了显著性检验，说明终极股东的控制权越大，越有助于其实施掏空行为。从系数的绝对值来看，控制权（CF）> 两权偏离（Dived）> 现金流权（CFR），这说明终极股东控制权（CF）对掏空行为的影响最大，即当控制权越大时，发生掏空行为概率越大；两权偏离（Dived）也加剧了终极股东的掏空行为，这是由于控制权和现金流权的分离，出现超额控制即终极控股股东只投入少量的资源就可以控制多个公司，这就造成了控制收益与成本的不对等。终极控股股东出于自身利益的考虑就会利用市场上的信息不对称去实施"掏空"行为，侵占其他股东的利益，并且这种"侵占效应"随超额控制程度的提高而加大；而现金流权（CFR）对掏空行为的影响最小，这可能是由于现金流权代表着终极控股股东与公司利益的一致程度，其能够在一定程度上对终极控股股东利用控制权转移中小股东财富的行为产生一种制约作用（李豫湘，2010）。

从模型 [1]~[6] 中产权性质的六个指标（Gov_C、Gov_P、Gov_S、EFB_C、CFB_C、For_C）来看，Gov_C、Gov_P、Gov_S、CFB_C 四个指标的系数为正，而 EFB_C、For_C 两个指标的系数为负，这说明上市公司政府控制的产权属性加剧了终极股东的掏空；在非政府控制公司中，资本家控制公司倾向于掏空，而企业家和外资控制公司掏空行为较低。从指标显著性来看，除资本家控制和外资控制公司之外，其余上市公司都具有显著性。

7.3.3.2 按照产权性质分组进行分析

我们按照产权性质进行分组，进一步检验了制度环境对掏空行为的多元回归分析结果，检验中通过虚拟变量法控制了 20 个行业哑变量和 6 个年度哑变量，得到的表 7-7 是政府控制公司分组检验结果，表 7-8 是非政府控制公司分组检验结果。

从表 7-7 政府控制公司分组检验结果中可见：（1）在政府控制公司中，Index_Mar、Index_Gov、Index_Law 三个指标系数显著为负，这表示市

7 制度环境对终极股东掏空行为影响的实证检验

表7-7 政府控制组样本制度环境对掏空的多元回归分析

变量		中央政府控制			省级政府控制			市级及以下控制	
	[1]	[2]	[3]	[4]	[5]	[6]	[7]	[8]	[9]
Intercept	0.084	0.075	0.081	0.154***	0.162***	0.150***	-0.025	-0.028	-0.020
	1.504	1.266	1.461	3.325	3.422	3.227	-0.942	-1.026	-0.968
Index_Mar	-0.065*			-0.160**			-0.042**		
	-1.657			-1.783			-2.043		
Index_Gov		-0.061*			-0.154**			-0.033*	
		-1.708			-1.939			-1.700	
Index_Law			-0.011**			-0.033**			-0.009*
			-1.767			-1.816			-1.747
Size	0.036	0.044	0.042	-0.008*	-0.007*	-0.009*	0.043	0.016	0.022
	1.523	1.579	1.582	-1.672	-1.892	-1.841	1.509	1.499	1.493
Debt	-0.066***	-0.061***	-0.067***	-0.122***	-0.120***	-0.143***	-0.022	-0.031	-0.016
	-4.543	-4.522	-4.543	-9.767	-9.855	-9.834	-1.296	-1.226	-1.234
ROE	-0.036	-0.042	-0.021	0.021	0.017	0.011	-0.021***	-0.029***	-0.024***
	-1.457	-0.973	-0.979	1.267	1.268	1.274	-10.837	-10.487	-10.917
Industry	控制	控制	控制	控制	控制	控制	控制	控制	控制
Year	控制	控制	控制	控制	控制	控制	控制	控制	控制
Adj R²	0.101	0.122	0.109	0.208	0.198	0.202	0.206	0.221	0.264
F-Value	3.511***	3.506***	3.504***	7.238***	7.235***	7.206***	8.196***	8.234***	8.202***
D-W	2.091	2.088	2.082	1.944	1.942	1.933	1.665	1.667	1.660
样本数	1383	1383	1383	1416	1416	1416	1319	1319	1319

注：各模型均控制了20个证监会行业分类哑变量和6个年度哑变量。其中*、**、***分别表示显著性水平 $p<0.10$，$p<0.05$，$p<0.01$。

表 7-8　非政府控制组样本制度环境对掏空的多元回归分析

变量	企业家控制			资本家控制			外资控制		
	[1]	[2]	[3]	[1]	[2]	[3]	[1]	[2]	[3]
Intercept	-0.019	-0.012	-0.009	0.176***	0.183***	0.192***	0.085	0.062	0.080
	-1.604	-0.754	-1.587	3.209	3.126	3.256	0.888	0.885	0.905
Index_Mar	-0.107=			-0.100**			-0.191**		
	-1.816			-1.881			-1.838		
Index_Gov		-0.034*	0.013		-0.033*			0.080	
		-1.678	1.186		-1.617			1.178	
Index_Law			0.023			-0.019**			-0.071
			1.593			-1.796			-0.816
Size	0.011	0.007	0.023	-0.010***	-0.012***	-0.009***	-0.007	-0.006	-0.012
	1.592	1.595	1.593	-3.350	-3.348	-3.333	-1.402	-1.445	-1.522
Debt	-0.032	-0.054	-0.066	-0.045***	-0.036***	-0.024***	-0.014	-0.020	-0.015
	-0.784	-0.796	-0.781	-2.728	-2.726	-2.724	-0.813	-1.186	-0.923
ROE	-0.061***	-0.056***	-0.035***	0.022	0.016	0.011	-0.054***	-0.063***	-0.061***
	-12.487	-12.527	-12.502	1.170	1.170	1.173	-3.558	-3.553	-3.575
Industry	控制	控制	控制	控制	控制	控制	控制	控制	控制
Year	控制	控制	控制	控制	控制	控制	控制	控制	控制
Adj R²	0.149	0.160	0.157	0.155	0.172	0.176	0.322	0.347	0.351
F-Value	8.567***	8.587***	8.568***	4.378***	4.378***	4.382***	3.662***	3.606***	3.659***
D-W	1.940	1.923	1.937	1.916	1.908	1.905	1.803	1.761	1.786
样本数	1725	1725	1725	754	754	754	219	219	219

注：各模型均控制了 20 个证监会行业分类哑变量和 6 个年度哑变量。其中 *、**、*** 分别表示显著性水平 $p<0.10$，$p<0.05$，$p<0.01$。

场化程度越高、政府干预程度越小、法治水平越高,终极股东掏空行为的概率就越低。(2) 从 Index_Mar、Index_Gov、Index_Law 三个指标系数绝对值观察,省级政府控制公司的掏空行为受制度环境的影响更大;在三个指标中,Index_Mar 的系数绝对值最大,这表明市场化进程对掏空行为的抑制作用最大。(3) 三个指标系数都通过了显著性检验,这表明制度环境对政府控制公司掏空行为的影响具有统计上的显著性意义。

在表 7-8 非政府控制公司分组检验结果中,我们发现:(1) 在企业家控制公司中 Index_Mar、Index_Gov 两个指标系数显著为负,说明市场化进程和政府干预程度对终极股东掏空行为有抑制作用,而法治水平程度(Index_Law)则没有体现出制约作用,其系数为 0.013(Sig. = 1.186),但结果没有通过显著性检验。(2) 在资本家控制公司中 Index_Mar、Index_Gov、Index_Law 三个指标系数均显著为负。(3) 在外资控制公司中,Index_Mar 系数显著为负,Index_Gov 和 Index_Law 都没有通过显著性检验,这表明制度环境对外资控制公司的影响在统计上不具有显著性意义。(4) 从 Index_Mar、Index_Gov、Index_Law 三个指标系数绝对值来看,市场化进程(Index_Mar)的制约作用还是最大的。

7.3.3.3 按照控制权分组进行分析

我们按照控制权比例进行分组,进一步检验了制度环境对掏空行为的影响,多元回归分析结果详见表 7-9,检验中仍然通过虚拟变量法控制了 20 个行业哑变量和 6 个年度哑变量。

从表 7-9 可见,(1) 在企业家控制公司中 Index_Mar、Index_Gov 两个指标系数显著为负,说明市场化进程和政府干预程度对终极股东掏空行为有抑制作用,而在 20% < 控制权 ≤ 50% 组公司中法治水平程度(Index_Law)则没有体现出制约作用,其系数为 0.015(Sig. = 1.251),但结果没有通过显著性检验,这可能是由于终极股东控制权私人收益大于掏空成本,因此其掏空行为不受法治水平的影响。(2) 从 Index_Gov、Index_Law 三个指标系数绝对值观察,在控制权制度环境在 ≤20% 组公司中,制度环境起到了显著的制约作用;制度环境在 20% < 控制权 ≤ 50% 组公司中的制约作用最差,我们觉得这是由于高控制权的"利益趋同"效应和低控制权下高掏空成本所导致的,当控制权介于 20% 与 50% 之间时,终极股东更倾向于掏空行为。在三个指标中,Index_Gov 的系数绝对值最大,这表明市场化进程对掏空行为的

表 7-9 按照控制权分组下制度环境对掏空的多元回归分析

变量	控制权>50%			20%<控制权≤50%			控制权≤20%		
	[1]	[2]	[3]	[1]	[2]	[3]	[1]	[2]	[3]
Intercept	0.015	0.028	0.008	0.138***	0.140***	0.136***	0.109**	0.121**	0.113**
	1.357	1.651	1.213	7.008	6.846	6.936	2.609	2.423	2.569
Index_Mar	-0.158*			-0.054*			-0.178***		
	-1.776			-1.743			-1.878		
Index_Gov		-0.169*			-0.053*			-0.121**	
		-1.693			-1.790			-1.942	
Index_Law			-0.049			0.015			-0.131***
			-1.503			1.251			-2.385
Size	0.012	0.021	0.018	-0.009***	-0.007***	-0.005***	-0.006**	-0.011**	-0.004**
	1.124	1.193	1.147	-7.300	-7.371	-7.347	-1.875	-1.908	-1.973
Debt	-0.047***	-0.038***	-0.043***	-0.045***	-0.052***	-0.056***	-0.009	-0.016	-0.011
	-4.099	-4.102	-4.166	-13.221	-13.337	-13.305	-1.354	-1.124	-1.024
ROE	-0.078***	-0.091***	-0.082***	-0.005***	-0.010***	-0.008***	-0.031	-0.025	-0.024
	-6.169	-6.156	-6.211	-4.996	-4.991	-5.018	-1.213	-1.423	-1.010
Industry	控制	控制	控制	控制	控制	控制	控制	控制	控制
Year	控制	控制	控制	控制	控制	控制	控制	控制	控制
Adj R²	0.074	0.085	0.094	0.124	0.122	0.111	0.056	0.062	0.051
F-Value	3.659***	3.727***	3.689***	11.620***	11.584***	11.582***	5.083***	4.984***	4.909***
D-W	1.972	1.975	1.973	1.802	1.781	1.780	1.793	1.846	1.872
样本数	2586	2586	2586	3189	3189	3189	1273	1273	1273

注：各模型均控制了 20 个监会行业分类哑变量和 6 个年度哑变量。其中 *、**、*** 分别表示显著性水平 $p<0.10$，$p<0.05$，$p<0.01$。

抑制作用最大。

此外，在控制变量方面，我们仍然发现财务杠杠（Debt）有助于抑制终极股东的掏空动机；相反，企业规模（Size）均加剧了终极股东的掏空行为。

7.3.4 稳健性检验

为了使检验结果更加稳定和可靠，我们还进行了稳健性检验，其中包括四种方法：（1）为了考察本书结论是否源于本书所采用的控股股东资金占用指标，我们也采用了其他指标来测量控股股东占用资金状况，如控股股东非经营性占用资金年末总量、控股股东总资金占用总量（经营性资金占用总量加上非经营性资金占用总量）以及控股股东总资金占用率。综合而言，当我们采用不同指标来测度控股股东资金占用情况时，本书结论仍然成立。（2）为了避免因有效控制权选取标准不同对结论造成的影响，我们也参考苏坤和杨淑娥（2009）采用更严格的控制权标准20%筛选样本，重复上述检验过程，本书结论仍然成立。（3）我们还对样本按照控股股东非经营性资金占用率进行了1%和99%进行了截尾处理，本书结论仍然成立，这表明本书结论并非源于异常值影响。（4）我们也进行了分年度横截面回归，结果表明，在大部分年份里，本书结论仍然成立。

7.4 进一步分析

7.4.1 加入制度环境对终极控制权影响的因素

为了进一步研究制度环境对上市公司终极控制权的影响，进而影响终极股东的掏空行为，我们将制度环境三个指标根据均值大小（见表7-2）都分为两组，运用单因素分析法分析市场化指数、政府干预指数、法治水平指数对终极控制权均值的影响，进一步分析对掏空行为均值的影响。

表7-10是制度环境分组的单因素分析结果。从表7-10可见，（1）将市场化指数（Index_Mar）按照大小分为 Index_Mar > 8.601（即第一组）和 Index_Mar ≤ 8.601（即第二组）两组，在第一组中控制权变量CFR、CF、Dived三个指标的均值小于第二组，并且F值均通过显著性检验，说明市场化指数高的地区，上市公司现金流权、控制权、两权偏离度与市场化指数低

的地区具有显著性差别,并且市场化进程快的地区,上市公司控制权相对较低。进一步地,我们发现在第一组中非经营性资金占用率(Tunl_AR)均值为0.004,小于第二组的0.010,并且F值通过了显著性检验,这说明市场化程度高的地区,上市公司非经营性资金占用率较低,即掏空程度较小。综上所述,我们认为,市场化程度较高的地区,产品市场和要素市场相对发达,上市公司的股权资本在资本市场中流通和转手迅速,市场中介组织的发育程度较健全,特别是信息中介的发展,将减轻信息不对称程度,因此,这就造成较多资本进入上市公司,在一定程度上稀释了终极股东控制权,也致使终极控股股东的行为更多地暴露在"阳光"下,从而约束"掏空"行为。(2)将政府干预指数(Index_Gov)按照大小分为Index_Gov>8.982(即第一组)和Index_Gov≤8.982(即第二组)两组,第二组中控制权变量CFR、CF、Dived三个指标的均值大于第一组,并且F值均通过显著性检验,说明市政府干预程度高(即政府干预指数低)的地区,上市公司的现金流权、控制权、两全偏离度与政府干预程度低的地区具有显著性差别,即如果政府过多地干预上市公司,该地区上市公司中股权和控制权也相对较集中。进一步地,我们也发现第一组的非经营性资金占用率(Tunl_AR)均值为0.005,小于第二组的0.009,并且F值通过了显著性检验,这说明政府干预程度高的地区,上市公司非经营性资金占用率较高,即掏空程度也较大。综上所述,我们认为,政府干预程度较高的地区,政府进入上市公司股权的可能性增大,导致上市公司控制权相对较集中,政府为了实现其自身目标和促进当地的经济社会发展,可能从上市公司中转移资源,进而加剧掏空行为。(3)将法治水平指数(Index_Law)按照大小分为Index_Law>9.078(即第一组)和Index_Law≤9.078(即第二组)两组,第一组中控制权变量CFR、CF两个指标的均值大于第二组,并且F值均通过显著性检验,说明法治水平指数高的地区,上市公司的现金流权、控制权与法治水平指数低的地区具有显著性差别,并且法治水平高的地区上市公司的股权和控制权也相对较高。进一步地,我们发现第一组的非经营性资金占用率(Tunl_AR)均值为0.004,小于第二组的0.009,并且F值通过了显著性检验,这说明法治水平高的地区,上市公司非经营性资金占用率较低,即掏空程度较小。

表7-10　　按照制度环境分组的单因素方差分析

Group	CFR 均值	F	CF 均值	F	Dived 均值	F	Tunl_AR 均值	F
第一组：Index_Mar>8.601	0.313	3.242*	0.374	5.217**	0.052	4.699**	0.004	14.611***
第二组：Index_Mar≤8.601	0.316		0.382		0.056		0.010	
第一组：Index_Gov>8.982	0.318	3.556*	0.378	4.171**	0.056	3.899**	0.005	5.373**
第二组：Index_Gov≤8.982	0.322		0.380		0.057		0.009	
第一组：Index_Law>9.078	0.321	3.135*	0.385	4.293**	0.064	10.860***	0.004	12.418***
第二组：Index_Law≤9.078	0.319		0.374		0.055		0.009	

注：*、**、*** 分别表示显著性水平 $p<0.10$、$p<0.05$、$p<0.01$。

7.4.2　加入制度环境对董事会行为影响的因素

需要说明的是，此处研究所需要的样本数据不仅包括本章（见7.2.1节）所用到资金占用数据、终极控制权数据和制度环境数据，还包括董事会行为数据，该样本数据来自第六章（见6.2.1节）。由于第六章中董事会行为数据只收集了2009～2010两年的数据，故综合之后共得到可观测样本数据2748个。

7.4.2.1　单因素分析

为了进一步研究制度环境对上市公司董事会行为的影响，进而影响终极股东的掏空行为，我们将制度环境三个指标根据均值大小（见表7-2）都分为两组，运用单因素分析法分析市场化指数、政府干预指数、法治水平指数对董事会行为均值的影响，进一步分析对掏空行为均值的影响。

表7-11是制度环境分组的单因素分析结果。从表7-11可见，制度环境对 Indep_Bd、Bd_Pay、Br_Meet 三个指标均值均有显著性影响，这说明制度环境对董事会独立性、羊群行为和勤勉行为都具有显著性影响，即在市场

化程度高、政府干预较少、法治水平较高情况下，董事会独立性和董事会会议出席率都相对较高。但是 Index_Mar 和 Index_Gov 对领取报酬董事比例（Bd_Pay）指标的影响，具有一定的矛盾性，我们觉得这可能是指标原因导致的。从 Tunl_AR 来看，第一组中非经营性资金占用率（Tunl_AR）均值分别为 0.004、0.003、0.004，都小于第二组的 0.006、0.005、0.007，并且 F 值均通过了显著性检验，说明在市场化程度高、政府干预较少、法治水平较高情况下，掏空程度也较低。总之，我们发现，市场化程度较高的地区，政府干预程度低，经理人市场相对发达，法治水平较高，董事会独立性相对较强，羊群行为较低，董事会更加努力工作，因此，终极股东掏空行为概率越低。

表 7-11　　　　　　按照制度环境分组的单因素方差分析

Group	Indep_Bd		Bd_Pay		Br_Meet		Tunl_AR	
	均值	F	均值	F	均值	F	均值	F
第一组：Index_Mar > 8.601	0.634	5.044**	0.794	5.736**	0.893	4.239**	0.004	4.780***
第二组：Index_Mar ≤ 8.601	0.637		0.768		0.889		0.006	
第一组：Index_Gov > 8.982	0.634	5.027*	0.791	5.413*	0.895	7.538***	0.003	4.563**
第二组：Index_Gov ≤ 8.982	0.636		0.771		0.887		0.005	
第一组：Index_Law > 9.078	0.635	4.789**	0.783	3.001**	0.894	4.747**	0.004	5.507**
第二组：Index_Law ≤ 9.078	0.637		0.785		0.890		0.007	

注：*、**、*** 分别表示显著性水平 $p<0.10$，$p<0.05$，$p<0.01$。

7.4.2.2　主成分分析

为了进一步研究制度环境、董事会行为和控制权对掏空行为的影响程度高低，我们用主成分分析法提取制度环境、董事会行为和控制权因子，分别研究三个因子对掏空行为的影响程度大小。

表7-12 是 KMO 和 Bartlett 的检验结果。从表可见，KMO 值①为 0.724 > 0.5，另外，巴特利特球体检验（Bartlett）给出的相伴概率为 0.000，该结果小于显著性水平 1%，说明数据之间具有相关性。由 KMO 测度和巴特利特球体检验得出，本文选取的数据适合进行因子分析。

表 7-12　　　　　　　KMO 和 Bartlett 的检验

Kaiser – Meyer – Olkin 度量		0.724
Bartlett 的球形度检验	近似卡方	9139.873
	df	28
	Sig.	0.000

表 7-13 是公因子方差总表。从表 7-13 可见，"成分"列是不同特征根的因子编号，观察统计分析数据"提取平方和载入"列，可得出 4 个主要因子（特征值大于 1），四个因子的方差贡献率即解释率分别为：32.512%、23.657%、14.862%、12.828%，并且四个主因子对总体信息量的解释率已达到 83.859%。

表 7-13　　　　　　　　总方差解释表

成分	初始特征值			提取平方和载入			旋转平方和载入		
	合计	方差的（%）	累积（%）	合计	方差的（%）	累积（%）	合计	方差的（%）	累积（%）
1	2.611	32.636	32.636	2.611	32.636	32.636	2.601	32.512	32.512
2	1.887	23.584	56.221	1.887	23.584	56.221	1.893	23.657	56.169
3	1.188	14.847	71.067	1.188	14.847	71.067	1.189	14.862	71.031
4	1.023	12.791	83.859	1.023	12.791	83.859	1.026	12.828	83.859
5	0.771	9.640	93.499						
6	0.354	4.427	97.926						
7	0.127	1.592	99.518						
8	0.039	0.482	100.000						

---

① 一般的判断标准：KMO 在 0.9 以上，表示非常适合做因子分析；0.8~0.9，表示很适合；0.7~0.8，表示适合；0.6~0.7 范围内，比较适合；0.5~0.6，勉强适合；0.5 以下，则不适合（张文彤和董伟，2004）。

表7-14是通过旋转处理后的四个因子的负载值。从表可见，因子1对市场化指数、政府干预指数、法治水平指数有较大影响，因而制度环境是因子1的代表；因子2对现金流权、控制权有较大影响，因而终极控制权是因子2的代表；因子3对非独立董事比例、领取报酬董事比例有较大影响，因而董事会独立性是因子3的代表；同理，董事会勤勉度是因子4的代表。

表7-14　　　　　　　　　　旋转成分矩阵

项目	成分			
	1	2	3	4
市场化指数	0.986	0.020	0.011	0.008
政府干预指数	0.884	0.011	0.056	0.058
法治水平指数	0.918	0.019	-0.048	-0.042
非独立董事比例	0.036	-0.143	-0.753	0.226
董事会会出席率	0.009	0.021	-0.008	0.963
领取报酬董事比例	0.051	-0.121	0.785	0.207
现金流权	0.007	0.963	0.032	0.010
控制权	0.035	0.964	-0.013	0.001

表7-15是因子得分系数矩阵。根据因子得分系数和原始变量的标准化值，可以计算每个可观测样本的4个因子得分值，即Fact_1代表制度环境因子、Fact_2代表终极控制权因子、Fact_3代表董事会独立性因子、Fact_4代表董事会勤勉度因子[①]，并可以据此对观测量进行进一步的分析。

表7-15　　　　　　　　　　成分得分系数矩阵

项目	成分			
	1	2	3	4
市场化指数	0.379	-0.005	0.000	-0.010
政府干预指数	0.339	-0.008	0.040	0.041
法治水平指数	0.355	-0.004	-0.050	-0.058

---

① 样本观测量的各因子得分值分别以Fact_1代表制度环境因子、Fact_2代表终极控制权因子、Fact_3代表董事会独立性因子、Fact_4代表董事会勤勉度因子，保存在原数据表中，作为后续分析的数据来源。

续表

项目	成分			
	1	2	3	4
非独立董事比例	0.019	-0.063	-0.630	0.212
董事会会出席率	-0.014	0.025	0.000	0.939
领取报酬董事比例	0.011	-0.072	0.663	0.206
现金流权	-0.013	0.509	0.014	0.024
控制权	-0.001	0.510	-0.024	0.014

7.4.2.3 多因素分析

通过对公司治理最近二十年发展状况的回顾，为了进一步弄清和解决代理问题，外部治理机制和内治理机制之间的交互影响（互补或替代）是一个需要深入研究的领域（Denis，2001）。对于各种治理机制之间的替代或互补关系学者们已有初步的研究成果。Aghion & Howitt（1997）等提出了一个模型，在该模型中，指出市场竞争是良好公司治理的替代。相反，Holmstrom & Milgrom（1994）的研究得出多任务的委托代理框架中各种治理和激励机制是互补的。牛建波和李胜楠（2003）对我国转轨经济条件中产品市场竞争环境对董事会治理效果的影响进行了研究，他们发现，当产品市场竞争超过一定程度后，董事会治理对企业价值存在着显著的促进作用。但是，关于制度环境和董事会治理之间关系的实证证据还非常少。制度环境和董事会治理对上市公司股东行为的交互影响是怎样的？换言之，两者是否彼此互补还是相互替代？还需要进一步深入研究。

表 7-16 是在主成分因子基础上的多元回归分析结果。我们可以看出，制度环境、董事会独立性[①]和董事会勤勉三个因子对掏空行为都具有制约作用，而终极控制权则加剧了掏空行为。从系数的绝对值来看，制度环境因子系数 > 董事会勤勉因子系数 > 董事会独立性因子系数，这说明三者对掏空行为的制约作用依次减弱；在制约终极股东掏空行为因素中，制度环境是最有效的，其次为董事会勤勉程度，而董事会独立性的制约效果最差，与叶康涛

---

① 注意：由于董事会独立性因子中包含非独立董事比例（Indep_Bd）和领取报酬董事比例（Bd_Pay）两个指标，而当非独立董事比例（Indep_Bd）和领取报酬董事比例（Bd_Pay）越大时，则董事会独立性越低，反之独立性越强。因此，表 7-16 中董事会独立性因子系数为正值，则表示对掏空行为的制约作用。

等（2007）指出的"独立董事在抑制掏空行为方面不具有显著性效果"结论相一致。此外，从影响的方向来看，制度环境与董事会治理在抑制终极股东掏空行为作用上，不是相互替代，而是可以共同作用的。综上所述，进一步加快市场化进程，建设经理人市场，完善法律体系，减少政府干预，同时提高董事会独立性，促使董事更加努力工作，才是减少控股股东掏空行为的有效途径。

表 7 – 16　　　　　　　　多因素分析结果

因素	非标准化系数		t	Sig.
	B	标准误差		
常量	3.234	0.012	2.622	0.009
制度环境因子	−0.050	0.001	−1.911	0.062
终极控制权因子	0.018	0.001	2.343	0.032
董事会独立性因子	0.007	0.001	2.140	0.049
董事会勤勉因子	−0.029	0.001	−2.054	0.052
企业规模	0.134	0.001	2.248	0.025
财务杠杆	−0.001	0.003	2.002	0.098
成长性	−1.803	0.004	−5.139	0.000

注：Adj R^2 = 0.227，D – W = 2.027，F = 3.509（Sig. = 0.000）模型均控制了 20 个证监会行业分类哑变量和 2 个年度哑变量。

进一步地，通过设置"控制权因子 × 董事会独立性因子""控制权因子 × 董事会勤勉因子"两个交互项，参考毕晓方等（2007）的方法对交互项进行了残差中心化处理，分析终极控制权和董事会治理对终极股东掏空行为的交互影响是怎样的，即终极控制权是否通过董事会行为传导进一步影响控股股东的掏空行为。

表 7 – 17 是加入控制权与董事会行为交互项后的多元回归分析结果。我们可以看出，董事会行为具有传导效应，终极股东通过终极控制权影响了董事会的独立性和董事成员的行为，进一步加剧了掏空行为，即控制权因子 × 董事会独立性因子的非标准化系数为 0.238，大于二者回归系数之和或积。但是，董事会勤勉的传导效果却不明显，与预期结果不相一致，这说明对于影响掏空行为的效果来说，董事会勤勉不如终极控制权。在终极股东控制下，董事会勤勉程度并不能有效抑制掏空行为。

表7-17　　　　　　　加入交互项后多因素分析结果

因素	非标准化系数		t	Sig.
	B	标准误差		
常量	4.021	0.009	2.321	0.011
终极控制权因子×董事会独立性因子	0.238	0.002	2.872	0.044
终极控制权因子×董事会勤勉因子	0.011	0.011	1.890	0.061
制度环境因子	-0.028	0.002	-2.018	0.034
企业规模	0.078	0.001	1.856	0.065
财务杠杆	-0.020	0.004	-2.421	0.008
成长性	-1.002	0.020	-3.601	0.000

注：Adj R^2 = 0.140, D-W = 2.002, F = 7.231 (Sig. = 0.000) 模型均控制了20个证监会行业分类哑变量和2个年度哑变量。

7.5 本章小结

第一，通过对市场化指数的分析，我们发现，2005~2010年，市场化指数在稳步提高中，法治水平指数有了较大的提高，而政府干预指数相对平稳，总体变化程度不大，这说明，近年来，我国上市公司所处的外部治理环境产生了较为明显的进步和改善，必然影响着上市公司的经营活动。但是，法治水平指数极大值和极小值分别为19.89和0.18，政府干预指数的极小值为-4.60，也意味着我国各地区制度环境差异较大。

第二，通过全样本回归分析，我们发现，Tunl_AR与Index_Mar之间负相关，且通过了5%的显著性检验，这说明市场化程度越高的地区，终极股东发生掏空行为的概率越小；Tunl_AR与Index_Gov之间负相关，这说明政府干预程度越低的地区，终极股东发生掏空行为的概率越小，但是结果没有通过显著性检验，我们觉得这主要是因为2005~2010年各地区政府干预程度相对较平稳，变化不大所致。Tunl_AR与Index_Law之间负相关，但只通过了10%的显著性检验，这说明法治水平越高的地区，终极股东发生掏空行为的概率越小。此外，我们还发现，Index_Mar系数绝对值最大，说明市场化进程对掏空行为的抑制作用最大,这是因为市场化指数是根据樊纲等(2011)的市场化进程总分来计量的缘故;排除显著性之后,法治水平对终极股东掏空行为的抑制作用最低,这可能是由于我国政府的政治权优势,使得相关法律制度对政府控制公司制约作用不大所致。

第三,通过按照产权性质分组后回归分析,我们发现,市场化程度越高、政府干预程度越小、法治水平越高,政府控制公司中终极股东掏空行为的概率就越低。从 Index_Mar、Index_Gov、Index_Law 三个指标系数绝对值观察,省级政府控制公司的掏空行为受制度环境的影响更大;在三个指标中,Index_Mar 的系数绝对值最大,这表明市场化进程对掏空行为的抑制作用最大。在非政府控制公司中,我们发现市场化进程和政府干预程度对企业家控制公司中终极股东掏空行为有抑制作用,而法治水平程度(Index_Law)则没有体现出制约作用;在资本家控制公司中 Index_Mar、Index_Gov、Index_Law 三个指标系数均显著为负;制度环境对外资控制公司的影响在统计上不具有显著性意义。

第四,通过制度环境分组进行的单因素分析,我们发现,市场化指数高的地区的上市公司中现金流权、控制权、两权偏离度与市场化指数低的地区具有显著性差别,并且市场化进程快的地区,上市公司控制权相对较低。进一步地,我们发现市场化程度高的地区,上市公司非经营性资金占用率较低,即掏空程度较小。综上所述,我们认为,市场化程度较高的地区,产品市场和要素市场相对发达,上市公司的股权资本在资本市场中流通和转手迅速,市场中介组织的发育程度较健全,特别是信息中介的发展,将减轻信息不对称程度,因此,这就造成较多资本进入上市公司,在一定程度上稀释终极股东控制权,也致使终极控股股东的行为更多地暴露在"阳光"下,从而约束"掏空"行为。

同时,我们还发现,政府干预程度较高的地区,政府进入上市公司股权的可能性增大,导致上市公司控制权相对较集中,政府为了实现其自身目标和促进当地的经济社会发展,可能从上市公司中转移资源,进而加剧掏空行为。法治水平高的地区上市公司的股权和控制权也相对较高,但是上市公司非经营性资金占用率较低,即掏空程度较小。

第五,加入董事会行为后,我们还采用单因素方法研究了制度环境对董事会行为的影响,进而影响掏空行为。我们发现,制度环境对董事会独立性、羊群行为和勤勉行为都具有显著性影响,市场化程度较高的地区,政府干预程度低,经理人市场相对发达,法治水平较高,董事会独立性相对较强,羊群行为较低,董事会更加努力工作,因此,终极股东掏空行为概率越低。

第六,我们还通过主成分分析法提取了制度环境因子、终极控制权因子、董事会独立性因子、董事会勤勉度因子,并据此进一步做多元回归分析。我们发现,制度环境、董事会独立性①和董事会勤勉三个因子对掏空行为都具有制约作用,而终极控制权则加剧了掏空行为。从系数的绝对值来看,制度环境 > 董事会勤勉 > 董事会独立性,这说明三者对掏空行为的制约作用依次减弱,在制约终极股东掏空行为因素中,制度环境是最有效的,其次为董事会勤勉程度,而董事会的独立性效果最差,与叶康涛等(2007)结果相一致。此外,从影响的方向来看,制度环境与董事会治理在抑制终极股东掏空行为作用上,不是相互替代,而是可以共同作用的。综上所述,进一步加快市场化进程,建设经理人市场,完善法律体系,减少政府干预,同时提高董事会独立性,促使董事更加努力工作,才是减少控股股东掏空行为的有效途径。

---

① 注意:由于董事会独立性因子中包含非独立董事比例(Indep_Bd)和领取报酬董事比例(Bd_Pay)两个指标,而当非独立董事比例(Indep_Bd)和领取报酬董事比例(Bd_Pay)越大时,则董事会独立性越低,反之独立性越强。因此,表7-16中董事会独立性因子系数为正值,则表示对掏空行为的制约作用。

8 主要结论与政策建议

本章对全书进行归纳总结，阐明研究中证实的主要观点，并提出相关的政策建议。同时提出研究过程中存在的理论和方法上的局限性，最后对上市公司终极股东掏空行为研究的未来方向进行展望，旨在对我国投资者保护提供有益的借鉴。

8.1 主要研究结论

本书主要以终极股东控制为视角，采用分组分析的方法研究产权性质、控制权、董事会行为和制度环境对上市公司终极股东掏空行为的影响。首先，文章梳理了国内外相关理论与文献，从我国现实的制度与环境背景出发，系统分析了我国上市公司终极股东掏空行为的微观机理和抑制机制以及我国上市公司终极股东掏空行为的特征，使本书的研究能够从我国的实际情况出发，更加具有现实意义。其次，分别从影响终极股东掏空行为的外部制度环境和公司内部治理机制两方面出发，构建了基于制度环境与董事会治理的终极股东控制权对掏空行为影响的理论模型、系统的理论分析框架，为后续实证研究奠定理论基础。最后，基于 2005~2010 年我国沪深两市 A 股上市公司的样本数据，通过实证分析方法先研究了我国上市公司终极股东控制权对掏空行为的影响；在加入董事会行为因素的基础上，研究了终极股东控制权对董事会行为的影响，进而导致通过董事会行为影响掏空行为；在加入制度环境因素的基础上，研究了制度环境对终极控制权和董事会行为的影响，进而导致对终极股东掏空行为的影响；进一步又结合主成分分析法研究了制度环境、董事会行为和终极控制权三个因子对掏空行为的影响程度大小，以期明确主次，对症下药。通过上述理论与实证研究主要得出以下结论：

8 主要结论与政策建议

（1）近年来上市公司资金占用现象仍然存在，呈现出增长的趋势。一方面，在占用形式上从传统的关联购销业务占用（包括商品购销和劳务购销）向隐蔽的担保、租赁等业务转移特点。担保业务资金流出净额呈快速增长趋势，远大于其他关联交易方式资金占用。上市公司直接提供资金占用不减反增，上市公司资金占用清理活动未取得显著成效。此外，租赁业务资金占用也逐渐增长。另一方面，生产经营性关联交易额逐年增长；相对与应收账款和应付账款来说，预付账款和预收账款更容易形成资金占用现象；相对于经营性资金占用来说，非经营性资金占用更加严重；其他资金往来科目在一定程度上也形成了资金占用情况。

（2）参考 La Porta（2002）考虑利益侵占成本因素、申明浩（2007）考虑外部治理机制因素和段云（2009）考虑董事会因素的多个掏空模型，构建了基于终极股东控制权的掏空行为理论模型。研究发现，终极控股股东的持股比例与掏空行为成倒"U"形关系，意味着终极股东的行为具有"掏空"和"监督经营"两种导向。当股东持股比例低于某一极值时，随着其持股份额的增加，股东进行掏空的能力升高而成本降低，可能多采取掏空上市公司的手段来增加家族财富；而当股东持股高于某一极值时，其持股继续增加会产生"利益趋同效应"，此时，上市公司的命运与股东息息相关，使得股东更加重视公司长远的发展和盈余，股东反而有动力去监督经理层或者亲自参与经营管理，自利的同时也给中小股东带来利益。

（3）在不同产权性质的上市公司中董事会行为的差异性，影响了终极股东的掏空行为。与非政府控制公司相比，政府控制公司中董事会的独立性更差，羊群行为更显著，勤勉程度更低；进一步地，在政府控制公司中，市级及以下政府控制公司董事会的独立性和勤勉度更低，羊群行为更严重，导致终极股东掏空行为最严重，省级政府控制公司次之，中央政府控制公司掏空行为受到董事会行为的影响最小，掏空比例最低。在非政府控制公司中，资本家控制公司的掏空行为受到董事会行为的影响更大，资本家控制公司董事会的独立性和勤勉度更低，羊群行为更严重，导致终极股东掏空行为更严重，企业家控制公司掏空行为受到的影响最小，掏空比例最低；外资控制公司指标系数的显著性都不强。

（4）终极股东的控制权特征直接影响了其行为。控股股东的控制权、现金流权和超额控制更多地体现出"壕沟效应"，而现金流权的"协同效应"

不显著；在政府控制公司中，政府控制级别越低，控制权特征的"壕沟效应"越强；与资本家控制的上市公司相比，在企业家控制公司中控制权特征的"壕沟效应"较低；外资控制公司的控制权特征则表现为"协同效应"。此外，上市公司实际控制人的变更，为控股股东实施掏空行为提供了机会。实际控制人变更后，政府控制公司为了实现其政治目标，仍然会继续掏空上市公司；而非政府控制公司往往为了稳定市场地位和市场形象，提升公司价值，保护"壳"资源，转而支持上市公司。

（5）董事会独立性受产权性质和控制权的影响，进而影响终极股东的掏空行为。董事会的独立性随着终极股东控制权比例的增加而降低，终极股东的控制权与董事会的独立性之间成反比例关系；政府控制属性对董事会独立性产生了显著性影响，即在政府控制公司中董事会的独立性较低；同时，在政府控制公司中，中央控制公司的控制权系数小于省级控制公司，更小于市级及以下政府控制公司，这说明控制权的效应随着政府控制级别增加而作用降低；控制权在企业家控制公司中作用最显著，其次为政府控制公司；在终极股东控制下，控制权比例增加，独立董事比例降低，其结果是董事会独立性的降低进一步加剧了控股股东的掏空行为，这也说明独立董事在抑制终极股东掏空行为具有一定作用。

（6）董事会羊群行为也受产权性质和控制权的影响，进而也影响终极股东的掏空行为。终极股东的控制权与董事会羊群行为之间成正相关关系。当公司存在大股东控制时，大股东往往会利用自己在股东大会上高投票权控制股东大会，将尽量多地安排自己选派的董事会成员，尽可能地减少非自己选派的董事会成员，形成了关系紧密的关系格局和鲜明的权力格局。董事会成员之间保持"一团和气"，表现为在董事会决策中董事长说了算，董事会和股东大会成了大股东的"一言堂"，董事会羊群行为显著；政府控制属性对董事会羊群行为产生了显著性影响，即在政府控制公司中董事会更容易产生羊群行为，这是因为在政府控制公司中，董事会成员之间具有浓厚的政治关系和校友关系等关系格局，在上市公司中董事会治理多了一些行政性治理和关系治理色彩，而在政府控制公司中行政性派遣现象更是加剧了董事们在决策时碍于关系，放弃其独立判断，采取羊群行为；但是，控制权对羊群行为的影响显著性不强，尤其是外资控制公司都没有通过显著性检验，这主要是指标选择的问题，因为董事是否在上市公司领取报酬更多受到《公司法》和集团公司薪酬委员会政策影响；在终极股东控制下，当控制权比例增加时，控股股东自己选派的董事成员意愿增加，越容易形成利益团体，董事成员的羊群行为更加显著，进而控股股东的掏空行为也越严重。

(7) 董事会勤勉也与产权性质和控制权相关，并影响着终极股东的掏空行为。董事会勤勉程度与终极股东控制权之间显著性负相关，当公司终极股东控制权比例增加时，控股股东自己选派的董事成员意愿增加，越容易形成利益团体，董事成员的勤勉程度更低；政府控制属性对董事会成员的勤勉程度产生了显著性影响，在政府控制公司中董事会成员勤勉程度明显低于非政府控制公司；在政府控制公司中，中央控制公司的控制权作用大于省级控制公司，更大于市级及以下政府控制公司，这说明控制权的效应随着政府控制级别增加而效果更显著；而在非政府控制公司中，企业家控制和外资控制公司的控制权作用都较低，这也说明企业家和外资控制公司中董事会成员勤勉程度更高；大多数指标系数都通过显著性检验，这表明控制权对董事会会议出席率的影响具有统计上的显著性意义；在终极股东控制下，当控制权比例增加时，控股股东自己选派的董事成员意愿增加，越容易形成利益团体，董事成员的勤勉程度更低，进而控股股东的掏空行为也就越严重。

(8) 制度环境对终极股东掏空行为有显著性影响。市场化程度越高、政府干预程度越小、法治水平越高，终极股东掏空行为发生的概率就越低；其中市场化指数的抑制作用最强，法治水平指数抑制作用最小，而政府干预指数的抑制作用没有通过显著性检验；由于政府的政治权优势，政府控制公司受制度环境的影响小于非政府控制公司；在政府控制公司中，省级政府控制公司的掏空行为受制度环境的影响最大；在非政府控制公司中，制度环境对资本家控制公司掏空行为有显著性抑制作用，市场化进程和政府干预程度对企业家控制公司的终极股东掏空行为有抑制作用，而法治水平指数则没有体现出制约作用，制度环境对外资控制公司的影响在统计上不具有显著性意义。

(9) 在不同制度环境下，终极股东的控制权也具有差异性。市场化程度较高的地区，产品市场和要素市场相对发达，上市公司的股权资本在资本市场中流通和转手迅速，市场中介组织的发育程度较健全，特别是信息中介的发展，将减轻信息不对称程度，因此，这就造成较多资本进入上市公司，在一定程度上稀释终极股东控制权，也致使终极控股股东的行为更多地暴露在

"阳光"下，从而约束"掏空"行为；政府干预程度较高的地区，政府进入上市公司股权的可能性增大，导致上市公司控制权相对较集中，政府为了实现其自身目标和促进当地的经济社会发展，可能从上市公司中转移资源，进而加剧掏空行为；法治水平高的地区上市公司的股权和控制权也相对较高，但是上市公司非经营性资金占用率较低，即掏空程度较小。

（10）在不同制度环境下，董事会行为具有显著性差异。市场化程度较高的地区，政府干预程度低，经理人市场相对发达，法治水平较高，董事会独立性相对较强，羊群行为较低，董事会更加努力工作，因此，终极股东掏空行为概率越低。

（11）制度环境、董事会行为和终极控制权对掏空行为的影响具有差别。制度环境、董事会独立性和董事会勤勉三个因子对掏空行为都具有制约作用，并且从抑制作用来看，制度环境是最有效的，其次为董事会勤勉程度，而董事会的独立性效果最差；终极控制权则加剧了掏空行为。

8.2　相关对策建议

（1）加强关联交易信息披露和具体交易行为监管

充分的信息披露是保证关联交易公平公正的关键，对关联交易的信息披露进行监管是关联交易监管的重要内容。目前大多数国家对关联交易都采取"披露重于形式"的方式，强调关联交易的信息披露。由于不同行业间的关联交易性质千差万别，制定一个统一的关联交易的定价政策是相当困难的，但是，对于一个具体行业来规范关联交易的定价政策完全可行。关联交易定价是实现其交易目的的关键，因此，对关联交易的定价政策信息必须做到重点披露并加以规范。由于不规范的关联交易行为，粉饰上市公司业绩、转移或调整上市公司利润，特别是关联交易行为的不确定性和交易价格的非市场性、多样性，其定价政策既是交易的核心内容，也使一些上市公司借以进行资金转移或利润包装，这些行为严重损害了上市公司中小股东的利益、妨碍证券市场和上市公司发展。因此，对关联交易中的不规范交易行为进行预防和惩治，对上市公司具体关联交易行为进行监管就成为保护投资者利益的一个重要方面。

(2) 完善终极控股股东的信息披露制度

终极控股股东作为上市公司的实际控制人，深刻地影响着上市公司行为，在既定的控制性资源条件下，通过资金占用、贷款担保、非公允关联交易等方式将资源向控制性股东转移，侵占中小股东的利益。我国证监会早已要求上市公司从2001年开始在年报中披露实际控制人信息，并于2004年进一步增强对实际控制人信息的披露要求，规定上市公司在年报中必须以方框图的形式披露公司与其实际控制人之间的产权和控制关系，且实际控制人应当披露至自然人、国有资产管理部门或者其他最终控制人为止。尽管如此，在现实上市公司的年报信息披露中，有些公司对终极控股股东的信息披露还存在许多不完善和不全面的地方，譬如，有的公司只披露到中间控制层级，并未真正披露到最终的实际控制人；有的实际控制人通过多条控制链最终控制着上市公司，但在年报信息中披露却不全面。因此，应进一步规范对终极控股股东的信息披露，并严格把控终极股东对上市公司控制的各条控制链的披露，这样有助于外部投资者及其他相关信息使用者更全面地识别与了解上市公司的最终控制人和相关的各关联方，也使监管部门能更加有效地监督终极控股股东的行为与各种关联交易，保护中小投资者的利益。

(3) 建立对大股东权力的制衡机制

进一步发挥其他股东的制衡作用，实现内部制衡，研究结果发现，股权制衡对关联交易有抑制作用，但是中小投资者在履行关联交易的知情权和监督权方面，仍然处于劣势，也是由于监督成本过高的原因，造成了中小投资者搭便车或用脚投票的行为。随着投资者维权意识的提高，其势必要在公司治理和监督中发挥越来越重要的作用，因此，监管机构应制定相关措施，要求上市公司完善股东大会，降低上市公司中小投资者维权的成本，同时要求上市公司鼓励中小股东参与股东大会。在投票表决制度方面，要完善累积投票制度以及关联股东与关联董事的回避表决制度，扩大上市公司中小股东参与公司治理和监督的权利。

(4) 强化独立董事独立性和职能

由于独立董事和审计委员会对关联交易的形成和经济后果具有一定的影响作用，但非常有限。因此，监管机构应强化独立董事制度，进一步发挥独立董事在公司治理中的积极作用，增强独立董事的独立性，提高监管能力，使其有力量抗衡代表大股东利益的内部董事。同时应该加强审计委员会的建设,进一步明确法律责任,强化法律约束,发挥审计委员会在公司治理中的作用。

(5) 推进市场化改革和法制建设

地区市场化程度的提高能够显著减少关联交易的发生并强化关联交易的效率优势。因此,切实加大各省市的市场化改革力度,缩小地区间差异,营造良好的外部市场环境是十分必要的。与此同时,由于我国的控股股东并非市场选择的产物,而是制度设计的结果,因此,必须从制度根源上防范控股股东侵占中小股东的利益,目前我国的法律建设只是一种事后补偿的机制,而补偿也是不完全的。从经济学角度看,只有法律具有威慑力时,才能减少或者根本上制止侵害他人利益的行为。因此,在法律建设方面,监管部门应加强事前的威慑,而不仅是关注事后的不完全补偿。对于恶意隐瞒相关信息给上市公司带来的巨大损失,应明确有关民事责任和刑事责任的条款,加大违规关联交易侵占上市公司利益的机会成本。此外,就是基于市场更多的空间,减少政治效应在经济发展中的作用。

8.3 研究局限与未来研究方向

由于关联交易研究领域的一些特殊因素和数据的可获得性等问题,本书仍然存在以下几个方面的客观局限:

(1) 上市公司治理是一项庞大而复杂的系统工程,影响上市公司终极股东掏空行为的因素很多,本书仅从控制权、董事会行为和市场化进程方面进行了实证检验,但是激励机制、控制权市场、经理人市场和产品市场等还会对掏空行为产生影响。并且对控制权、董事会行为和市场化进程之间的交互作用,没有通过设置交叉项进一步地深入研究,更好地揭示掏空行为的影响因素。

(2) 关联担保的后续效应研究。随着资本市场和控制权市场的发展,关联担保已经上升为最重大的关联交易,它在便利公司融资的同时,也增加了关联企业之间的财务风险,在最近两年定期报告中所披露的债务和诉讼等许多都是由关联担保引起的,公司的治理环境、关联担保的要素与关联担保的债务转化之间是怎样的关系是本书试图深入探讨的领域。

（3）对董事会羊群行为的指标的选择，由于董事会决议公告的限制，没有能找到更加合适的衡量指标，对研究结果具有一定的影响。

（4）研究对象有待进一步拓展。对于上市公司来说，除了大股东之外，大股东的许多附属企业均与上市公司发生各种关联交易。本书对关联交易经济后果及其决定机制的研究，仅仅是集中在上市公司，以及上市公司与大股东和上市公司与联营企业及管理层，以此去推断关联交易背后的动机和功能。然而，关联交易的功能和后果还可能包括大股东自身以及大股东的其他附属企业。关联交易的效应也可能不仅体现在上市公司本身，换言之，除了上市公司之外，在大股东和其他附属企业甚至整个集团层面上，关联交易也可能有一些反应。

限于篇幅以及研究侧重点的问题，本书没有对终极股东掏空行为做更加细致的研究。因此，未来的研究可以考虑以下几个方面：加入譬如高管政治关系、董事会网络格局、股票市场机会主义等行为特征因素对终极股东掏空行为的影响；终极股东掏空行为对经济增长以及资源配置效率的影响；或者从支撑行为的视角来研究终极股东行为等。

参考文献

[1] 蔡卫星,高明华.终极股东的所有权、控制权与利益侵占:来自关联交易的证据[J].南方经济,2010(2):28-43.

[2] 程仲鸣.我国上市公司终极控制人股权特征的经验研究[J].财政研究,2010(3):68-70.

[3] 邓新东.中国职业经理人市场发育状况分析[D].武汉:武汉理工大学,2007(11).

[4] 段云,王福胜.单个大股东控制与董事会结构模型[J].中国会计评论,2009(6):157-174.

[5] 董志强,蒲勇健.掏空、合谋与独立董事报酬[J].世界经济,2006(6):71-96.

[6] 樊纲,王小鲁,朱恒鹏.中国市场化指数[M].北京:经济科学出版社,2011.

[7] 方军雄,向晓曦.外部监管、制度环境与信息披露质量——基于中小企业板上市公司的证据[J].证券市场导报,2009(11):58-63.

[8] 封思贤.上市公司大股东侵占行为剖析及对策[J].改革,2007(6):96-101.

[9] 韩志丽,杨淑娥,史浩江.企业终极所有者"掏空"行为的影响因素[J].系统工程,2006(9):43-47.

[10] 胡晓阳,李少斌,冯科.我国上市公司董事会行为与公司绩效变化的实证分析[J].中国软科学,2005(6):121-126.

[11] 何浚.上市公司治理结构实证研究[J].经济研究,1998(5):50-57.

[12] 何平.公司治理对财务困境作用机理的计量分析[M].北京:中国财政经济出版社,2009.

[13] 何晖. 股份公司的内部与外部监督机制经济学分析 [J]. 经济科学, 1994 (3): 38-41.

[14] 何龙斌. 我国职业经理人市场发展中存在的问题与对策 [J]. 陕西理工学院学报 (社会科学版), 2009 (4): 53-56.

[15] 贺勇, 李世辉, 关键. 外部环境、内部制度与控股股东支持行为 [J]. 财经理论与实践, 2010 (6): 49-55.

[16] 郝臣. 中小企业成长: 外部环境、内部治理与企业绩效——基于23个省市300家中小企业的经验数据 [J]. 南方经济, 2009 (9): 3-12.

[17] 胡天存, 杨鸥. 上市公司控制权配置现状与效率研究 [R]. 深圳证券交易所第六届会员单位、基金公司研究评选结果, 2003.

[18] 侯晓红. 大股东对上市公司掏空与支持的经济学分析 [J]. 中南财经政法大学学报, 2006 (5): 120-144.

[19] 侯晓红. 我国上市公司大股东占款行为研究 [M]. 北京: 中国财政经济出版社, 2009.

[20] 郭跃进. 独立董事制度与中小股东利益保护 [J]. 财经问题研究, 2002 (5): 36-39.

[21] 高雷, 何少华, 黄志忠. 公司治理与掏空 [J]. 经济学, 2006 (4): 1157-1178.

[22] 高雷, 张杰. 公司治理、政府控制与现金持有 [J]. 中大管理研究, 2008 (1): 55-70.

[23] 顾晓伟. 董事会行为、分析师跟进与公司绩效——基于联立方程组模型的实证检验 [J]. 金融经济, 2012 (4): 49-51.

[24] 谷祺, 于东智. 公司治理、董事会行为与经营绩效 [J]. 财经问题研究, 2001 (1): 58-66.

[25] 谷祺, 邓德强, 路倩. 现金流权与控制权分离下的公司价值——基于我国家族上市公司的实证研究 [J]. 会计研究, 2006 (4): 30-37.

[26] 江伟. 我国上市公司控制性股东掏空与支持行为的实证分析 [J]. 经济科学, 2006 (3): 88-95.

[27] 姜国华, 徐信忠, 赵龙凯. 公司治理和投资者保护研究综述 [J]. 管理世界, 2006 (6): 161-170.

[28] 蒋神州. 关系差序偏好、董事会羊群行为与掏空 [J]. 南方经济,

2011 (9): 3-16.

[29] 孔鹏. 2005 上市企业家 100 资本家 [J]. 新财富, 2005 (8): 43-46.

[30] 李增泉, 孙铮, 王志伟. 掏空与所有权安排——来自我国上市公司大股东资金占用的经验证据 [J]. 会计研究, 2004 (12): 3-14.

[31] 李梅. 中国股市"掏空行为"分析 [J]. 经济学家, 2004 (6): 103-108.

[32] 李增泉, 孙铮, 王志伟. 掏空与所有权安排——来自我国上市公司大股东资金占用的经验证据 [J]. 会计研究, 2004 (12): 3-14.

[33] 李增泉, 余谦, 王晓坤. 掏空、支持与并购重组——来自我国上市公司的经验证据 [J]. 经济研究, 2005 (1): 95-105.

[34] 赖建清. 所有权、控制权与公司绩效 [M]. 北京: 北京大学出版社, 2007: 62-66.

[35] 刘芍佳, 孙霈, 刘乃全. 终极产权、股权结构及公司绩效 [J]. 经济研究, 2003 (4): 51-62.

[36] 刘红娟. 大股东特征与董事会结构关系的实证分析 [J]. 统计观察, 2004 (7): 34-35.

[37] 刘彤. 控股股东作用与公司治理效率 [J]. 当代财经, 2004 (4): 78-80.

[38] 刘平. 上市公司控制权转移与"隧道效应"分析 [J]. 证券市场导报, 2007 (4): 51-55.

[39] 李维安. 公司治理评价与指数研究 [M]. 北京: 高等教育出版社, 2005.

[40] 李维安. 公司治理与公司治理原则 [J]. 中国物资流通, 2001 (2): 6-7.

[41] 吕伟, 林昭呈. 关联方交易、审计意见与外部监管 [J]. 审计研究, 2007 (4): 59-67.

[42] 吕长江, 肖成民. 民营上市公司所有权安排与掏空行为——基于阳光集团的案例研究 [J]. 管理世界, 2006 (10): 128-138.

[43] 刘运国, 吴小云. 终极控制人、金字塔控制与控股股东的"掏空"行为研究 [J]. 管理学报, 2009 (12): 1661-1669.

[44] 柳建华,魏明海,郑国坚.大股东控制下的关联投资:"效率促进"抑或"转移资源"[J].管理世界,2008(3):133-141.

[45] 牛建波,李胜楠.控股股东两权偏离、董事会行为与企业价值:基于中国民营上市公司面板数据的比较研究[J].南开管理评论,2007(2):32-37.

[46] 申明浩.上市公司控制性家族的掏空行为研究[D].广州:暨南大学,2007(5):44-52.

[47] 申明浩.治理结构对家族股东掏空行为的影响分析[J].经济研究,2008(6):135-144.

[48] 申尊焕.董事会行为:一个新的研究课题[J].广西电业,2008(6):60-61.

[49] 上海证券交易所研究中心.中国公司治理报告:控制权市场与公司治理[M].上海:复旦大学出版社,2009.

[50] 上海证券交易所研究中心.中国公司治理报告(2011):关联交易与同业竞争[M].上海:上海人民出版社,2012.

[51] 施东辉.股权结构、公司治理与绩效表现[J].世界经济,2000(12):37-44.

[52] 施东晖.上市公司控制权价值的实证研究[J].经济科学,2003(6):83-89.

[53] 宋增基,宁家耀,张宗益.董事会行为、公司治理与绩效:来自中国的经验证据[J].软科学,2008(6):42-46.

[54] 苏启林,朱文.上市公司家族控制与企业价值[J].经济研究,2003(8):36-45.

[55] 孙晓琳.终极控股股东对上市公司投资影响的实证研究[J].山西财经大学学报,2010(6):85-91.

[56] 孙永祥,章融.董事会规模、公司治理与绩效[J].企业经济,2000(10):13-15.

[57] 苏坤,杨淑娥.终极控股股东超额控制、现金流权与公司透明度[J].证券市场导报,2009(3):47-53.

[58] 沈艺峰,陈舒予,黄娟娟.投资者法律保护、所有权结构与困境公司高层管理人员变更[J].中国工业经济,2008(1):96-103.

[59] 邵少敏, 吴沧澜, 林伟. 独立董事和董事会结构、股权结构研究 [J]. 世界经济, 2004 (2): 66-79.

[60] 唐跃军. 大股东制衡、违规行为与外部监管——来自2004-2005年上市公司的证据 [J]. 南开经济研究, 2007 (6): 106-117.

[61] 唐跃军, 谢仍明. 股份流动性、股权制衡机制与现金股利的掏空行为 [J]. 中国工业经济, 2006 (2): 120-127.

[62] 唐清泉, 罗党论, 张学勤. 独立董事职业背景与公司业绩关系的实证研究 [J]. 当代经济管理, 2005 (1): 97-101.

[63] 唐清泉, 罗党论, 王莉. 大股东的掏空与制衡力量——来自中国市场的经验证据 [J]. 中国会计评论, 2005 (1): 63-86.

[64] 唐清泉. 家族企业持续成功经营的挑战与应对方案 [J]. 管理世界, 2002 (9): 123-132.

[65] 万小妹, 徐璇. 家族上市公司治理与绩效研究——基于企业家、资本家视角的比较 [J]. 国际经贸探索, 2009 (12): 76-81.

[66] 王明琳, 周生春. 控制性家族类型、双重三层委托代理问题与企业价值 [J]. 管理世界, 2006 (8): 8-95.

[67] 王宣喻, 李跃, 王陈佳. 环境约束与家族企业上市时机选择 [J]. 中国工业经济, 2006 (5): 112-119.

[68] 王俊秋. 法律环境、金字塔结构与家族企业的"掏空"行为 [J]. 财贸研究, 2007 (5): 97-105.

[69] 王琨, 肖星. 机构投资者持股与关联方占用的实证研究 [J]. 南开管理评论, 2005 (2): 27-33.

[70] 王跃堂, 涂建明. 集团公司与上市公司: 掏空、支持、抑或价值最大化 [J]. 中国会计评论, 2006 (6): 120-125.

[71] 王斌, 童盼. 董事会行为与公司业绩关系研究——一个理论框架及我国上市公司的实证检验 [J]. 中国会计评论, 2008 (3): 255-274.

[72] 向朝进, 谢明. 我国上市公司绩效与公司治理结构关系的实证分析 [J]. 管理世界, 2003 (5): 117-125.

[73] 夏立军, 方轶强. 政府控制、治理环境与公司价值——来自中国证券市场的经验证据 [J]. 经济研究, 2005 (5): 40-51.

[74] 徐莉萍, 辛宇, 陈工孟. 控股股东的性质与公司经营绩效 [J].

世界经济, 2006 (10): 78-89.

[75] 杨桦. 公司再造: 中国上市公司治理的新途径 [M]. 北京: 中信出版社, 2011.

[76] 叶康涛, 陆正飞, 张志华. 独立董事能否抑制大股东的"掏空"? [J]. 经济研究, 2007 (4): 101-111.

[77] 叶康涛. 公司控制权的隐性收益——来自中国非流通股转让市场的研究 [J]. 经济科学, 2003 (5): 61-69.

[78] 叶勇, 黄雷, 卓越. 上市公司加强控制的方法及比较研究 [J]. 当代经济管理, 2005 (12): 146-150.

[79] 叶勇, 胡培, 黄登仕. 中国上市公司终极控制权及其与东亚、西欧上市公司的比较分析 [J]. 南开管理评论, 2005 (3): 25-31.

[80] 叶勇, 胡培, 黄雷. 不同行业的上市公司控制权差异和绩效分析 [J]. 统计与决策, 2005 (8): 86-88.

[81] 于东智. 董事会公司治理与绩效对中国上市公司的经验分析 [J]. 中国社会科学, 2003 (3): 29-41.

[82] 袁春生, 祝建军. 经理人市场竞争、经理人激励与上市公司财务舞弊的关系 [J]. 财会月刊, 2007 (20): 15-17.

[83] 余智, 胡定核. 股份公司外部监督机制研究 [J]. 经济理论与经济管理, 1995 (4): 47-51.

[84] 张维迎. 所有制、治理结构与委托代理关系 [J]. 经济研究, 1996 (9): 3-15.

[85] 张维迎. 控制权损失的不可补偿性与国有企业兼并中的产权障碍 [J]. 经济研究, 1998 (7): 3-14.

[86] 张学勇, 欧朝敏. 终极控制权, 外资持股与掏空输送 [J]. 经济理论与经济管理, 2010 (6): 66-72.

[87] 张宗新, 季雷. 公司购并利益相关者的利益均衡吗 [J]. 经济研究, 2003 (6): 30-37.

[88] 张剑光. 我国职业经理人市场研究综述 [J]. 当代经理人, 2006 (7): 150-151.

[89] 张庆. 我国上市公司独立董事制度与中小股东的利益保护 [J]. 经济管理, 2006 (21): 29-34.

[90] 张祥建, 徐晋. 股权再融资与大股东控制的"隧道效应"[J]. 管理世界, 2005 (11): 127 - 151.

[91] 支晓强, 童盼. 管理层业绩报酬敏感度、内部现金流与企业投资行为: 对自由现金流和信息不对称理论的一个检验[J]. 会计研究, 2007 (10): 73 - 96.

[92] 支晓强, 童盼. 盈余管理、控制权转移与独立董事变更兼论独立董事治理作用的发挥[J]. 管理世界, 2005 (11): 137 - 144.

[93] 中国企业联合会, 中国企业家协会, 北京数字100市场咨询公司. 2007年度职业经理人发展报告[R]. http://ishare.iask.sina.com.cn/f/6130556.html.

[94] 周勤业, 夏立军, 李莫愁. 大股东侵害与上市公司资产评估偏差[J]. 统计研究, 2003 (10): 39 - 44.

[95] Atanasov, V, 2005, How much value can blockholders tunnel? Evidence from the Bulgarian mass privatization auctions [J]. Journal of Financial Economics, Vol. 76 (1): 191 - 234.

[96] Athey, M. J., Laumas, P. S., 1994, Internal Funds and Corporate Funds in India [J]. Journal of Development Economics, Vol. 45 (2): 287 - 303.

[97] Attig, N., Gadhoum, Y., Lang, L. H. P., 2003, Bid - Ask Spread, Asymmetric Information and Ultimate Ownership [R]. Working Paper.

[98] Aggarwal R. K., and Samwick A. A., 2003, Why Do Managers Diversify Their Firms? Agency Reconsidered [J]. The Journal of Finance, Vol. 58: 71 - 118.

[99] Antoniou, A., Gnney, Y., Paudyal. K., 2002, The Determinants of Corporate Debt Maturity Structure [R]. Working Paper, University of Durham.

[100] Berle, G. Means, 1932, The Modern Corporation and Private Property [M], Macmillan, New York.

[101] B. Holmstrom, 1982, Moral Hazard in Teams [J]. The Bell Journal of Economics, Vol. 13 (2): 324 - 340.

[102] Brennan, M. J., Franks, J., 1997, Underpricing, ownership and control in initial public offerings of equity securities in the UK [J], Journal of Financial Economics, Vol. 45 (2): 391 - 413.

[103] Bae, Kee-Hong, Jun-Koo Kang, Jin-Mo Kim, 2002, Tunneling or Value Added? Evidence from Mergers by Korean Business Groups [J]. Journal of Finance, Vol. 57: 2695-2740.

[104] Bai, C., Liu, Q., Song, F., 2002, The Value of Corporate Control Evidence from China's Distressed Firm [R]. Working Paper Series University of Hong Kong.

[105] Baker, M., 2000, Career Concerns and Staged Investment: Evidence from the Venture Capital Industry [R]. Working Paper, Harvard University.

[106] Bertrand, Marianne, Paras Mehta, Sendhil Mullainathan, 2002, Ferreting out Tunneling: An Application to Indian Business Groups [J]. Quarterly Journal of Economics, Vol. 117 (1): 121-148.

[107] Bozec, Y., Rousseau, S., Laurin, C., 2008, Law of Incorporation and Firm Ownership Structure [J]. The Law and Finance Theory, Vol. 28: 140-149.

[108] Bergstrom, Clas, Kristian Rydqvist, 1990, Ownership of Equity in Dual Class Firms [J]. Journal of Banking and Finance, Vol. 14 (2-3): 255-269.

[109] B. Espen Eckbo, David C, 2002, Smith. The Conditional Performance of Insider Trades [J]. The Journal of Finance, Vol. 53 (2): 467-498.

[110] Cascio W. F., 2004, Board Governance: A Social Systems Perspective. Academy of Management Executive, Vol. 18 (1): 97-100.

[111] Chernykh L., 2008, Ultimate Ownership and Control in Russia [J]. Journal of Financial Economicis, Vol. 88: 169-192.

[112] Claessens, S. Djankov. S., Fan, J. P. H., Lang, L. H. P., 1999, Expropriation of Minority Shareholders: Evidence from East Asia [R]. Working Paper.

[113] Claessens, S., S. Djankov, J. P. H. Fan, L. H. P. Lang, 2002, Disentangling the incentive and entrenchment effects of large shareholdings [J]. The Journal of Finance, Vol. 57 (6): 2741-2771.

[114] Claessens, Djankov. S., Lang. L. H. P., 2000, The Separation of Ownership and Control in East Asian Corporations [J]. Journal of Financial Eco-

nomics, Vol. 58: 81 – 112.

[115] Claessens, Simeon Djankov. 1999, Ownership Concentration and Corporate Performance in the Czech Republic [J]. The William Davidson Institute.

[116] Chong En Bai, Qiao Liu, Frank M. Song, 2004, Bad News is Good News: Propping and tunneling evidence from China [J]. Working Paper.

[117] Coles. J L, Daniel. N D, Naveen. L, 2008, Boards: Does one size fit all? [J]. Journal of Financial Economics, Vol. 87 (2): 329 – 356.

[118] Coase, R. H, 1937, The nature of the firm [J]. Economica, Vol. 14 (16): 386 – 405.

[119] Demsetz, H, 1964, The exchange and enforcement of property rights [J]. Journal of Law and Economics, Vol. 7: 11 – 26.

[120] Demsetz. H, 1983, The Structure of Ownership and the Theory of Firm [J]. Journal of Law and Economics, Vol. 26: 375 – 393.

[121] Denis, Diane K, John J, McConnell, 2003, International Corporate Governance [J], Journal of Financial and Quantitative Analysis, Vol. 38 (1): 1 – 36.

[122] Dennis Leech, John Leahy, 1991, Ownership Structure, Control Type Classifications and the Performance of Large British Companies [J]. The Economic Journal, Vol. 101 (409): 1418 – 1437.

[123] D. Prowse, 1992, The Structure of Corporate Ownership in Japan [J]. The Journal of Finance, Vol. 47 (3): 1121 – 1140.

[124] Dyck, A, L. Zingales, 2004, Control premiums and the effectiveness of corporate governance systems [J]. Journal of Applied Corporate Finance, Vol. 16: 51 – 72.

[125] Edward E. G. , George S. B. , David L. F. , Jay A. C. , 2002, Corporate Boards: Keys to Effectiveness [J]. Organizational Dynamics, Vol. 30 (4): 310 – 324.

[126] Fama, Jensen. 1983, The separation of ownership and control [J]. Journal of Law & Economics, Vol. 7: 301 – 325.

[127] Faccio M. , L. H. P. Lang, L. Young, 2001, Dividends and expropriation [J]. American Economic Review, Vol. 12. (1): 54 – 78.

[128] Faccio M, L. H. P. Lang, 2002, The ultimate ownership of Western European corporations [J]. Journal of Financial Economics, Vol. 3: 365 - 395.

[129] Faccio M., Lang L. H. P., Young L., 2001, Debt and corporate governance [R]. Working Paper.

[130] Faccio M., Lang L. H. P., Young L., 2003, Debt and Expropriation [R]. Working Paper.

[131] Friedman, E., Johnson, S., Mitton T, 2003, Propping and Tunneling [J]. Journal of Comparative Economics, Vol. 4: 732 - 750.

[132] Farrell, K. A., Whidbee, D. A., The Consequences of Forced CEO Succession for Outside Directors [J]. Journal of Business, 2000, Vol. 73: 597 - 628.

[133] Ghosh Chinmoy, C. F Sirmans, 2003, Board Independence, Ownership Structure and Performance: Evidence from Real Estate Investment Trusts [J]. Journal of Real Estate Finance Economics, Vol. 26 (2 - 3): 287 - 318.

[134] Grossman, Hart, 1988, One share - one vote and the market for corporate control [J]. Journal of Financial Economics, Vol. 20: 175 - 202.

[135] Grossman S. J., Hart O. D., 1980, Disclosure Laws and Takeover Bids [J]. Journal of Finance, Vol. 35: 323 - 337.

[136] Grossman, S. J., Hart, O. D., 1986, The Costs and Benefits of Ownership: A Theory of Vertical and Lateral Integration [J]. Journal of Political Economy, Vol. 94 (4): 691 - 719.

[137] Groves, T., Hong, Y., McMillan J., Naughton, B., 1994, Autonomy and Incentive in Chinese State Enterprise [J]. The Quarterly Journal of Economics, Vol. 109 (1): 183 - 209.

[138] Huddart, steven, 1993, The Effect of a Large Shareholder on Corporate Value [J]. Management Science, Vol. 39 (4): 1407 - 1421.

[139] Holderness, D. Sheehan, 1988, The Role of Majority Shareholders in Publicly Held Corporations: An Explanatory Analysis [J]. Journal of Financial & Economics, Vol. 20: 317 - 346.

[140] Hermalin. B E, Weisbach. M S, 2001, Boards of directors as an endogenously determined institution: A survey of the economic literature [J]. NBER

Working Paper.

[141] Harley E, Ryan Jr., Roy A., Wiggins III, 2004, Who Is in Whose Pocket? Director Compensation, Board Independence, and Barriers to Effective Monitoring. Journal of Financial Economics, Vol. 73 (3): 497 -524.

[142] Harold Demsetz, 1986, Corporate Control, Insider Trading, and Rates of Return [J]. The American Economic Review, Vol. 76 (2): 313 -316.

[143] Johnson, S., La Porta, R., Lopez - de - Silanes, F., Shleifer F, 2002, Tunneling [J]. The American Economic Review, Vol. 2: 22 -27.

[144] Jensen, Meckling, 1976, Theory of the Firm: Managerial Behavior, Agency Costs and Ownership Structure [J]. Journal of financial economics, Vol. 3 (4): 305 -360.

[145] Jay D., John J. M., 2005, Outside Directors and Corporate Board Decisions [J]. Journal of Corporate Finance, Vol. 11: 37 -60.

[146] John R., 2002, Building the Complementary Board: The Work of the Plc Chairman. Long Range Planning, Vol. 35 (5): 493 -520.

[147] Jian M., Wong T. J., 2003, Earnings Management and Tunneling Through Related Party Transactions: Evidence from Chinese Corporate Groups [R]. SSRN Working Paper.

[148] Kathryn L. Dewenter, Paul H. Malatesta, 2001, State - Owned and Privately Owned Firms: An Empirical Analysis of Profitability, Leverage, and Labor Intensity [J]. The American Economic Review, Vol. 91 (1): 320 -334.

[149] Klein. A. 1998, Firm performance and board committee structure [J]. Journal of Law and Economics, Vol. 41 (1): 275 -303.

[150] Lemmon, M. L, K. V. Lins, 2003, Ownership structure, corporate governance, and firm value: Evidence from the East Asian financial CFisis [J]. The Journal of Finance, Vol. 3: 1445 -1468.

[151] Linck James S, Jeffry M Netter, Tina Yang. 2005, The Determinants of Board Structure [R]. SSRN Working Paper.

[152] La Porta R., Lopez - de - Silanes, F., Shleifer, A., 1999, Corporate Ownership Around the World [J]. The Journal of Finance, Vol. 54 (2): 471 -517.

[153] La Porta, R. , Lopez – de – Silanes, F. , Shleifer, A. Vishny, R. , 2002, Investor Protection and Corporate Valuation [J]. Journal of Finance, Vol. 57 (3): 1147 – 1170.

[154] La Porta, R. , Lopez – de – Silanes, F. , Shleifer, A. Vishny, R. , 2000, Agency Problems and Dividend Policies around the World [J]. The Journal of Finance, Vol. 55 (1): 1 – 33.

[155] La Porta, R. , Lopez – de – Silanes, F. , Shleifer, A. , Vishny, R. , 1998, Law and Finance [J]. The Journal of Political Economy, Vol. 106 (6): 1113 – 1155.

[156] La Porta, R. , Lopez – de – Silanes, F. , Shleifer, A. Vishny, 2000, Investor protection and corporate governance [J]. Journal of Financial Economics, Vol. 58: 3 – 27.

[157] Leora F. Klapper, 2004, Corporate Governance, Investor Protection and Performance in Emerging Markets [J]. Journal of Corporate Finance, Vol. 10: 703 – 728.

[158] Morck, R. , A. Shleifer, R. W. Vishny, 1988, Management ownership and market valuation: An empirical analysis [J]. Journal of financial economics, Vol. 20: 293 – 315.

[159] Michael Hertzel, Richard L. Smith. , 1993, Market Discounts and Shareholder Gains for Placing Equity Privately [J]. Journal of Finance, Vol. 48: 459 – 485.

[160] Myers, S. , Majluf, N. , 1984, Corporte investment and financing decisions when firms have information that investors do not have [J]. Journal of financial economics, Vol. 13: 187 – 221.

[161] Ming Jing, T . J Wong, 2003, Earning Management and Tunneling through Related Party Transactions: Evidence from Chinese Corporate Groups [R]. EFA Annual Conference Paper.

[162] M. Lemmon, K. Lins, 2003, Ownership structure, corporate governance, and firm value: Evidence from the East Asian financial CFisis [R]. Working Paper. 2003.

[163] Michael Firth, Peter M. Y. Fung, Oliver M. Rui, 2002. Firm Perform-

ance, Governance Structure, and Top Management Turnover in a Transitional Economy [J], Working paper.

[164] Oliver E. Williamson, 1985, The Economic Institutions of Capitalism [M]. Free Press. New York.

[165] Pagano, Marco, Ailsa Roell, 1998, The Choice of Stock Ownership Structure: Agency Costs, Monitoring, and the Decision to Go Public [J]. Quarterly Journal of Economics, Vol. 113 (1): 187 – 225.

[166] Reese, W., M. Weisbach, 2002, Protection of minority shareholder interests, cross listings in the United States, and subsequent equity offerings [J]. Journal of Financial Economics, Vol. 66: 65 – 104.

[167] Richard A. B., David F. B., Kristen M. W., 2005, Minority Membership on Boards of Directors: The Case for Requiring Pictures of Boards in Annual Reports [J]. Critical Perspectives on Accounting, Vol. 16: 1019 – 1033.

[168] Shleifer A, W Vishny, 1997, A Survey of Corporate Governance [J]. Journal of Finance, Vol. 2: 737 – 783.

[169] Shleifer, A., D. Wolfenzon, 2002, Investor protection and equity markets [J]. Journal of Financial Economics, Vol. 12 (1): 3 – 27.

[170] Shleifer, A., R. W. Vishny, 1986, Large shareholders and corporate control [J]. The Journal of Political Economy, Vol. 14: 461 – 488.

[171] Shleifer, A., R. W. Vishny, 1994, The politics of market socialism [J]. The Journal of Economic Perspectives, Vol. 2: 165 – 176.

[172] Sandra Dow, Jean McGuire, 2009, Propping and tunneling: Empirical evidence from Japanese keiretsu [J]. Journal of Banking & Finance, Vol. 33: 1817 – 1828.

[173] Vincent A. W., 1998, Board Effectiveness and Board Dissent: A Model of the Board's Relationship to Management and Shareholders [J]. Journal of Corporate Finance, Vol. 4: 53 – 70.

[174] Warner. J B, Watts. R L, Wruck, K H., 1988, Stock prices and top – management changes [J]. Journal of Financial Economics, Vol. 20 (2): 461 – 492.

[175] Winnie Qian Peng, K. C. John Wei, Zhishu Yang, 2011, Tunneling

or propping: Evidence from connected transactions in China [J]. Journal of Corporate Finance, Vol. 17: 306 – 325.

[176] Winnie Peng, K. C. John Wei, Zhishu Yang, 2011, Tunneling or Propping: Evidence from Connected Transactions in China [J]. Journal of Corporate Finance, Vol. 17 (2): 305 – 326.

[177] Yermack, D. , 2004, Remuneration, Retention, and Reputation Incentives for Outside Directors [J]. Journal of Finance, Vol. 59: 56 – 63.

[178] YL Cheung, LH Jing, 2009, Tunneling and propping up: An analysis of related party transactions by Chinese listed companies [J]. Pacific – Basin Finance Journal, Vol. 17: 372 – 393.

[179] Yan – Leung Cheunga, P. Raghavendra Raub, Aris Stouraitis, 2006, Tunneling, propping, and expropriation: evidence from connected party transactions in Hong Kong [J]. Journal of Financial Economics, Vol. 82 (2): 343 – 386.

[180] Yohannes E. Riyanto, Linda A. Toolsema. , 2004, Tunneling and propping: a justification for pyramidal ownership [J]. Working paper.

[181] Yermack, D. , 2004, Remuneration, Retention, and Reputation Incentives for Outside Directors [J]. Journal of Finance, Vol. 59 (5): 2281 – 2308.

[182] Zeckhauser, R. , Pound, J. , 1990, Are Large Shareholders Effective Monitors? An Investigation of Share Ownership and Corporate Performance [D]. Chicago: University of Chicago Press.

[183] Zahra, Pearce, 1989, Boards of Directors and Corporate Financial performance: A review and integrative model [J]. Journal of management, Vol. 15 (2): 291 – 334.

后　　记

自 1999 年初次踏上东北财经大学，我就爱上了这个曾陪伴我度过本科和硕士七个寒暑的美丽、敬爱的母校——东财。2007 年阔别母校 2 年后，再度踏入校园感觉既熟悉又陌生：熟悉的是东财的角角落落和空气中流动着的四季味道与从前的记忆别无二致，陌生的是以已为人师表的全新眼光再度审视自己，却发现自己在学术研究的道路上依然从未走远，再度回到东财，我将做好准备感受那"博学济世"的熏陶和洗礼，提炼个人学术水平和钻研能力。

在论文即将完成之际，总算依稀看到前头胜利的曙光！此时此刻，最重要的是，我要衷心感谢二年来教育和给予我帮助的所有老师和同学朋友。

首先，让我值得怀念并感谢的是已故的恩师谷祺教授，他让我再一次以学生的身份回到东财校园，聆听各位老师的循循教导。硕士生三年，谷祺老师严谨的治学之风、渊博的学识和分析问题独到而宏观的见解仍深深影响着我。

其次，还要感谢另一位恩师刘淑莲教授。博士期间，刘老师渊博的学识、严谨的治学态度和务实的工作作风再一次影响了我。更重要的是，刘老师在论文选题、开题答辩和论文撰写过程中的悉心指点，帮助我完成了这篇文章。

再次，要感谢博士期间给我授过课的所有老师，让我有幸再一次成为您们的学生。也要感谢开题答辩和预答辩过程中张先治教授、池国华教授、姜英兵副教授、刘媛媛副教授、朱荣副教授和陈梅副教授为我的论文提供的宝贵意见。正是你们高屋建瓴的意见，才进一步丰富和完善了本文的研究理论和框架。

最后，感谢我的家人、同门的师兄弟姐妹、博士同学和朋友们，正是你们的鼓励与帮助，才促使我的博士论文能顺利地完成。

后　记

记得曾读到过这样一句话:"人的一生有两条路要走,一条是必须走的,一条是想走的,你必须先走好要走的路,才可以稳健地走自己想走的路。"谨以这篇博士论文作为今后我在学术研究领域的一个新的起点。

衷心地祝福帮助过我和我关心的所有人健康幸福!

刘际陆

2023 年 2 月